帝國軟肋

戰敗的下場，就用山河來還

EMPIRE'S WEAKNESS

割地賠款、卜嫁和親、稱臣進貢、戰勝求和……
中國什麼時候有這麼屈辱的歷史性時刻？
有，還有過十次！

張程

著

── 澶淵之盟 × 紹興和議 × 弭兵會議 × 辛丑條約 × 二十一條 ──
以天朝自居的中國，卻還是在對外關係上滑鐵盧滑了十次，
每一次，都是國恥！

- -

有一種和平，叫做中國式妥協，代價是把家國都拱手讓人。

目錄

目錄

辛丑條約：邁入沉淪的深淵

二十一條：弱國的艱難抵抗

後記

弭兵會議：霸權下蒼白的和平

和約薄如紙

西元前五八二年的一天，晉景公視察軍府，看到了一個戴著南方帽子的囚犯。晉景公問旁人：「那個戴著南冠的囚犯是誰啊？」旁人匯報說：「這是鄭國人獻上來的楚囚。」

這個被後人稱作「南冠楚囚」的囚犯名叫鍾儀。鍾儀是楚國設在鄖邑（今湖北安陸）的行政長官，稱作鄖公。西元前五八四年，鍾儀隨令尹子重率兵攻打鄭國，戰敗淪為戰俘。鄭國把他抓住後，又轉送到晉國關押了兩年。

晉景公對這個被關押了兩年還堅持戴故國帽子的人，十分感佩。他下令釋放鍾儀，並立即召見，展開了一段對話。晉景公先問起鍾儀的家世，鍾儀回答說自己先世是楚國的伶人。晉景公很感興趣，當即要他奏樂。鍾儀拿起琴，演奏了楚國的樂曲。晉景公接著又問起自己的對手、當時在位的楚共王的為人。鍾儀堅持不評價祖國的國君，巧妙地回答說：「這不是小臣所能知道的。」晉景公非但不生氣，還覺得鍾儀的回答非常得體，是個賢臣、忠臣。

晉國和楚國是百年夙敵，不斷征戰仇殺結下了數不清的恩怨，也讓雙方隔閡了一個世紀。晉景公對楚國的風土人情和政治充滿好奇。可惜他沒有太多交流的管道。和鍾儀的交談竟然成為他為數不多的管道之一。這番交談，讓我們看到了晉景公身上表現出來的倦意。連年的戰鬥使他厭倦了。有意無意地，晉景公把和鍾儀的交談情況透露給了大臣們。晉國的大夫范文子敏銳地意識到這是一個改善晉國和楚國關係的機會，就說：「您看到的這個楚囚，學問修養不凡，而且不忘根本，忠於國君。這樣的人，應該放他回去，讓他為晉楚兩國修好發揮一些作用。」晉景公欣然採納了范文子的意見。

　　鍾儀不久就被釋放，回到楚國。他如實向楚共王轉達了晉國願意與楚國交好的意願，進一步建議兩國罷戰休兵。楚共王的心態也和晉景公一樣，欣然採納了鍾儀的意見，決定與晉國重歸於好。晉楚兩國開始來往聘請，釋放囚徒，關係出現了轉機。

　　橫亙在南北之間多年的堅冰開始出現消融跡象⋯⋯

　　我們有必要將當時錯綜複雜的國際形勢統整一下。如果把國際舞臺比作弱肉強食的草原，那麼北方強大的晉國就是一隻惡狼，從晉文公開始就橫掃華北地區，滅國數十，降服國家無數。當晉國的戰車越過黃河南下的時候，它遇到了南方大國楚國的迎頭痛擊。楚國也是一隻惡狼，占領了南方廣袤的土地，對中原地區虎視眈眈。在城濮，晉楚兩國直殺得血流滿地、屍橫遍野，互有勝負，誰也沒征服對方。這可苦了夾在晉楚之間的中小國家。鄭、陳、宋、魯、衛、蔡、許等幾十個國家成了一群可憐的綿羊。他們要追隨晉楚兩國作戰，為晉楚提供附庸兵、後勤補給，要按時向晉楚兩國進貢，遇到節日或者兩國君主生日還要跑去磕頭祝賀。如果僅僅是唯霸國馬首是瞻，那還好說，只要放下尊嚴、捨棄部分利益就可以了。問題是，霸國有兩個，到底是唯誰的馬首是瞻呢？

　　中原各國一開始是做牆頭草，看誰的力量強就投入誰的懷抱。晉國戰勝了，大家就呼啦啦地向晉國道賀送禮；過幾天楚國反敗為勝了，大家又集體轉向，祝賀楚國戰勝晉國。晉國和楚國很煩這樣，乾脆撇下對手，集中全力進攻中小國家。征戰的結果是晉楚兩國大致劃定了勢力範圍，某些國家固定地依附晉國，某些國家固定地依附楚國，還有一些國家因為晉楚雙方勢力相當而得以保留下來，苟延殘喘。勢力範圍劃定了，可小國的日子一點都沒好過。因為他們照樣要兩邊進貢，兩邊賠著笑臉，不敢得罪，稍有伺候不周的地方，晉楚的大國就兵臨城下來問罪了。中原各國孝敬兩大霸國的財富高達各自國家財賦收入的三成以

上，諸侯大臣們還要把主要精力放在揣摩霸國心理上，於國於民都是苦不堪言。

晉國和楚國也不想這樣。無休止的敵對讓他們也苦不堪言。

從綜合國力上來講，楚國地域廣闊、人口眾多，而且和東方次等大國齊國關係相對密切，在戰爭中略占優勢。晉國在領土、人口等必要指標上處於劣勢，又深受國內權力鬥爭的困擾。在外交上，和晉國交好的西方次等大國秦國對中原事務態度超脫，給不了晉國多少幫助。

春秋後期，在實力均勢難以改變的情況下，晉國接受了從楚國逃出來的申公巫臣的建議：聯吳制楚。這是一張好牌，巫臣自告奮勇出使吳國後，與吳國一拍即合，立即實現了晉國、吳國的聯合。巫臣還帶了一隊晉軍去吳國傳授吳軍射箭、駕車、列陣等軍事技術，原先善於水戰的吳軍由此學會了車戰，軍隊面貌大為改觀。吳軍覺得自己力量增長很快，西元前五五〇年，晉嫁女於吳。雙方透過婚姻進一步加強了聯絡。晉國就開始慫恿吳國攻打楚國。吳國先將進攻的矛頭對準楚國的附庸巢國（今安徽巢縣）、徐國（安徽泗縣西北）。取得一系列小勝後，吳軍還攻入了楚國領土，鬧得楚軍來回奔波。楚軍在戰場上「一歲七奔命」，「蠻夷屬於楚者，吳盡取之」。一些屬於楚國的小國都被吳國奪去。吳國開始強大，與中原諸侯開始交往。此後近七十年間，雙方先後發生過十次大規模的戰爭。在這十次戰爭中，吳軍全勝六次，楚軍全勝一次，互有勝負三次。楚國受到極大的牽制。晉國也很夠朋友，出兵配合吳國的進攻。晉軍攻打附庸楚國的蔡國，還俘虜了沈國國君。晉國和楚國圍繞著晉國和吳國的交通問題展開了激烈的爭奪。西元前五八三年，晉國會合諸侯軍隊討伐郯國（今山東郯城），開闢了通往吳國的道路。不料第二年，楚國攻占莒國首都，又重新截斷了晉國和吳國的交通。

戰爭是要巨額投入的，霸國地位是要天價成本維持的，儘管有從小

國盤剝來的金錢物資，持續的戰爭投入還是妨礙了晉楚兩國的發展。到春秋後期，內外壓力迫使大家都希望坐下來談判。

與南北霸國都有關係的宋國重臣華元成了外交和談的橋梁。

華元不僅與晉國執政欒武子有交情，與楚國令尹子重也交好。他消息靈通，了解了晉楚兩國的和談意向，就奔走於晉、楚兩大國之間，撮合兩國於宋都西門外相會。

西元前五七九年，由宋大夫華元倡導，提出停戰的建議，在宋都西門外召開十四諸侯國參加的弭兵大會。晉楚訂立盟約，規定：「凡晉、楚無相加戎，好惡同之，同恤災危，備救凶患。若有害楚，則晉伐之；在晉，楚亦如之。交贄往來，道路無壅；謀其不協，而討不庭。有渝此盟，明神殛之，俾墜其師，無克胙國。」雙方約定建立穩固的外交交流管道，互不交兵，互相救難，共同討伐不聽命的諸侯。

晉國正卿趙武和楚國令尹屈建各代表本國參加。各國要歃血訂盟。按禮，盟主先歃。於是趙武和屈建為歃血的次序展開了一次明爭暗鬥，兩人各不相讓，幾使盟會破裂，最後，晉臣羊舌氏對趙武說：「主盟以德不以勢，若其有德，歃雖後，諸侯戴之。如其無德，歃雖先，諸侯叛之。」趙武接受勸告，怏怏地將首歃權讓給楚國。

我們來分析這個來之不易的和平成果，裡面有太多不平等甚至是「不道德」的地方。晉國和楚國瓜分了天下，把和平強加給了其他國家，有權決定其他國家的命運。為此，其他國家要聽命於晉楚兩國。等於是原來只需要看一國臉色的，現在要同時聽從晉楚兩國的吩咐。這對中小國家很不公平。從更深層次講，晉國也好，楚國也好，都只是周天子統治下的諸侯國而已，它們的土地和地位是周天子賦予的。司馬光在《資治通鑑》第一卷第一段中書寫了理想的封建制度應該是這樣的：「天子統三公，三公率諸侯，諸侯制卿大夫，卿大夫治士庶人。貴以臨賤，賤

以承貴。上之使下，猶心腹之運手足，根本之制支葉；下之事上，猶手足之衛心腹，支葉之庇本根。然後能上下相保而國家治安。故曰：天子之職莫大於禮也。」只有天子才有「外交」的權力，諸侯無外交。如今，晉楚兩國撇開周天子，私自劃分了勢力範圍，不道德也不合法。所以孔子會說春秋「禮崩樂壞」，司馬遷評述春秋時代的第一句就是：「平王立，東遷於雒邑，辟戎寇。平王之時，周室衰微，諸侯強並弱，齊、楚、秦、晉始大，政由方伯。」四個字「政由方伯」恰到好處地點出了春秋歷史的特殊之處。天子對天下失去了控制，做不了主了。在天底下吆喝來吆喝去的是那些兵強馬壯的諸侯。誰力氣大，誰就掌握了天下大權。這些諸侯原本應該是對天子俯首帖耳的奴僕，有些人（比如秦朝的始祖）原本就是天子身邊的馬伕、雜役。

不管怎麼說，春秋還是實現了第一次和平盟會。和之前的諸侯盟會不同的是，這不是世界大戰之後的和平的權力追認，而是自發的對和平的渴望。但是這種和平設計能夠實現嗎？

宋國第一次弭兵大會的成果像紙一樣薄，頃刻就被戳破了。

三年後，楚國違背盟約進攻鄭、衛。當時的楚國令尹子囊有所疑慮地說：「我們最近和晉國結盟，就違背盟約，似乎有點說不過去啊？」司馬子反說：「只要對本國有利的事情就可以做，管他什麼盟約？」好一句「管他什麼盟約」。原來盟約在他們看來是可有可無的，完全是工具，而不是目的。鄭國發兵相抗。晉國也約了吳國在鍾離（今安徽鳳陽）和諸侯相見。這是吳國參與中原諸侯盟會的開始。對於晉國的抬舉，吳國自然是萬分感激。楚國見形勢不利，許諾給予鄭國汝陰之田收買鄭國。鄭國轉向楚國一邊，還遵從楚國的意思起兵伐宋。衛國則遵從晉國的意思伐鄭。看來各國對盟約的態度都不是嚴肅的。不嚴肅的態度引起了現實外交的連鎖反應，導致了新的世界大戰。

現在我們似乎可以說華元的第一次弭兵大會與諸侯盟會的最大不同就在於它是大戰的前奏，而不是對戰果的追認。

鄢陵大戰

西元前五七五年五月，晉厲公與齊魯衛等國相約伐鄭，楚共王領兵救鄭，兩軍相遇於鄢陵（今河南鄢陵西北）。

晉國隨軍的大夫士燮不想同楚軍交戰。他的意見是「外寧必有內憂」，只要沒有外部戰爭了，晉國內部就會有戰爭了。因為戰爭往往成為國內政治轉移矛盾的手段，矛盾激烈的晉國內鬥是多麼需要戰爭啊？他怕萬一把楚國打敗了，殘酷的國內鬥爭就要開始了。士燮的話也從另外一方面暴露出當時晉國的內鬥是多麼的頻繁。這樣的晉軍能取得勝利嗎？

六月二十九日，楚軍擺開陣勢在黎明時突然逼近晉軍營壘。當年，楚莊王就憑藉這個先發制人的戰術，取得輝煌勝利的。當時晉軍營地前有大片泥沼，一時沒有空間布陣應敵。晉軍軍官不知所措。士燮的兒子提出建議說：「我們把井填上，把灶剷平，就可以在營地內騰出空間來，足夠擺開陣勢，也能保證行道疏通。同時，我們派老弱病殘去營後去挖掘新的井灶。上天同樣保佑晉國和楚國，我們有什麼可擔心的？」士燮聽了氣得拿起戈趕兒子出去，並說：「國家的存亡，是大意決定的，小孩子知道什麼？」一旁的郤至乘機進一步提出楚軍的六大弱點：「楚軍統帥彼此不和；楚王的親兵都是貴族子弟；脅從鄭國的軍隊雖然擺出了陣勢，但是軍容不整；楚軍中的蠻族雖然成軍，但不能布成陣勢；布陣不避開月末這天；士兵喧囂，吵鬧卻不知道團結。我們一定能戰勝他們。」晉厲公這才下定決戰之心。到最後應戰的時候，晉軍還是填井平灶，疏散行道，列隊出營。

弭兵會議：霸權下蒼白的和平

戰前，楚共王登上了巢車觀望晉軍的動靜。從晉國叛逃過來的太宰伯州犁在楚王後面陪同。伯州犁把晉軍分布、列陣等情況都告訴了楚共王，但沒有提出切實的應敵措施。而由楚國逃到晉國的苗賁皇也在觀察戰場的晉厲公身旁，也把楚共王親兵的位置告訴了晉厲公。楚國當時最精銳的武士都集中在中軍，而且人數眾多，戰鬥力很強。苗賁皇提出了建議：「楚國的精銳部隊只不過是中軍裡那些楚王的親兵罷了。我們如果分出精兵來攻擊楚國的左右兩軍，再集中三軍圍攻楚王的中軍親兵，一定能把他們打得大敗。」晉厲公欣然接受了建議。

戰鬥爆發後，晉厲公及時改變原有陣勢，從中軍各抽調精銳的將領和士兵加強左右兩翼。晉國的如意算盤是誘使楚左、右軍進攻晉國中軍，而力量加強的晉國上下軍抓緊時間擊退楚國的上下軍，最後晉國集中上、中、下軍與新軍共擊楚國精銳的中軍。部署既定，晉軍遂在營內開闢通道，迅速出營，繞營前泥沼兩側向楚軍發起進攻。

楚共王果然中計。他只望見晉厲公所在的晉中軍兵力薄弱，就率中軍攻打，企圖先擊敗晉國中軍，結果遭到晉軍的頑強抗擊。晉將魏錡用箭射傷楚共王的眼睛，迫使楚中軍稍稍後退，未能支援兩翼。魏錡很快又被楚軍復仇的弓箭射殺。晉軍乘勢猛攻楚左、右軍。追擊中，晉下軍將軍韓厥數次幾乎生擒楚共王。頑強的楚軍並沒有潰敗。暫時的失利讓楚軍的戰鬥更加兇猛。據說當時楚軍中有大力士，舉著晉軍官兵就玩「擲鉛球」，擊毀了多輛晉軍兵車。在混戰中，雙方都充分發揮了弓箭的作用，造成了由點及面的殺傷。兩軍打得天昏地暗，激戰自晨至暮，都沒有分出勝負來。

夜裡，晉國和楚軍都抓緊時間補充士兵和物資，準備雞鳴再戰。

白天的戰鬥中，楚軍傷亡慘重，但並沒有失去勝利的希望。晉軍同樣損失嚴重，迫切需要休整。楚共王計劃抓緊夜幕的掩護，發動一切資

源補充白天的消耗，準備第二天再和晉軍大戰三百回合。當時，楚共王已經瞎了一隻眼睛，強忍著召開軍事會議。會議開始後，司馬子反沒有來。一查，子反戰後醉酒，已經不省人事，不能商議軍機了。楚共王不禁仰天長嘆，這軍事會議開不成了。他對第二天的再戰喪失了信心，連夜帶領楚軍，扛著爛泥一樣的子反逃跑了。晉軍進入楚營，連吃了幾天楚軍留下的糧食。

直到戰爭結束，魯、衛兩國都未發一兵一卒。晉軍在回師的時候，齊國的盟軍方才趕到。晉國派人問罪，齊國派太子光到晉國做人質，承認了晉國的霸主地位。

鄢陵之戰是春秋中期繼城濮之戰、邲之戰之後，晉楚爭霸中第三次，也是最後一次兩國軍隊主力會戰。晉國最終阻止了楚國的北進。但晉國的勝果並不大，而楚國的失敗也並不慘重。雙方都意識到了對方的厲害。從此，中原再也沒有發生過爭霸大戰。之後，諸侯各國都把在國際上大打出手的精力投入到了國內的動亂。

戰場是不會完全沉寂下來的。大戰雖無，春秋後期晉楚小戰不斷。

先是本來附屬於楚國的陳國，受不了楚國令尹子辛的壓榨，反叛楚國。楚國為了維護自己的勢力範圍，伐陳。晉方諸侯派兵相救，雙方沒有爆發大戰。後來楚國將子辛殺死，新令尹子囊伐陳。陳國這才又重新歸了楚國。楚國小勝。

鄭國在南北霸主的輪番爭奪中，政治立場反覆多變，晉楚雙方都苦於難和鄭國結成鞏固的同盟關係。西元前五七一年，晉、齊、宋、衛等國共同伐陳，在鄭國西界的虎牢建築城池，威逼鄭國。八年後，晉方諸侯軍隊加固城池，並長期駐守。又在梧地築城，在虎牢加築小城。楚國曾經來攻，雙方都無戰意，不戰而回。晉悼公為了徹底解決這一問題，將晉國及其從屬國的軍隊搭配劃分為三部分，駐於虎牢，輪流出征與楚

國爭奪鄭國，採用「楚進則晉退，楚退則晉進」的以逸待勞的戰術。

鄭國終於經不起晉國的輪番進攻了，在一次晉悼公親自率領大軍進攻鄭國時，鄭簡公向晉悼公表達了願意永結盟好的誠意，並請求立盟歃血。晉悼公拒絕說：「交盟已在前矣，君若有信，鬼神鑑之，何必再歃？」的確，鄭國和晉國已經有過許多次盟約了。如果有誠意結盟，就沒有必要在此歃血為盟，只要嚴格遵守之前的盟約就可以了；如果無心友好，再多幾次歃血也是白搭。為了進一步給鄭國施加壓力，晉悼公傳令將鄭國俘虜全都放歸，還撤掉虎牢全部駐軍，嚴禁軍隊侵犯鄭國百姓。隨後他語重心長地對鄭簡公說：「寡人知爾苦兵，欲相與休息。今後從晉從楚，出於爾心，寡人不強。」（我知道你苦於兵災，早就想停戰休息了。今後你是要從晉，還是從楚，都由你自己的內心決定，我不強求你。）鄭簡公聽了這話，感動得淚流滿面，發誓再不背叛晉國。此後較長時間裡，鄭國果然專心從晉。晉悼公軍事壓力和道德感召相結合，顯示自己和好的至誠之意和對屬國主權的充分尊重，成功拉攏了鄭國。這是晉國在春秋後期最大的外交成果。

西元前五七二年，楚國利用宋國大族間的鬥爭，支持逃亡楚國的魚石回國，並奪取了宋國的彭城（今江蘇徐州）作為魚氏的封地，還派兵車 300 乘協助，培植宋國的親楚勢力，割斷晉國和吳國的交通。宋國求援於晉國。晉國出兵。晉軍和楚軍相遇後，盤旋許久，最後不戰而回。第二年，晉、魯、衛、曹、莒等國圍困彭城。彭城投降。魚石被遷出彭城。楚國截斷晉吳交通的計畫破產。晉國小勝。

衛國也發生了叛亂。衛國上卿孫林父因內訌割據戚邑（今河南濮陽北）反叛，並為尋求外援而依附晉國。晉平公派三百士卒協助守衛，後來三百晉兵被衛國公室平叛的軍隊殲滅。晉國欲起大兵討伐衛國。衛獻公與大夫寧喜赴晉國準備向晉君面陳孫林父反叛之罪，反被晉國一度扣

留。晉國公開支持衛國的反叛勢力，這是晉國自文公起一直仇視衛國的外交方針的延續，但插手明顯無理的一方，擴大他國內亂的行為是不得人心的。晉國可謂棋失一著。

在晉楚的恩恩怨怨中，晉國略占上風，楚國不能與晉國直接對抗。晉悼公時候的晉國出現了外交地位的小高潮。但其最大成效也就在於征服了鄭國而已。當時的晉國和楚國就像兩個病入膏肓的人，霸國的光環和實力都在慢慢消退。只是晉國一時還能夠從內鬥中抽出身子來，全力對外而已。

弭兵會盟

西元前五四六年盛夏的一天。

烈日照得中原大地一片沉寂，連塵土都乖乖地伏在地上。

突然，滿地的塵土被隆隆疾駛而過的一行車駕驚起，瀰漫了小半邊天。

這是宋國派往晉國的使團。使團快馬加鞭，向北而去。坐在大車中的正是宋國的左師官向戌。左師官大致相當於後世的左丞相，是國家行政的主要負責人。向戌木然地坐在車中，任憑車駕的顛簸，陷入深思之中。

宋國使團此行目的是說服晉國同意與夙敵楚國實現和談。

這是個看起來不可能實現的使命。從春秋前期齊桓公創霸業起，直到春秋後期，晉、楚等諸大國為了爭霸砍殺了百餘年，累積了筆筆血債。現在讓殺紅了眼的仇敵坐到一起和解，談何容易。但是向戌必須去執行這個看似不能實現的任務。在百年征戰中，主角是晉楚等大國，而宋國等小國也被深深牽涉其中，遭到深重的災難。尤其是南北力量形成

弭兵會議：霸權下蒼白的和平

均勢後，大國的拉鋸戰在中原地區形成惡性循環。晉、楚兩強一場大戰後，晉勝，則一些以前附楚的小國自動或被動地轉而附晉；結果楚國不肯甘休，日後便和這些小國算帳；小國從了楚，晉又不肯罷休，也和這些小國算帳。懲罰的拳頭老是落在無奈的小國頭上。有時候，大國不便直接對仗，就指示雙方的附庸國做「代理人戰爭」。各國苦不堪言。

向戌的祖國宋國就地處晉、吳、齊、楚交通要道之間，是中原爭霸的主戰場。宋國和鄰國鄭國首鼠兩端，哪一方勝利了就跟從哪一方，恭恭敬敬，奉獻不斷，依然吃盡了苦頭。在其他國家眼中，宋國和鄭國是毫無信用的流氓國家，兩國君臣都是典型的牆頭草。但是正如鄭大夫子良所說：「晉、楚不務德而兵爭，與其來者可也。晉、楚無信，我焉得有信？」正所謂在強權交侵的情況下，道德要求對弱國來說是奢侈品。弱國不得不降低道德標準，以求生存。即便如此，高昂的戰爭和朝貢的代價也使得中原各小國人民不堪重負。向戌敏銳地觀察到其實晉楚兩國也厭倦了常年的征戰，本身也陷入了國內重重矛盾，有停戰議和的可能。

一想到這，向戌對這次奔走晉國、締結盟會的使命便有了些許信心。

車駕駛過黃河，向戌進入了晉國。觸眼所及，也是一片蕭條於戰火，需要休整的土地。向戌在車中對隨員們嘆息說：「看來，大家的日子都不好過啊。」

「左師官，我們這次會不會重蹈華元大人的覆轍？」

向戌聞言又將目光轉向車外。華元的悲劇是每一個尋求和平的外交官心中永久的傷痛。

那是三十多年前的事情了。西元前五七九年，同樣是宋國執政的華元也有感於連年征戰，無人受益，於是與好友楚國令尹子重、晉國中軍元帥欒書鼓動晉、楚議和。宋國從中促成了歷史上的第一次弭兵會議。但是晉、楚兩大國只是將這次弭兵作為暫時緩解外交和軍事壓力的手

段。四年後的春天，楚國首先背約，再次向中原的鄭、衛發動進攻。

即便這一次的議和成功了，會不會又只維持四年的短暫和平呢？向戍也不清楚自己主導的和談會不會成為走向新的戰爭的前奏。任何外交事件都是難以預測的，就好像沒有人可以主導天氣變化一樣。想到這，向戍又寬慰了許多。抵達晉國曲沃後，向戍先敲響了晉國大臣、私交不錯的趙文子的家門，誠懇地說明了欲結和平之盟的來意。

幾天後，晉國的大夫們彙集商議和談的可能性。大殿之上，氣氛沉悶，鴉雀無聲。無論是白髮蒼蒼的老臣，還是平日慷慨激昂的年輕人都一言不發。大家都知道和談意味著什麼。進軍中原、遏制楚國北進是晉國的基本國策，關係到國家核心利益。誰都不願意在原則問題上提議修訂，畢竟政治風險太大，儘管在場的所有人都清楚外表強大的晉國實際上已經處於即將噴發的火山尖之上，沒有能力繼續大規模的戰爭了。

打破僵局的是一向老成持重的權臣韓宣子（正是他的子孫分解了晉國）緩緩站了起來，緩慢而有力地說道：「諸位大夫，戰則勞民傷財，非但宋、鄭、衛、魯等小國難以承受，我泱泱大國也受益甚小。然而真正停戰和談，聽任楚國滲透中原，又與我大大不利。和平永遠不會降臨天下。」

韓宣子話鋒一轉：「儘管如此，晉國也要答應宋國，同意向戍提出來的和談建議。不然，如果楚國人先答應舉行和談，我們晉國就變得被動了。如果楚國到時再利用和平攻勢配合大軍來號召諸侯，我們的中原盟主地位將受到嚴重挑戰。因此在策略上，我們不能走在楚國的後面。」

趙文子也是晉國的權臣，緊緊抓住韓宣子鬆動的話頭，闡述自己的觀點：「我們晉國為連年戰爭付出了許多年輕的生命。現在中原的屬國們與我們貌合神離，西秦始終抱敵對態度，白狄又時常來犯，與楚暫緩戰爭可以集中我們的軍隊解決這些先前被忽略的問題。我們需要和平的時間來整備軍隊。」

弭兵會議：霸權下蒼白的和平

兩位權臣的意見奠定了會商的基礎。大夫們紛紛附和。最終群臣商議的結果是，大家一致贊同了向戌的倡議。

想不到事情進展會如此順利。向戌從趙文子那裡聽到這個結果時，長長地呼出了一口氣。但主導和談的任務才剛剛完成了一小部分，向戌匆忙告別老友，又風塵僕僕地出現在由晉國通往楚國的路上了。

到了楚國都城，向戌故伎重演，先找了老朋友、時任楚國令尹的屈建。屈建聽了向戌同樣誠懇的述說後馬上召集一批大臣來商議這件事情。

對於楚國來說，楚共王執政後楚國霸勢轉衰。好多個原先的中原屬國倒向晉國一邊。在南北對峙的格局中，天平已經開始向晉國一方傾斜了。子重等一班舊臣對外竭力維持力不從心的霸業，對內又居功自傲，常常將私利放在國家利益前面，貪婪侵占，終演成內亂。與晉國出現白狄入侵一樣，楚國也面臨著崛起於東南的吳國的騷擾。吳國日益強大起來，開始伐楚、伐巢、伐徐、入州來。「蠻夷屬於楚者，吳盡取之，是以始大，通吳於上國（通中原諸國）」，對楚國構成嚴重威脅。

令尹屈建推動的商議最終也達成了一致意見：同意向戌的倡議，與晉國和談。楚國的考慮與晉國一樣，既有形勢所迫的現實利益考慮，更想搶占外交先機。畢竟和平在外交上永遠比戰爭更具有道德優勢。

兩個超級大國都同意了盟會的提議，向戌隱約看到了成功的曙光。緊接著是要說服次等的大國齊國和秦國，這兩個國家一東一西，向戌馬不停蹄，著實奔忙了一番，好在皇天不負苦心人，齊國和秦國也相繼答應了向戌的建議。事情辦到這分上，向戌懸著的心終於落了下來。當時的國際政治格局是，晉、楚、齊、秦四大國是二超二強。沒有他們一致同意的盟會注定不會成功；一旦他們都同意了，中小國家都不得不同意。

向戌表現出一個外交家的精細之處。他或者親往，或者去函，先後又聯絡了一些中小諸侯國。

　　當年五月至七月間，弭兵盟會在宋國舉行了。最先抵達宋國的是趙武率領的晉國使團，他們受到了向戌隆重的接待。作為稍占優勢的霸國，晉國對這次和談表現出了必要的負責任的姿態，受到了宋國的歡迎。接著鄭國、魯國、齊國、陳國、衛國、邾國、楚國、滕國、蔡國、曹國、許國和東道主宋國十二個候國的卿、大夫和小國國君都先後到會。秦國因為僻處西方，交通不便，沒有向宋國派出使團。但是秦國口頭表示同意弭兵。

　　於是一場足以與威斯特伐利亞會議和維也納會議媲美的國際外交盛會召開了。宋國專門都城西門外搭建了會場。會場之上，冠蓋雲集，莊嚴肅穆，規規矩矩；會場之下，雙邊往來，交遊許願，可能更重於會場之上。上下交替，內外結合自古就是國際外交場合的慣例。

　　要在短時間裡消除剛剛放下屠刀的各國的心理隔閡是不可能的。因此會議進行得並不是那麼順利。楚國使團在會場上下都在自己的衣服裡面暗藏了兵器，不知是防備心強，還是有襲擊晉國人的企圖。晉國使團一開始就發現了這些兵器，認定楚國人心懷叵測。會議氣氛開始不對了。與會的趙文子老成地講：「沒關係。如果楚國人有所動作，對我們不利的話，我們就馬上跑進宋國都城去。」這個消息又傳到了鄭國使臣叔向那裡，叔向說：「沒什麼大不了的，提前有個防備即可。」楚國使團的部分成員原本覺得攜帶兵器參加會議有些不妥，便建議全團不要這麼做。他們怕這樣做得不償失，有可能在天下人面前失去信用。楚國使臣子木力排眾議說：「我們和晉國人本來就互相不信任。只要我們能爭得霸主的地位就可以，就要不惜使用任何手段。」楚國依然我行我素。一時間，各國使團都議論紛紛。好在大家都是政壇老手，很快適應了這樣的相互戒備的狀態。

　　在公開場合，晉國和楚國為了獲得盡可能多的利益，爭得面紅耳赤，主導了外交進程。

弭兵會議：霸權下蒼白的和平

楚國使節拋出了第一個和談方案：「晉楚之從，交相見。」這個「晉、楚之從」是指附屬於晉、楚的中小國家；「交相見」的意思是相互朝貢，也就是說原來晉國的屬國現在也要向楚朝貢，屬楚的同樣要向晉奉獻。分別從屬晉、楚的中小國家現在要同時負擔向晉楚兩國朝貢的義務，其結果是給這些中小諸侯國增加了是原來一倍的貢納財物的負擔。

春秋中後期中小國家的朝貢壓力是相當重的。例如在西元前五五一年，晉國派人到鄭國要貢品時，子產回答說：鄭國對於晉國，「不朝之間，無歲不聘，無役不從。以大國政令之無常，國家罷病，不虞薦至，無日不惕，豈敢忘職」。春秋時代，魯、鄭等國相對晉、楚大國屬於二等國，但是它們相對一些小國又是強者，小國對於它們又有負擔。魯向邾等國家索取貢物，便是其例。這個要求必然加重強國對弱國的剝削，弱國們對楚國的方案敢怒不敢言。對於晉國來說，由於原來從屬於晉國的國家占多數，這個方案使晉國吃虧。

向戌身為東道主，一時間也不知道該怎麼辦。他環顧四周，看見晉國的趙文子端坐在那不動聲色，暗自慶幸自己身處兩強對峙的局面。總會有人出頭遏制楚國的。

趙文子在眾人期許的目光中站了起來，說：「晉、楚、齊、秦是相互匹敵的四大國。我們不能強求齊國去朝貢楚國，正像你楚國也不能強求秦國來朝貢我們晉國是一樣的道理。」接著，趙文子本著求同存異的原則，做了很大的讓步，同意按照楚國的方案進行討論。最後各國商定，除齊秦兩國外，其他各國都須相互向晉楚兩國朝貢奉獻。兩國的附屬國必須既朝晉又朝楚，承認晉、楚為其共同的霸主。

最後的外交成果與當時南北方對峙的力量格局是完全吻合的。晉楚兩國無力繼續爭霸，無奈地選擇了平分天下霸權。

楚國從這個結果中獲得了明顯的好處。看似失利的晉國，在以趙文

子和叔向為代表的稱臣勸說下也接受了這個結果。趙文子等人認為：「如今，大部分諸侯國都參加了弭兵盟會，我們反楚國之道行之，顯示出大國的德行、氣度，並沒有吃虧。我們晉國的目標是要最終成為諸侯國中的霸主，而不要目光短淺地爭這個暫時的盟主。」在具體程序上，晉國兩次出讓給楚國會盟中的首歃權。趙武身為兩次盟會的晉國代表，一次以道德理由，一次以「以驕其志」的理由放棄與楚國的鬥爭，其實是深知身陷內爭的晉國在爭霸天下時已經力不從心了，是他自欺欺人、苟安的退縮。

經過兩個多月的細節上的爭吵，弭兵會盟終於在七月結束。

和平就是長期停戰

這場足可載入外交史冊的弭兵會議為左師向戌贏得了巨大的聲望。向戌自詡有功，非常重視會議的成果。宋國上下也非常認同這次在本土舉行的國際盛會。宋公因此給予向戌六十個邑的封賞。

向戌不禁欣欣然，驕傲起來。他找到司城子罕炫耀起自己的外交功績。不想，一向持重的子罕非但沒有對弭兵會議表示讚賞，反倒惡狠狠地數落了向戌一番。向戌遭此棒喝，大為意外，戰戰兢兢地聽完子罕的數落。

子罕說：「國家間的矛盾和鬥爭是永遠存在的。戰爭是國家鬥爭的軍事表現，也是不可避免的。況且軍事威脅的存在有很強的威懾作用，它可以威懾不法行為，可以成為伸張正義的工具，怎麼能從根本上廢除它呢？沒有了軍事的存在，也就沒有了基本的威懾力量，國家之間就會有人肆無忌憚挑起爭端，天下會出亂子，國家也會滅亡。你自不量力地努力去廢除它，既是自欺欺人，也是欺騙天下人。晉國、楚國、齊國、秦國和其他的一些中小諸侯國的國君和百姓都被你欺騙了。他們

弭兵會議：霸權下蒼白的和平

聽信了你的不實之詞，作出了錯誤的判斷，參加了這個不可靠的會盟。各路諸侯和全天下的百姓應該共同來討伐你，你不是見好就收，而是得寸進尺還希望得到宋公的賞賜。放眼天下有你這樣貪而無厭、厚顏無恥的人嗎？！」

說到激動的地方，子罕一把從向戌的手裡搶過那束寫著封邑的冊命竹簡，當著向戌的面用刀狠狠地把那個竹簡砍壞，並且憤怒地一把扔在了地上。

向戌已然是呆若木雞了，回想著子罕厲聲厲色的斥責。沉默片刻，他突然一把拉住了子罕的雙手，痛哭流涕地說了一番話：「沒有你老兄的提醒和警示，我向戌就犯了個大錯誤。多虧了你，我才知道外交是不能寄予厚望的。國家間的利益追求和鬥爭才是永恆的。」

向戌和子罕的對話代表了當時很多卿、大夫們的觀點，充分顯示出當時所謂的這個「弭兵」的會盟是多麼的不可靠。晉楚兩國各有各的算盤，這個和平的協議只是權宜之計，他們都在保持自己的武力，以圖日後能爭得霸主。這場會盟只是從西元前五四六年到戰國初期的長時間停戰而已。正如子罕所言，軍事力量的存在是必要的。子罕並不是反對用和平對話的手段去解決爭端和問題，而是認知到和平的實現要依靠強大的國防，不能不切實際地希望和平的來臨。即使在和平條約簽訂以後也不能放棄對軍隊和國防的建設。因為它始終是一種威懾的力量，是實現持久和平的保證。

雖然向戌成功主持的弭兵會盟得到人心思定的中小諸侯國的交口稱讚，但當冷靜地接受了冷酷的批評、經歷短暫的浮躁後他表現出了異常的冷靜，承認了外交手段畢竟不是國家競爭的根本手段。客觀結果也證明，弭兵會盟後中小國家的負擔並沒有減輕。他們為脆弱的和平付出了雙倍的貢賦代價。這些代價當然還是落到人民頭上，人民負擔也就不斷

加重。如齊國「民參其力，二入於公」。人民因此掀起的反抗和國內其他矛盾混雜在一起，促使各國更加專注於國內矛盾的整頓。

　　弭兵會盟最大的影響是結束了中原混戰，使春秋以一個相對和平穩定的姿態走完剩餘的日子，進入了戰國時期。弭兵會盟召開後，各諸侯國之間四十年內沒有交戰。尤其是晉國和楚國之間終春秋之世未再兵戎相見。除了後起的吳與楚、越與吳之間的爭雄戰爭外，在廣大的中原地區基本上就沒有了大範圍的戰爭。這是在國際格局方面的轉折性變化。

　　與中小諸侯國一樣，晉國和楚國也都轉向專注於內部爭鬥。在晉國，日後的韓、趙、魏三家分晉已經初見端倪。大夫取代諸侯、家臣取代大夫的新變化是此時開始的政治趨勢。在深層次上，它表明舊的奴隸主貴族在逐漸沒落，新興的封建主漸漸崛起，而社會中的奴隸們也在不斷轉化成自由的小生產者。舊的貴族勢力逐漸退出政治舞臺。因此，大國之間對於霸主的爭奪也遠沒有昔日那種銳氣了。

　　楚國也在受到吳國的掣肘，後院出現了火星。吳國與以晉為代表的中原國家常通友好，堅持與楚為敵，奪取了原來屬於楚國的很多土地。西元前五〇六年，吳王闔閭歷經五次戰役，終於攻陷了楚國的都城，楚昭王逃亡，直到第二年楚國大夫申包胥從秦國借來救兵，與楚國殘餘力量合力才得以擊退吳軍。經此大仗，楚國元氣大傷，再也沒有力量參與中原爭霸了。

　　「因此可以說，弭兵之會是春秋時期由諸侯兼併轉向大夫兼併的關鍵之年，也是春秋時代由前期轉入後期的象徵。」（白壽彝：《中國通史》第三卷第四章）

　　之後的春秋征戰中心便由中原移到了東南地區的吳、楚與吳、越之間。當楚國解決了南方問題，再次北向的時候，茫然發現原來的老對手晉國已經解體了。經過半個世紀的停戰，更加殘酷的戰國時期來臨了。

鴻溝之盟：卑鄙者的遮羞布

點子大王陳平

西元前二〇四年四月，漢王劉邦披頭散髮，在從彭城（今江蘇徐州）到洛陽的大道上一路狂奔。

他這是在逃命！

這一年年初，劉邦趁西楚霸王項羽在山東忙於征討齊王田榮之時，聯合附和自己的關中、河南諸侯偷襲西楚國都彭城成功，著實風光了一把。不想，項羽親率精兵強將殺了個回馬槍，把劉邦大軍砍殺得稀巴爛。劉邦丟盔棄甲，只和將軍夏侯嬰兩個人找了輛馬車倉皇逃跑。一大幫楚兵在後面氣勢洶洶地追趕著。路上，劉邦遇到了同樣驚慌失措逃命的兒子劉盈（劉邦和呂后的長子、日後的孝惠皇帝）和女兒長公主魯元。兩個孩子見到父親，趕緊抓住馬車跳上去。劉邦看看擁擠的馬車，又看看越來越近的追兵，竟然把兩個孩子推下車去。夏侯嬰看不下去，下車把兩個孩子抱回來一起逃命。沒想到劉邦第二次狠狠地把孩子推下車去。夏侯嬰又下車去救兩個孩子。如此反覆了三次，夏侯嬰急了，對劉邦說：「情況再危急也不能不顧孩子的死活啊，怎麼能拋棄孩子不管呢？」劉邦無話可說，只好同意帶著孩子一起逃命。

四個人擠在一輛車上，最終逃命成功，輾轉來到滎陽。項羽帶著大軍隨即兵臨滎陽城下。劉邦收集殘兵敗將，在滎陽、成皋一帶固守。之後兩年，這裡成為楚漢戰爭的主戰場。

劉邦為什麼選擇滎陽呢？滎陽依山傍水，南靠嵩山，北臨黃河，汜水穿境而過，是洛陽的門戶和通往關中的咽喉要地，策略位置非常重要。占據滎陽的重要位置，劉邦的成功是順應了歷史潮流還是一個政治流氓的成功呢？

歷代占領者都修築了相當堅固的防禦工事。秦朝在敖山上修建了著

名的穀倉「敖倉」，當時敖倉還貯存著大量的糧食，可以保障劉邦部隊一兩年的糧食供應。劉邦在滎陽城和敖倉之間修築了甬道，專門運輸軍糧，擺出一副死守的姿態。

劉邦也實在是退無可退了。一旦滎陽失陷，劉邦只能退守函谷關。那時就意味著劉邦放棄了整個中原，被堵死在關中一隅了。

項羽率楚軍主力對滎陽發動了猛攻。漢軍屢次被楚軍戰敗，最後連滎陽與敖倉之間的後勤甬道也被楚軍占領了。滎陽城的漢軍缺衣少食，被楚軍團團圍住。滎陽的漢軍原本依靠關中後方的支援。之前，留守關中的蕭何幾乎是涸澤而漁，為了補充劉邦在彭城打敗之後的兵源，幾乎已經徵發了二十三歲到五十六歲之間的所有男子從軍，如今無力組織力量解救滎陽。在滎陽的劉邦面臨關中援助枯竭、後勤保障不支、楚軍咄咄逼人的絕境。

雪上加霜的是，漢軍在外交上也被孤立了。項羽在圍攻滎陽的同時，對附和劉邦的諸侯展開了統戰工作。塞王司馬欣、翟王董翳反戈加入項羽的大軍，參與圍攻滎陽。西魏王魏豹藉口回國省親，前腳剛走後腳就封鎖了黃河渡口，與劉邦脫離關係。西魏國在黃河北岸，不僅在地勢上壓迫滎陽，還和劉邦共享了黃河水道運輸，等於切斷了劉邦沿黃河西退的道路。劉邦派出辯士勸說魏豹回心轉意，以失敗告終。他只好抽出軍隊交出韓信率領征討魏豹。韓信的征討很成功，魏豹的威脅解決了，可韓信尾大不掉，開始獨立於劉邦陣營之外，變成新的魏豹了。劉邦奈何不了他，只好唉聲嘆氣自認倒楣。

好在劉邦一直信奉大丈夫能屈能伸的理念，自尊心不強，見實在打不下去了，主動向項羽服軟求和。劉邦拋出的和談方案只有一條主要內容：以滎陽為界，以西歸劉邦，以東由項羽統治。劉邦等於是承認了項羽對絕大部分天下的統治權，自己甘願屈居關中和巴蜀地區 —— 當然這

只是暫時的，大丈夫能屈能伸，現在是屈的時候。

項羽覺得劉邦的和談方案對自己有利，有意接受。

項羽的謀主、歷陽侯范增則堅決反對。范增認為劉邦已經內外交困、無援無助了，現在正是加把勁徹底打垮劉邦及其軍隊的「最後五分鐘」時間。如果此時不消滅劉邦，項羽將後悔莫及。項羽接受了范增的意見，加緊進攻滎陽。

和談沒搭上線，怎麼辦？

別急，項羽有謀主范增，劉邦身邊也有個大謀士陳平。

陳平本來是項羽的部下。可惜他名聲不好，很不受項羽的待見——據說普通人家出身的陳平在老家不務正業，而且有「欺嫂盜金」的惡劣行為，很有些流氓習氣。加上項羽部下人才濟濟，陳平覺得在項羽陣營中沒有發展前途，跑出來轉投了劉邦。剛好，劉邦和陳平臭味相投。

西漢的正史《漢書》都毫不客氣地說少年時期的劉邦「好酒及色」。小劉邦在沛縣四處遊蕩，常常醉臥在酒家裡，沒錢就賒酒來喝，喜歡和縣中小吏蕭何、曹參，屠夫樊噲等人廝混。他不讀書不顧家不置產業，還把父親劉老太公的教訓當做耳邊風，不知悔改，整個一流氓。這對流氓氣十足的君臣，想出來的政策措施也上不了臺面。

議和建議遭到項羽拒絕後，劉邦、陳平開始思索怎麼從滎陽突圍出去。陳平想出了「重金賄賂加公關離間」的計謀來。他建議劉邦製造、挑撥項羽與謀臣、將領的矛盾，然後乘虛突圍。「我看可以從內部打亂楚軍。項羽的骨鯁之臣只有范增、鍾離昧、龍且、周殷少數幾個人而已。大王如果能拿出數萬斤黃金來離間他們君臣，肯定能讓他們相互猜疑。項羽為人，容易生疑又容易相信讒言，到時楚軍必然內訌。我們趁亂而動，就能擊破楚軍了。」

流氓在決策的時候有一大優點，那就是豪爽果斷。確定了的事情，

他們敢下血本去做。劉邦很認同陳平的建議，一下子拿出黃金四萬斤交給陳平，放手讓陳平去離間項羽君臣。

陳平離間的第一個目標是項羽的大將鍾離昧。他先重金收買楚軍，再讓被收買者在楚軍中散布謠言說鍾離昧擔任大將多年，功勛卓著，卻至今沒能列土封王，對項羽很不滿，正暗中和劉邦聯繫，要聯劉滅項、瓜分西楚的土地呢。謠言越傳越廣，最終流傳到了項羽的耳朵裡。項羽果然開始疏遠鍾離昧，在以後的戰鬥中不再重用他了。鍾離昧是當時楚軍中數一數二的將領，被項羽疏遠後，楚軍的戰鬥力下降了不少。

首戰告捷，陳平把離間的矛頭對準了主要目標：項羽謀主范增。范增從項羽叔父項梁開始就是項家陣營的主要謀臣，多次為項羽出謀劃策，深得項羽任用。項羽尊稱他為亞父。范增一直堅決主張除掉劉邦，對劉邦陣營態度兇殘強硬，是劉邦的眼中釘，肉中刺。離間這麼一個人物，可不是輕鬆的事情。陳平一時也想不出好的辦法來，正發愁著，突然有一天聽說楚軍派使者來到漢營，頓時計上心來。

於是，漢軍營帳中大擺筵席，僕人們用高檔器具端上來美味佳餚，一一呈獻在項羽使者面前。使者是受寵若驚，正要大快朵頤，突然僕人們又迅速把就要到嘴的山珍海味都給搬走了。使者不解地問怎麼了。僕人告訴他們，我們原本以為你們是范增大人的使者，不料你們是項羽的使者，剛才呈上來的美食是為范增大人的使者準備的，不是給你們的，瞧，招待你們的是這些。使者一看，只見幾個老邁的僕人端著破舊餐具，裡面盛著粗糙的米糧，接待了項羽使者。如此戲劇性的一幕，項羽的使者回去後怎麼能不一五一十、完完整整地向項羽匯報？

項羽果然開始懷疑「亞父」，認為范增與劉邦暗中勾結，雖然沒有確切的證據但此後不再聽從范增的建議了。范增是滎陽戰場上最堅決的主戰者，他認為滎陽是劉邦防線上的關鍵點，只要攻克滎陽就能瓦解劉

邦的防線，打垮劉邦。所以，他催促楚軍進攻滎陽催促得最積極、最賣力。范增不知道自己遭人陷害，還一個勁地建議項羽集中兵力猛攻滎陽。可惜項羽不再信任他了，聽不進去范增的任何建議，還收回了范增手中的部分權力。范增的年紀已經很大了，從項梁到項羽一直輔佐項家，受到軍中的尊重和信任，難免有些高傲心理擺擺老資格。感覺到項羽的懷疑後，范增勃然大怒，說：「天下大事已定，君王好自為之！我要退休回家養老了。」項羽也不阻攔。范增於是懷著一肚子的氣，返回彭城，半路上氣急攻心，背疽發作而死。

至此，陳平的詭計大獲全勝，不但讓楚國君臣相疑，還逼退鍾離眛，氣死范增，沉重打擊了項羽陣營的士氣。

項羽不是個好的領導者

陳平的離間詭計能夠成功實施，項羽「功不可沒」。

項羽是楚國的貴族後裔，在秦末以反對暴秦號召百姓起兵，之後身先士卒、功勳卓越。秦朝軍隊的主力就是在鉅鹿戰役中被項羽消滅的。項羽因此威震四方，成為秦末最大的實力派。應該說，項羽是在群雄逐鹿的過程中最有希望勝出，再次統一天下的。可惜的是，最後統一天下的不是項羽而是勢力較弱、沛縣流氓出身的劉邦。項羽輸在什麼地方呢？

是輸在人品上嗎？肯定不是。就算貴族出身的項羽人品再差，也不會比貪酒好色的流氓劉邦更差。況且，項羽的人品並不差。他沒有為了自己逃命，狠心地拋棄子女；他也沒有劉邦那麼好色，妻妾成群；他更不會在政治上耍流氓手段 —— 相反，項羽頭腦簡單，在政治鬥爭中相當守規矩。項羽的輸，是輸在他的政治思維、政治眼光和領導才能上。

著名歷史學家黎東方在《細說秦漢》說列舉了項羽政治舉措之糟

糕。首先，在大一統已經被天下人接受的情況下，項羽主持分封諸侯，把天下重新回歸到戰國紛爭的時代。而且，「項羽分封天下，有欠公平，鑄成大錯。在西方，令章邯、董翳、司馬欣，分王三秦；令劉邦僻處漢中：不僅為劉邦本人所恨，亦為三秦父老所恨。三秦的子弟，未死於討平陳涉之時，亦死於項羽盡坑降卒於新安之時：這筆帳，全算在章邯的身上。董翳、司馬欣無名之輩，毫無聲望，只是項羽的私人，自然也連同章邯為三秦父老所恨。三秦的父老，的確心念著那滅秦而不殺子嬰、取咸陽而不燒宮屠城、除秦苛法而約法三章的劉邦」。

其次，項羽缺乏全局眼光和統籌兼顧的政治能力，「一碗水端不平」。「在東方，項羽不該遷逐齊王、趙王、燕王。這三位崛起的諸侯，都不曾有罪，都曾經派兵遣將來助項羽入關。現在項羽卻分封這些遣來的將官 —— 田都、張耳、臧榮，各自回國為齊王、常山王、燕王，驅逐原有的國王，使之屈身為膠東王、代王、遼東王。這不僅令人不平，而且助長叛亂，提倡叛亂。項羽在山東、河北、遼東，都一一種下了叛亂之苗。在中部，魏王變成了西魏王。魏國的東部變成了西楚霸王的領域。韓王，項羽不使之國，不令他回任，於是韓國的舊壤無形中也成了西楚霸王的采邑。」

最能體現項羽「政治水準」的事例就是殺戮義帝。秦末群雄起義，是在楚國王室後裔楚懷王的名義領導下進行的。秦朝滅亡後，楚懷王被尊為「義帝」。「義帝原都彭城，項羽要他將彭城讓出，作為西楚霸王的都城。義帝被流放到郴縣；走至中途，又遭項羽暗殺。」項羽完全沒有必要公然地負義帝，更不應該殺害義帝。義帝的死讓項羽成了輿論指責的焦點，聲望大跌。劉邦就勢扛起「為義帝報仇」的大旗，糾集諸侯討伐項羽 —— 雖然劉邦不見得真的效忠義帝，如果義帝在他手裡不見得能有什麼好下場。

鴻溝之盟：卑鄙者的遮羞布

　　項羽嫉惡如仇，打起仗來衝鋒在前，奮不顧身。加上「力拔山兮氣蓋世」的個人武力，項羽個人形象完全稱得上是雄姿勃發、氣衝霄漢——這和老是倉皇逃命的劉邦形成鮮明對比。可項羽把愛憎分明的個性轉移到了政治鬥爭上來，那就不對了，不能造成團結中間力量、孤立敵對力量的效果。需要指責的是，項羽把這種愛憎分明給極端化了，對敵人格殺勿論。他手刃過阻礙起義的吳郡太守和不思進取、坐觀成敗的上級宋義，殺害了秦王子嬰和全部嬴氏皇族，更有多次令人髮指的屠城紀錄。第一次是坑殺襄城全城平民。第二次是殺光了城陽輔助秦軍抵抗的全城平民。第三次是在新安坑殺秦軍降卒二十萬（整整二十萬人啊）。第四次是占領咸陽後展開大屠殺，殺人之外還放火燒了咸陽和阿房宮，大火三月不滅。對於統治殘暴的秦始皇，項羽指揮軍隊要對他掘墓鞭屍，將秦始皇陵的地面建築破壞殆盡。第五次是打敗齊王田榮後，坑殺了齊軍降卒。以上種種暴行，讓人對項羽避猶不及，即便是同一戰壕中的友軍也膽顫心驚。

　　總之，項羽是個勇敢的將軍，也許還是個不錯的同事，可就不是一個好的政治領導者。

　　歷史挑選領袖人物，並非看一個人的能力與品格，而是看他能否成功地領導一個群體，能否成功地戰勝對手。這是對結果的追認，與過程和手段無關。在楚漢戰爭中，歷史挑選了劉邦。

　　劉邦的個人品行的確不太好。秦末政治場上還相當講究出身，劉邦的大多數對手和部下不是戰國諸侯後裔就是官宦世家子弟。劉邦出身低微，為了在臉上貼金，甚至不惜編造了自己母親和神龍孕育自己的神話。這個謊言還堂而皇之地被正史記錄。剛進入咸陽城的時候，劉邦一度飄飄然起來。他以「關中王」自居，流連於秦朝富麗堂皇的宮殿和百花爭豔的後宮。劉邦本來就是好色貪玩之人，現在有了這麼好的享樂條

件，準備就此住下，享受勝利果實。劉邦的可貴之處就在於他腦袋複雜，明白為了到達目標必須學會克制、改正和必要的偽裝。謀士張良勸劉邦以事業為重。劉邦馬上意識到了問題的嚴重性，能夠依然封存秦朝府庫，率領軍隊撤退到了咸陽郊外的灞上。劉邦能在數不盡的金銀財寶和美女珍饈中不動聲色、秋毫無犯，可見他的自制力之強、志向之大。

劉邦從底層拚搏上來，了解天下百姓苦於秦朝暴政多年。於是他和關中名士約法三章：殺人者死，傷人及盜抵罪，其他秦朝的苛刻法制一律廢除。關中百姓歡呼雀躍，民心一下子就支持劉邦了。當時關中上上下下都唯恐劉邦不做關中王，離開他們。其實，約法三章極大束縛了劉邦的手腳，讓他不能為所欲為，是不符合劉邦真實心思的。可他畢竟不是項羽，知道不能由著性子來。

劉邦本人在勝利之後曾頗為得意地總結成功經驗。漢高祖五年（前二○二），天下大定，劉邦置酒雒陽南宮，問大臣們：「朕為什麼得到了天下？項氏又為什麼失去了天下啊？」都武侯高起、信平侯王陵回答道：「陛下慢而侮人，項羽仁而愛人。然陛下使人攻城略地，所降下者因以予之，與天下同利也。項羽妒賢嫉能，有功者害之，賢者疑之，戰勝而不予人功，得地而不予人利，此所以失天下也。」意思是說與項羽相比，劉邦用人不疑，賞罰分明。劉邦聽後，補充說：「公知其一，未知其二。夫運籌策帷帳之中，決勝於千里之外，吾不如子房。鎮國家，撫百姓，給魏，不絕糧道，吾不如韓信。此三者，皆人傑也，吾能用之，此吾所以取天下也。項羽有一范增而不能用，此其所以為我擒也。」他認為自己勝利最主要的原因就是得到了眾多人才的輔助，自己各盡其能，用好了這些人才。這就是劉邦的第二個優點：雖然他品行惡劣，能力也不強，但能知人善任，使用了一批品行好能力強的手下。

這麼一對比，劉邦成功和項羽的失敗就比較容易理解了。

鴻溝之盟：卑鄙者的遮羞布

　　我們再回過頭來看看滎陽的情況。陳平雖然成功地讓項羽君臣猜疑，打擊了楚軍，可楚強漢弱的基本態勢沒有改變。這不，滎陽還被楚軍四面包圍著呢。

　　到了西元前二〇四年五月，將軍紀信見情況危急，主動對劉邦說：「事急矣，臣請誑楚，王可以間出。」他自願冒充劉邦，出城引開楚軍，讓劉邦乘機逃跑。劉邦很高興，讓陳平寫了降書，派人送交項羽，說漢王劉邦某夜要出滎陽東門投降。（另有說法認為偽裝劉邦的計謀是陳平想出來的，他再去找的紀信。）

　　到了約定的日子，陳平施展了一整套花招。他先是組織了兩千多名女子，讓她們全部武裝待命。到了夜裡深手不見五指時，陳平驅趕女子從滎陽東門出城。模糊之中，圍城楚軍看到一大群人全副武裝從城裡跑出來。這不是突圍，是什麼？楚軍趕緊前去迎擊，不僅包圍東門的楚軍上前了，南邊、西邊和北邊的楚軍也過來圍堵。兩軍一接戰，場面就混亂了。所謂的漢軍是兩千多名驚慌失措、四散逃命的女子，尖叫著、奔跑著；楚軍沒有想到這一幕，也不知道怎麼處理，結果雙方你追我趕，把滎陽東門外變成了一個大遊戲場。

　　混亂中，紀信假扮的劉邦乘坐著以「黃繒為蓋裏」、車衡左方還插著「氂牛尾纛」的劉邦專用乘輿，也從滎陽東門出來。紀信邊走邊衝著楚軍大喊：「我是劉邦，因城中糧盡，出來降楚。」夜幕之中，楚軍看不清「劉邦」的面容，而紀信的身材相貌和劉邦有幾分相似，給人的第一印象就以假亂真了。加上紀信的裝扮、乘輿都是貨真價實的，又有降書在前，項羽和楚軍不得不信。楚漢戰爭兩年多了，楚軍士兵們為的不就是抓住劉邦結束戰爭嗎？現在「劉邦」出來投降了，哪有人會錯過這歷史性的一刻呢？於是乎，在滎陽的北、西、南三個方面繼續圍城的楚軍士兵也跑到東門來看熱鬧。這下子，東門算是熱鬧透頂了。

正當楚軍將士們湧向東門、預祝勝利之時，相反方面的西門出來一溜人馬。劉邦在張良、陳平、樊噲、夏侯嬰等數十騎的保護下從西門逃出，倉皇逃往成皋。

楚軍士兵們把投降的「劉邦」押解到項羽眼前。手下人可能不認識劉邦，項羽可把劉邦的相貌認識到了即使燒成灰也能辨認的地步。他一眼就認出冒牌的劉邦。項羽情知大事不妙，逼問紀信：「劉邦在哪裡？」紀信回答：「漢王已經離開，你們找不到他了。」項羽辛辛苦苦兩年，損耗了無數的軍隊、物資，就換來一個假劉邦。他出離的憤怒，把所有失落、氣憤和報復心理都發洩到紀信身上，把他活活燒死了。

這又是項羽一次不理智的行為。他燒死紀信反而成全了後者的千古美名。西漢帝國建立後，朝廷特地把紀信的家鄉從四川閬中縣分了出來，劉邦御賜縣名「安漢」（今四川南充）。紀信被稱為「安漢公」，成了忠臣的代名詞。

大兵遇見流氓

劉邦是個不怕「從頭再來」的人，灰頭土臉地跑到成皋後，手上有了點蕭何剛從關中送來的新兵後，又開始折騰了。

劉邦不敢與項羽直接交鋒。他把進攻方向指向南邊的宛縣、葉縣地區（今河南南陽地區）。項羽親自來找他算帳，劉邦不肯交戰，只是堅守城池。在正面拖住楚軍主力後，劉邦暗中收買山東江蘇交界一帶活動的江洋大盜彭越為己所用。彭越原本是傾向項羽陣營的，但推翻秦朝後項羽卻沒有給他留出座位，既沒有給他封王封侯，也沒有給他任何相應的地位。劉邦在封爵上一向很慷慨，不管你是強盜還是土匪只要對自己有用，他毫不吝惜高官厚祿。彭越和劉邦一拍即合，劉邦答應給彭越日後

鴻溝之盟：卑鄙者的遮羞布

帝國的期權，讓他做重要股東；彭越則率領隊伍騷擾項羽的東部領土。

項羽不得不回師對付彭越，劉邦就跟蹤追擊。項羽只得放過彭越，回過頭來對付劉邦。劉邦戰敗，又上演了一出逃跑大戲，北渡黃河。在黃河北岸，劉邦還有不聽話的韓信的部隊。劉邦又耍起了流氓手段，詐稱漢王的使者在夜裡走進韓信軍中，趁著韓信酣睡奪了他的兵符，迅速更換各級軍官。這樣一來，劉邦手頭又有軍隊了，在黃河北岸攻城略地。他派韓信去進攻山東，又派出兩萬人去壯大彭越的隊伍。彭越軍勢大振，攻占了十餘座城池。

而項羽的戰法太傳統了，東西奔波疲於奔命的不是個辦法。他率領在西部的主力軍隊，東征彭越，準備徹底解決這個麻煩。在西部，項羽留下大司馬曹咎防守，臨行前叮囑他切勿與漢軍交鋒。項羽的策略調整很成功，彭越沒幾天就被打得快不行了。無奈曹咎在西部忍受不了漢軍的辱罵，項羽離開五六天後就主動出戰，結果兵敗自殺。項羽得到消息後，緊急率軍返回滎陽，穩住西部陣地。彭越勢力死灰復燃。

山東的齊國由田氏統治，被項羽打敗過，存在和劉邦合作的可能性。劉邦在派韓信攻取山東的同時，又派了辯士酈食其去遊說齊王田廣附漢反楚。田廣被酈食其的遊說打動了，天天和酈食其縱酒談心。不料，韓信突襲大敗駐紮在歷下（今山東濟南）的齊軍。田廣認為酈食其背信棄義，將酈食其烹殺了。酈食其成了無謂的犧牲品。之後，田廣放棄山東，逃去和楚軍會合。結果，楚齊聯軍也被韓信消滅了，田廣被俘。韓信東山再起，派人要求劉邦封他為「假齊王」鎮服山東。韓信要官要的不是時候，劉邦正被項羽打得團團轉，見韓信趁火打劫，大罵：「我就是不封他為齊王！」陳平趕緊踢了劉邦一腳，重重地使了個臉色。劉邦「知錯就改」，改口說：「大丈夫要做就真齊王，做什麼假齊王啊！」韓信就這麼成了齊王，達到了目的，很高興和彭越占領區連成一片，覬

覬項羽的東部土地。

　　形勢對項羽越來越不利。項羽想到派人游說韓信，勸韓信中立於楚漢之間，三分天下有其一。韓信已經跟定劉邦了，沒有搭理項羽。

　　沒辦法，現在輪到項羽主動求和了。他約劉邦到陣前見面。於是有了著名的廣武會面。漢軍在滎陽東部的廣武山上建有軍營，與東邊項羽的軍營對峙。劉邦來到軍前，看到對面的楚軍搭建了一個高臺，臺上豎著一塊案板，板上綁著一個赤裸裸的老頭。劉邦定睛一看，那不是自己的老父親劉太公嗎？再一看，臺上還跪著自己的母親、妻子呂氏和庶長子劉肥（日後的齊悼惠王）。當年劉邦從彭城大敗而逃的時候，父母妻子都丟下不管，做了項羽的俘虜，如今被項羽拿出來要挾劉邦。

　　項羽在案板旁架起一個大鼎，燃燒起熊熊火焰。案板上的劉太公早已面無人色；老母親見狀昏死過去，不省人事。呂氏和劉肥則嚇得沒有了絲毫血色。項羽衝著劉邦喊：「劉邦趕緊投降，不然我把你父親煮了！」劉邦答道：「我和項羽當年都受命於楚懷王，約為兄弟。我父親就是你父親。如果你一定要烹了你父親，就請分我一杯羹吧。」項羽大怒，真的就要殺死劉太公。早在多年前的鴻門宴就被劉邦反正、做了漢軍臥底的項伯趕緊拉住項羽，說：「天下事未可知，且為天下者不顧家。現在殺劉老頭於事無補，恐怕只會增加禍害。」項羽只好作罷。

　　清代洪亮吉評述這段著名史實說：「烹則烹矣，必高其俎而置之，無非欲愚弄漢王，冀得講解耳。漢王深悉其計，矯情漫語，分羹一言，雖因料敵太清，然逞才太過，未免貽口實於來世。」可見項羽處於窘境，黔驢技窮，除了用老人家要挾對手外想不出其他更好的辦法了。可劉邦見過的場面多了，這樣的小問題是難不倒他的。

　　項羽又衝著劉邦喊：「天下混亂多年，都是我們兩個人造成的。我願與漢王決鬥，一決雌雄，不再勞苦天下百姓了。」劉邦心中譏笑項羽頭

腦簡單，回了句：「吾寧鬥智，不能鬥力。」的確，政治場上只有匹夫才赤膊上陣呢。接著，劉邦當眾列絕了項羽的十條大罪：違背當年楚懷王先入關中者為王的誓約，把先入關的劉邦封到漢中；濫殺大將宋義，非法奪取兵權；在關中燒宮室掘皇陵，劫掠財寶；殺戮已經投降的秦王子嬰；活埋了秦兵二十萬；殺戮楚懷王等等。最後，劉邦義正詞嚴地說：「現在，我和諸侯們率仁義之師討伐你這個殘暴歹徒，你有什麼資格向我挑戰？」劉邦所列舉的這些罪狀，都是項羽實打實的罪狀，沒有虛構誇張，項羽啞口無言。由此可見項羽政策失誤之多、頭腦之簡單。

劉邦正罵得痛快淋漓，冷不防楚軍中的弓弩手發來一支暗箭，正射劉邦的胸膛。劉邦踉蹌退後，忍住疼痛，又猛地回到陣前，假裝彎腰撫摸腳說：「被暗箭射中了腳，還真疼啊！」

項羽倡議的陣前會面，就此不歡而散。

劉邦回營後，躺在床上養傷。張良勸劉邦出去勞軍，證明自己無事，安定軍心，同時也做給楚軍看。劉邦強咬牙，在漢軍營帳中巡視了一趟。對面的項羽忍受不了了。楚漢兩軍長期對峙，劉邦是沒有後顧之憂，項羽可是腹背受敵，加上楚國軍糧將盡，難以支撐戰爭了。一年前是劉邦主動求和，項羽斷然拒絕；現在是項羽主動向劉邦求和了。

西元前二〇三年八月，項羽和劉邦訂立和約，平分天下：以滎陽東的鴻溝為界，東歸楚，西屬漢。史稱「鴻溝之盟」。

背盟者的勝利

鴻溝原名叫廣武澗，是戰國時期魏國開鑿的水利工程，在河南中部溝通了黃河水系和淮河水系。鼎盛時期，鴻溝寬、深各達百米，溝內水流迅猛，很適合作為兩軍兩國的分界線。

鴻溝之盟定約後，項羽很快按約引軍東歸。他頭腦簡單的弱點再一次暴露了出來。一個盟約能否被遵守，只有定約方自己心中明白。對於劉邦這樣的對手，項羽理應多加防備。可他卻放心地釋放了劉邦的父母、妻子和兒子，在劉邦大軍沒有撤退的情況下主動率領撤出了陣地，踏上次家之路。撤退路上，數十萬的楚軍連相互掩護都沒布置。項羽為什麼就這麼相信劉邦呢？

定約的第二天，劉邦就採納張良、陳平的建議，調集兵馬準備追擊項羽了。他太了解項羽簡單的思維了，他也深知一旦在項羽整頓後內部，那就是放虎歸山後患無窮了。所以，劉邦安排韓信、彭越的部隊從北邊，叛楚附漢的九江王英布的部隊從南邊，配合劉邦本部兵馬從西邊，三面合圍項羽。

項羽猝不及防，被殺得大敗，前無進路後有追兵，不得不向東南方向潰敗。當年十二月，劉邦、韓信、彭越、英布等各路漢軍約四十萬人與項羽的十萬楚軍在垓下（今安徽靈璧東南）展開決定命運的大決戰。韓信的一招「十面埋伏」贏得一仗後，劉邦陣營又連施計謀。一天深夜，漢軍營中傳來陣陣楚歌，楚軍將士認為楚地都被漢軍占領，軍心渙散。許多人當了逃兵或者投降漢軍。眼看著眾叛親離、敗局已定，項羽對比往日的輝煌和眼前的淒涼，慷慨悲歌：「力拔山兮氣蓋世，時不利兮騅不逝。騅不逝兮可奈何，虞兮虞兮奈若何！」他最寵愛的虞姬為了不拖累項羽突圍，自刎而死。當夜，項羽率八百多騎兵趁夜色向南突圍而出。五千漢軍騎兵在後緊追不放。且戰且逃，項羽渡過淮河，身邊只剩百餘人。途中，項羽等人不識路，向一個老農問路。老農認出了殺戮過重的項羽，故意把他們一百多人騙入沼澤。項羽因此被漢軍追上。在最後的肉搏上戰中，項羽身邊從一百多人減少為二十八人，又再減少為二十六人，最後在烏江（今安徽和縣，一說安徽定遠）全軍覆沒，只剩傷痕纍

鴻溝之盟：卑鄙者的遮羞布

纍的自己。當時有一個亭長駕船來請項羽返回江東東山再起。項羽遠眺江東，遙想當年自己叔侄倆率八千江東子弟起兵，如今全軍覆沒，感到無臉見江東父老，在江邊自刎而死。

著名詞人李清照曾讚嘆項羽的最後一幕：「生當作人傑，死亦為鬼雄。至今思項羽，不肯過江東。」後人對項羽為什麼「不肯過江東」意見分歧。有人認為項羽是無臉面回去，有人是覺得項羽對前途已經失望了，也有人覺得那個亭長的邀請是諷刺嘲笑項羽。不管怎麼說，只要項羽還是項羽，他就不會忍辱偷生，逃回江東。性格決定命運。

自刎前，項羽殺死數以十計的漢軍追兵，血染戰袍。漢軍只敢遠遠包圍他，不敢靠近。項羽看到了包圍自己的漢軍中有老朋友呂馬童。他慘淡地對呂馬童說：「聽說劉邦用千兩黃金、萬戶侯爵的獎賞來徵求我的首級。我就做個人情給你吧。」項羽死後，屍體遭到哄搶。漢軍將領為爭奪屍骸互相殘殺。後來，王翳砍下了項羽的首級，呂馬童、楊喜、呂勝、楊武四人各得四肢。劉邦分封五人為侯。

這裡多說幾句這個砍下項羽一條手臂的呂馬童。他是項羽的吳中同鄉，原名呂伯子，出身卑微，但從小就夢想：「人生一世，不錦衣玉食，枉為人矣。」旁人都笑話他：「不意貧兒有此痴想。」項梁、項羽起兵的時候，呂伯子參軍相從，曾經在一次戰鬥中斬首十二人。項羽很欣賞他，讓他做了自己的馬童。所以呂伯子改名呂馬童。呂馬童一開始很感激項羽的知遇之恩，曾對人說自己的一切都是項將軍所賜，還像伺候母親一樣伺候項羽的坐騎。但呂馬童參加起義是抱著很現實的功利想法來的。見項羽不斷勝利，呂馬童很高興，認為自己加爵封侯很有希望。可秦亡後，項羽並沒有給呂馬童封侯（事實上，分封諸侯也輪不到一個馬伕）。呂馬童就此怏怏不樂，加上項羽受陳平離間詭計後楚軍人人自危，呂馬童乾脆投奔劉邦，做了漢軍郎中。西漢成立後，呂馬童成為吳

中侯，衣錦還鄉，著實風光了一把。不想有一天，呂馬童午睡中突然驚醒，大喊：「我有罪，背主忘恩，豬狗不如！」說完，呂馬童氣噎而亡，只有三十五歲。

項羽死後，西楚各地紛紛投降劉邦，只有魯地遲遲不肯降。項羽曾經被楚懷王封為魯公，所以魯地堅持服從項羽。後來漢軍出示了項羽首級，魯地才投降。楚漢戰爭以劉邦的勝利結束。

項羽自刎前曾感嘆：「天亡我，非戰之罪也！」被稱為西楚霸王的項羽打起仗來，是一等一的好手。他的失敗的確不是戰爭的失敗，可也不是天命所為。項羽輸在自己的頭腦簡單和缺乏領導素養上，輸在機械地遵守鴻溝之盟上，更輸給了一個機警多變、務實耍賴的對手手上。

白登之圍：無奈的和親

這個冬天特別冷

西元前二〇〇年（漢高祖六年）的冬天，天空下著大雪，天氣特別冷。

吃皇糧的官兵們是沒有挑選出兵時的天氣的權利的。共約三十二萬之眾的西漢朝廷大軍從關中、河南各地出發，北上寒冷的三晉大地尋找匈奴人作戰。匈奴主力沒有尋找到，冰天雪地對中原來的官兵們卻造成了大規模的殺傷。西漢大軍的凍傷比例達到了兩三成，有的人竟凍掉了手指。雪一直在下，官兵們的怨聲越來越重。

這場大戰是由一個叫韓王信的人引起的。

韓王信是戰國時韓襄王之孫，出身王室，在韓國被秦朝滅亡後家族以故國名為姓，故名「韓信」。韓信參加了秦朝末年的反秦大起義，早在劉邦還是沛公、還只是中原一支造反軍隊首領的時候就加入劉邦部下作戰。此後，韓信跟隨劉邦南征北戰，入咸陽、入漢中、滅三秦，成為劉邦陣營的元老。韓信攻取韓地後，劉邦就勢封他為韓王。為了與劉邦陣營中同名同姓但名氣更大的「楚王韓信」相區別，「韓王韓信」史稱「韓王信」。

在鴻溝之盟中，韓王信就是重要參與者，鎮守滎陽。沒想到滎陽一度失守，韓王信被項羽俘虜後投降 —— 其他被俘的劉邦陣營將領都被殺了。儘管韓王信後來逃回漢營，並追隨劉邦最終擊敗項羽，平定天下，他和劉邦的心理疙瘩卻再也解不開了。

西漢王朝建立後，劉邦和韓王信之間又多了中央皇帝和地方割據藩王之間的權力之爭。

原來的心理芥蒂加上新生的權力之爭，韓王信的日子注定難過。

這不，漢高祖六年春，劉邦調整了韓王信的封地。

韓國原來在河南潁川一帶，潁川乃兵家必爭的策略重地。劉邦藉口需要防禦北方匈奴大軍，把韓王信改封到太原郡，以晉陽（今山西太原）為都城。劉邦的如意算盤是讓不放心的韓王信和兇猛的匈奴人去爭鬥，鬥個兩敗俱傷，他就做那個得利的漁翁。

韓王信最初的表現很讓劉邦滿意，他主動提出晉陽離邊界太遠，要求遷都更北方的馬邑（今山西朔州）。劉邦愉快地答應了。就在當年秋天，匈奴冒頓單于親率數十萬大軍南下，邊搶邊殺，很快把馬邑團團圍住。韓王信自知不敵，主動與冒頓單于聯繫談和。雙方往來的消息被劉邦知道了。劉邦本來就對韓王信在楚漢戰爭中的不光彩紀錄耿耿於懷，現在正好有了剷除韓王信的正當理由，立即調撥大軍三十二萬遠征——如果能順便把匈奴侵略者給打敗了就更好了。

出兵前，劉邦給韓王信寫了一封信，要求韓王信堅守馬邑，並對他的主動媾和大加責備。皇帝的指責往往宣判一個人的實質死刑，韓王信收到信後，真的投降匈奴了。

劉邦帶著他的大軍進展非常順利，一路高奏凱歌。

十月，劉邦大軍和韓王信在銅鞮大戰。韓王信的地方割據軍隊不是劉邦中央軍的對手，損兵折將。韓王信向北逃入匈奴地區。韓王信的部將曼丘臣、王黃等人尋找到戰國時趙國王室的後裔趙利，立他為王，集結韓王信的殘餘部隊，聯合匈奴大軍準備與西漢大軍再戰。

匈奴鐵騎的加入也沒有改變劉邦的勝局。劉邦繼續節節勝利，打得匈奴人一直向北逃。美中不足的是，漢軍打敗的都是韓王信的「偽軍」和匈奴小股部隊，始終沒有找到匈奴的主力，更沒有和冒頓單于直接對壘。匈奴主力跑哪裡去了？

有情報說冒頓單于逃到了代谷（今山西代縣西北）。興奮的劉邦派出十批人去偵察，十批人都回來說冒頓單于和所謂的匈奴大軍的確在代

白登之圍：無奈的和親

谷，不過匈奴主力都是一些老弱殘兵，騎在瘦弱的馬匹上晃晃蕩蕩的，不堪一擊。他們紛紛建議劉邦御駕親征，一舉消滅匈奴主力。更有樂觀的人覺得這是畢其功於一役的大好良機，強力鼓吹出兵。

數以十萬計的主力決戰不是小事，統帥不能不慎重。劉邦很想出兵，可又不放心。如果那是一個圈套，怎麼辦？他派出劉敬前去做最後的偵察。

劉敬是著名的山東謀士，原名婁敬。西漢帝國草創的時候，婁敬說服劉邦力排眾議定都長安。劉邦很賞識婁敬的眼光和智慧，賜姓劉。劉敬上路偵察了。可他尚未回來，過於樂觀、急於建功立業的劉邦就在周圍同樣急不可耐的大臣們的鼓動下出兵了。三十二萬的龐大軍團，緩緩向北推進。半路上，劉敬帶回來了相反的意見。他說：「兩個國家打仗，一定會把精兵強將都擺出來，炫耀自己的強大。可是，我在代谷看到的卻全是老弱殘兵。這太不正常了，肯定是匈奴埋伏了精兵強將要引誘我們進入伏擊圈。請皇上速速停止進軍。」劉邦正雄糾糾氣昂昂地統帥大軍向前挺進，聽到劉敬的喪氣話，勃然大怒，大罵說：「你這個齊國來的死囚，就靠著兩片嘴皮當上高官，今天膽敢胡說八道，擾亂軍心，容你不得！」劉邦下令把劉敬押往廣武囚禁，套上全副腳鐐手銬嚴加看管。

我們知道劉邦酒徒賭棍出身，帶有很強的賭徒心理。爭奪天下時，劉邦有好幾次豪賭的行為，比如私放死囚、突襲沛縣、參與「先入關中者為王」的賭博、赴鴻門宴、明修棧道暗度陳倉，還有我們知道的鴻溝之盟等等。他的運氣很好，歷次豪賭基本上都賭贏了。當了皇帝之後，劉邦更加相信自己的眼光和運氣，豪賭依然。這次北伐韓王信和匈奴，就是劉邦壓上性命和全國兵馬的一場豪賭。

先是「逼反」韓王信，接著又盲目冒進，劉邦在這場賭局中招招都是大手筆。

劉邦自信地帶著大軍抵達平城（今山西大同）。劉邦率領並不是漢軍的全部，而是漢軍的前鋒。不過這前鋒人數也不少，大約有二十萬人。平城是個小城，一下子擁擠進來這麼多人，住宿、糧草等都成了問題。當然了，劉邦也沒想在平城常駐。入城幾天後，劉邦就率領部分兵馬離開平城的城池，來到離城池數十里的白登山（今名馬鋪山，位於大同市城區東北部）上，偵察敵情。

敵情不用偵察。視力再差的人用肉眼也能看出來。白登山下，四十萬匈奴騎兵從四面八方呼嘯而來，把劉邦那一小撮人圍得水洩不通。誰說匈奴軍隊都是老弱殘兵？眼前的匈奴大軍個個身型魁梧，騎著高頭大馬，穿梭往來。

平城城內的漢軍前鋒和白登山的劉邦部隊失去了聯繫 —— 平城也被匈奴伏兵團團包圍了。他們誰都救不了誰了。

西元前二〇〇年的冬天，劉邦的豪賭徹底輸了。劉邦和漢軍前鋒的心一下子跌入了谷底。

白登山上的七天七夜

劉邦的對手就是匈奴單于冒頓。劉邦輸給這樣的人，一點都不丟臉。

我們看看冒頓調教出來的四十萬大軍就知道冒頓是多麼厲害的角色。匈奴的騎兵方陣氣勢恢弘，西方方陣一色的白馬，東方方陣全都是青馬，北方方陣全部是黑馬，南方方陣則是紅馬的天下，令行禁止，整齊中透著骨子裡的凶悍。

冒頓，姓攣鞮，全名是攣鞮冒頓。單于是匈奴部落聯盟的首領稱號。冒頓單于經過九死一生，建立了強大的匈奴政權。九年前（前二〇九），冒頓的父親頭曼單于生了一個小兒子，想廢掉冒頓立少子為

白登之圍：無奈的和親

繼承人，於是就把冒頓送到月氏去做人質。冒頓前腳剛到，頭曼單于就發兵急攻月氏，想借月氏之手來殺掉冒頓。冒頓偷了一匹馬死裡逃生，回到匈奴。頭曼單于很欣賞冒頓的壯勇，給了他一支部隊讓他去衝鋒陷陣。冒頓掌握軍隊後加緊訓練。他製成了一種鳴鏑，下令說：「鳴鏑所射而不悉射者，斬之。」他把鳴鏑射向自己的愛馬、愛妻，把沒有跟著他射的部下都殺死，培養了一批死忠的部下。再後來，冒頓把鳴鏑射向父親頭曼單于，頓時讓父親成為刺蝟。殺父後，冒頓自立為單于，開始了對匈奴各部落長達三十五年的統治。

冒頓自立為單于後，匈奴只是北方眾多民族中的一支。東邊強大的東胡趁機欺負匈奴，向冒頓索要名馬，冒頓力排眾議給了；東胡又索要冒頓心愛的閼氏（匈奴對單于妻子的稱呼），冒頓也給了；第三次，東胡索要兩國交界的千里土地，匈奴內部很多人都答應給，冒頓大怒，把所有贊成的大臣殺了，衝鋒在前突襲東胡。東胡被殺得措手不及，土崩瓦解。於是，冒頓大滅東胡，西破月氏，南並樓煩、白羊河南王，向北則征服了渾庾、屈射、丁零等國，讓北方各族都服從匈奴的統治。匈奴從四分五裂的部落群成了威服北方的強大的部落聯盟。

在南方，冒頓收復了秦朝時被秦將蒙恬奪取的匈奴土地，不斷騷擾中原，劫掠人口和財富。當時，楚漢戰爭打得難分難解，中原政權沒有力量對外，所以冒頓在北方來去自如，回回滿載而歸。匈奴也越來越強大，終成西漢王朝的大患。

西漢統一中國後，部署防範匈奴；匈奴騷擾中原不像以前那麼容易得手了。冒頓就思考如何給予西漢沉重的打擊，繼續保持對中原的優勢。韓王信的投降，給匈奴創造了一個機會。冒頓乘虛而入，設計了一個誘敵深入的騙局，把劉邦圍了進來。

冒頓能達到重創西漢王朝的目的嗎？

劉邦等人在寒冷的白登山上被包圍了七天七夜。

漢朝士卒用歌謠描繪這段艱苦的日子：「平城之下禍甚苦，七日不食，不能彎弓弩。」

漢軍幾乎沒有攜帶給養，很快陷入了沒吃沒喝的窘境。武器也短缺，尤其是沒有足夠的弓弩，很難防禦匈奴人可能發起的攻擊。匈奴人一直沒有發起總攻，被圍漢軍也始終不敢突圍。原因很簡單，對手是兵強馬壯以逸待勞的匈奴騎兵，而漢軍是飢寒交迫的步兵，而且兵力相差懸殊，如果主動進攻匈奴大軍不是找死嗎？

怎麼辦？

好在包圍圈裡除了劉邦，還有陳平。陳平善出點子是出了名的，而且擅長在絕境中想點子。這回，陳平想到的點子，還是「重金賄賂加內部工作」的老思路。劉邦和陳平使用這一招，屢試不爽。

具體是怎麼做的呢？陳平派出一個使者攜帶黃金珠寶去求見冒頓的閼氏。這使者還不錯，沒有攜款潛逃，而是一路用金銀開道，竟然真見到了閼氏。當時匈奴人尚處於部落聯盟階段，個人的趨利心理比較嚴重，所以防守的匈奴士兵看到漢朝使者拿著金銀行賄，非但沒有拒賄，更沒有把使者扭送上級，而是層層開綠燈，讓使者單獨見到了閼氏。這對使者施展之後的「公關活動」很有幫助。

使者先把剩餘的黃金珠寶都獻給了閼氏。閼氏哪見過那麼多中原皇帝身邊的寶貝東西，頓時愛不釋手，心中歡喜。使者不失時機地向閼氏介紹中原各地還有什麼什麼好東西，誇耀得天花亂墜，說如果閼氏喜歡，漢朝皇帝答應以後年年月月天天都給閼氏送寶貝東西來。閼氏心裡更高興了。

匈奴南下中原，就是衝著金銀財寶來的。中原的土地、城池對他們的誘惑力遠遠沒有黃金大。所以，漢朝使者答應常向匈奴進貢金銀財寶

就已經讓匈奴人達到進軍目標了。占領城池、圍殺皇帝，都只是匈奴人的手段而已，目的還是搶錢搶糧食搶布匹。

使者又拿出一軸畫來，對閼氏說，漢朝皇帝還有一份厚禮送給單于。閼氏過來一看，只見畫的是一位傾國傾城的中原美女。使者解釋說，漢朝皇帝這不是被包圍在山上來嘛，為了表示和匈奴的友好，正讓全國各地挑選美女，準備送給單于，希望單于能夠網開一面讓劉邦一條生路呢。現在先送一個美女的畫像來請單于和閼氏過目。

閼氏女人敏感的神經立刻警惕了起來。中原女子有著不同於草原女子的美貌和氣質，而且年輕、多才多藝，還一來就來一群，這不是明擺著威脅閼氏的地位嗎？女人的嫉妒心一上來，智商立刻直線降低。閼氏心想，得趕緊把劉邦放過，不能讓他有時間徵集中原美女送過來。

於是，閼氏對使者說，禮物我收下了，美女就算了，我去勸說單于，讓他早日把你們漢家天子放掉。使者千恩萬謝地走了。

閼氏去勸說冒頓道：「現在我們圍困漢朝皇帝，似乎不妥。我們匈奴人是為了金銀財富而來的。攻城略地了，我們又不能長久居住；殺了漢朝的皇帝，他們會推舉新的皇帝。況且我聽說中原的皇帝有神靈保護，輕易傷害不得。請單于考慮。」

冒頓單于不得不認真考慮閼氏的意見。

從主觀上來說，冒頓單于對家庭有著深深的愧疚之情——他在爭權過程中對家人造成了深深的傷害。這讓他在鞏固權力之後，非常重視家庭。他殺死了父親、弟弟，還三次犧牲過心愛的女人：一次是在從月氏逃亡歸來的途中愛妻死亡，一次是親手用鳴鏑射死了愛妻，一次是把愛妻作為麻痺敵人的工具獻給了東胡。深重的歉疚使得冒頓單于加倍珍惜現在的妻子。妻子主張放走劉邦，冒頓單于不得不重視她的意見。

多項客觀因素也促使冒頓單于不得不放過劉邦。首先，匈奴大軍雖

然包圍了劉邦，可並不占據絕對優勢。漢朝大軍的實力保存完好，尤其是包圍圈之外的漢朝大軍在大將樊噲等人的率領下，正源源不斷地向平城方向聚攏過來。平城的漢軍也在頑強堅守。僵持下來，一場主力決戰在所難免。可冒頓單于已經調用了匈奴全國的力量，沒有力量再支撐曠日持久的主力決戰。匈奴的四十萬大軍幾乎囊括了各個部落所有可以征戰的青壯男子，（史學界考證，冒頓單于時期的匈奴總人口不到兩百萬）攜帶了匈奴人幾乎所有的物資。匈奴人的家底基本都擺在平城了，承受不起哪怕一次的失敗；可漢朝地大物博，完全承受得起曠日持久的決戰。這讓冒頓單于不能不慎重。

其次，冒頓單于本來和「偽軍」王黃、趙利等人約好，共同圍攻劉邦。可王黃、趙利二人失約，沒有率領「偽軍」前來回合。冒頓單于懷疑王黃、趙利等人和漢朝暗中聯繫，對匈奴不利。

冒頓單于考慮再三，決定網開一面，釋放誠意，和平解決白登之圍。他下令匈奴包圍圈撤圍一角。

天公作美，匈奴人開始撤圍的時候，天降大霧。霧氣很大，幾步之外就讓人看不清嘴臉了。劉邦急不可耐，躍馬就要衝出包圍圈。陳平、夏侯嬰趕緊拉住劉邦，認為逃生急不得，防止匈奴人有詐。二人下令漢軍弓箭手分列左右兩邊保衛著劉邦，在強弩上掛上兩支箭，拉滿弦，箭頭衝外，慢慢護衛著劉邦等人向包圍圈外走去。就這樣，慢慢的，包圍圈內的漢軍踩著冰冷的土地，警惕著哪怕幾步之外的響聲，聽著不遠處匈奴騎兵隊中馬匹刨地的聲音，心驚膽顫地脫離了包圍圈，逃回平城。

剛好，漢軍大軍也趕到了平城。劉邦無心再戰，主動帶著大軍南撤了。冒頓單于見狀，也從平城北撤。一場大戰，就此消失。

對於「白登之圍」，後人語焉不詳，且諱莫如深。沒有一個當事人或者當時的人留下詳細的資料。上述過程還是綜合各種史書資料演繹而成

的。後世比較一致的觀點是，白登之圍及其之後的脫逃，不是什麼光彩的事情，甚至手段有點下三爛。比如《論衡》和《十七史商榷》都認為陳平的計策「甚庸鄙」，上不了臺面。這些事情如果宣揚出來，有損劉邦的天子威嚴，中原王朝的顏面也無光，所以這段歷史就被人為淡忘掉了。

因為沒有權威的官方的說法，民間解釋就占據了這件事情的話語空間。有學者認為劉邦成功逃脫，並非冒頓單于網開一面，而是劉邦、陳平「趁亂逃脫」的：

當年劉邦採用陳平祕計，「間使厚遺閼氏」，不但拖延了六七天的時間，使匈奴的警惕逐漸鬆弛下來，「胡騎稍稍引去」，而且還開闢出「漢使者往來，胡不覺」的局面；已經做好了準備的劉邦，在「時天大霧」這樣一個偶然的天賜良機降臨時，便利用匈奴牧民們的麻痺心理，並借助於「大霧」的掩護，在汝陰侯夏侯嬰以及一些漢軍士兵的陪伴下，盡量做出漢軍「使者」們「往來」的模樣，耐著性子慢步行走，「徐行」出圍，混出包圍圈的。（見王慶憲著的《劉邦從匈奴包圍圈中脫出的必然與偶然因素》）。

劉邦趁亂逃脫之所以能夠成功，關鍵是匈奴牧民的麻痺心理。匈奴人的習俗是「其攻戰，斬首虜，賜一卮酒，而所得鹵獲因以予之，得人以為奴婢。故其戰，人人自為趨利……其逐利，如鳥之集。……苟利所在，不知禮義」。所以集體意識、團體協作能力比較差，完成不了長期的鐵壁銅牆般的大包圍。最終，劉邦等人找了空就逃脫了。

不管怎麼說，劉邦以皇帝之軀被困小山丘，又用不太光彩的流氓手段僥倖逃脫的基本事實是清楚的。流氓出身的劉邦在政治上慣常使用類似的流氓手法。劉邦多次遇險，往往「誑騙對方，甚至不顧父、妻、兒女以及部將、士兵們的死活，積極設法脫離險境，沒有任何一次待在包圍圈裡或險境之中、等待對方主動放行的事例，有些脫險方法還幾乎完

全一樣」，都是用重金開道、展開內部公關、利用對方的麻痺趁亂逃脫。兵敗彭城後，劉邦能把兩個年幼的孩子無情推下車去，自己輕裝逃命。如今向冒頓單于主動示弱、向閼氏行賄巴結、施展美人計，在劉邦看來就不是什麼難以接受的事情了。

白登之圍把劉邦的個性暴露無餘，把漢朝和匈奴的實力和處境也暴露得清清楚楚。

和親隊伍上路了

劉邦安全了，回到後方後，首先把劉敬放了出來。

流氓歸流氓，劉邦該認錯的時候就真誠地認錯。他對劉敬說：「我悔不聽你的話，弄得在白登山被匈奴圍了七天七夜，差點不能和你相見了。」他封劉敬采邑二千戶，擢升關內侯。之前十個主張出兵的偵察人員，全部處斬。

陳平多次解救劉邦於危難時刻，功勞很大。劉邦南歸長安途中經過曲逆縣。劉邦看到曲逆城池高大、人口眾多，感嘆道：「壯哉縣！我走遍天下，只見過洛陽可以與曲逆相比。」他回頭問御史：「曲逆戶口多少？」回答說：「秦朝時曲逆有三萬多戶，後來經過多次兵荒馬亂，人口逃散了許多，現在大約有五千戶。」劉邦於是改封陳平為曲逆侯，享有全縣的采邑。對此，清代學者錢大昕認為：「陳平改封曲逆侯，盡食全縣采邑。漢朝封縣侯，戶數多少不同，比如蕭何受封酇侯，食邑八千戶，後來加封了二千戶。後來，蕭何的曾孫蕭慶繼承酇侯時，才獲得了酇縣二千四百戶采邑；蕭何玄孫蕭建世繼承酇侯時，采邑降為了二千戶。因此酇侯的封號雖然相同，但租入迥別；受封縣侯的人未必能得到全縣的戶口，其餘的戶口由朝廷掌握。劉邦時代，功臣享受全縣戶口的，只有

白登之圍：無奈的和親

陳平一個人。」劉邦報答陳平心切，可見一斑。報酬越多，說明功臣解決的問題越嚴重。白登之圍對劉邦的心理創傷之重，也可見一斑。

白登之圍摧毀了劉邦的自信心，讓他看到了自己帝國的大弱點：國力削弱，連只有兩百萬人口的匈奴人的騷擾都無力制止。西漢繼秦末亂世建立，國家滿目瘡痍、百廢待興。史載：「漢興，接秦之敝，諸侯並起，民失作業，而大饑饉。凡米石五千。人相食，死者過半。高祖乃令民得賣子，就食蜀漢。天下既定。民亡（無？）蓋藏（藏），自天子不能具鈞駟（同一顏色的馬匹駕駛的馬車），而將相或乘牛車。」劉邦這個沛縣酒徒，享樂心理嚴重，如果能湊成同色馬匹駕駛的車駕，是不會吝嗇的。當時國家真的是困難到了連皇帝的正常待遇都滿足不了的地步。三十二萬北伐的大軍已經是劉邦掌握的所用武裝力量了。

西漢帝國無力驅逐匈奴騎兵，匈奴騎兵不斷南下騷擾，劫掠中原郡縣。怎麼辦？

難道真的如白登之圍時答應的那樣，年年月月日日向匈奴進貢金銀財寶嗎？

最後還是劉敬提出了一個劉邦和西漢帝國能夠接受的方案。西元前一九九年，劉敬向劉邦建言：「陛下可以把長公主嫁給匈奴單于，然後送上豐厚的嫁妝。匈奴單于見到豐厚的嫁妝，又為公主的美貌多情所傾倒，肯定會立公主為閼氏。公主日後生子必為太子，可以取代單于。陛下每年都送去禮物，派遣能言善辯之士諷喻匈奴人禮節。冒頓在，是陛下的女婿；冒頓死，陛下的外孫是單于。到時候，外孫怎麼敢與姥爺動刀動槍呢？戰爭可以停止了，而且匈奴也成了朝廷的臣屬。」劉敬用一個漂亮的包裝把劉邦使者在白登山下的承諾裝了進來，附帶了一個炫目的前景：透過聯姻讓匈奴成為西漢的臣屬。

劉邦接受了劉敬建議。呂后堅決反對把魯元長公主嫁遠給匈奴。她

日夜向劉邦哭訴：「妾唯太子、一女，奈何棄之匈奴！」

漢高祖九年（西元前一九八年），劉邦挑了個女子冒充長公主，由劉敬護送遠嫁匈奴。

這不是一樁簡單的聯姻，而是一項內容豐富的政策。首先，漢匈約為兄弟之國，漢朝要把宗室公主嫁給單于；其次，漢朝每年送給匈奴大量的絮、繒、酒、米等物品。漢朝皇帝可以美其名曰看望公主，給公主送東西，實質是向匈奴進貢；第三，漢朝在邊界和匈奴展開互市。進貢是給匈奴貴族送東西，互市則大受匈奴牧民的歡迎。可以用和平的貿易獲取金銀財寶，多數匈奴人也不願意用戰爭去搶掠；第四，漢朝和匈奴約以長城為界，長城以北為匈奴遊牧之區，長城以南為漢族耕織畜牧之所。漢朝在整個政策中主動嫁女，還是年年進貢「嫁妝」，處於屈辱且不利的境地。至於兩國友好、互市和劃分邊界的內容則是客觀公平的。

歷史上將劉邦開創的這一政策稱為「和親」。

冒頓對西漢的和親政策很滿意，對冒充的長公主也很滿意，還真的把她立為閼氏。

中原王朝的傳統史書對這種帶有屈辱性質的和親政策多有批評。魯迅先生就稱之為：「以美女作苟安的城堡，美其名以自欺曰和親。」

從漢高祖到惠帝、文帝、景帝，和親政策被西漢王朝沿用了六七十年，直到西漢的第五位皇帝漢武帝劉徹即位後，強大後的西漢帝國就和匈奴兵戎相見了。匈奴帝國遭到了重創。之後漢朝和匈奴互有強弱，戰爭也斷斷續續。一般情況下，中原王朝實力弱小時，就主動或被動奉行和親政策；等中原王朝強大後，就發動對匈奴的戰爭。所以，我們可以把和親看做積極的備戰。自劉邦和親後，漢匈關係雖然有所改善，但並未杜絕匈奴的南侵騷擾。整個漢朝，匈奴都是帝國的巨大麻煩。

儘管如此，和親的思路還是被中國歷代王朝所繼承，成了解決中原

白登之圍：無奈的和親

王朝和周邊少數民族政權關係的主要政策。因為和親畢竟是個挺「管用」的政策。錢穆先生指出：「匈奴之對中國，一時尚無政治上統治之野心，其舉眾入塞，所重在經濟財物之掠奪。和親政策之後面，即為賄賂與通商。借胡、漢通婚之名義，匈奴上層貴族，每年既得漢廷之贈遺，其下層民眾，亦得定期叩塞貿易。其物質上之需要既滿足，亦可暫時解消武力侵略之慾望。」

和親政策也深深融入了中國文化之中。許多和親的故事和人物膾炙人口。比如中國古代四大美女之一的王昭君自願和親，主動遵從胡俗，終生致力於維護匈奴與漢朝的和平友好關係，被尊為「寧胡閼氏」。她還教導子女對漢朝友好。還有一些和親公主雖然不是自願和親，但踏上和親道路後自我犧牲，無私無畏地溝通中原王朝和和親對象的關係。比如西漢第一位遠嫁烏孫的公主劉細君，從文明繁榮的中原大地遠嫁落後荒漠的烏孫。嬌生慣養的劉細君不僅要忍受烏孫物質和文化的匱乏，還要接受烏孫落後的習俗。烏孫曾要求劉細君改嫁晚輩為妻，劉細君不肯從命，上書漢朝皇帝希望得到親人的支持。漢朝要求她「從其國俗」，服從漢朝聯合烏孫進攻匈奴的大業。劉細君無奈從命，最後老死烏孫。劉細君留下了一首哀怨悲愁的歌：

吾家嫁我兮天一方，遠托異國兮烏孫王。
穹廬為室兮氈為牆，以肉為食兮酪為漿。
居常土思兮心內傷，願為黃鵠兮歸故鄉。

和親盟約的不公平和屈辱可能主要就體現在這些自我犧牲的可憐公主身上。

澶淵之盟：制度性頑疾的代價

叛將王繼忠

北宋真宗咸平六年（西元一〇〇三年），汴梁的瑟瑟秋風送來了前線的噩耗：定州路副都部署王繼忠「陷沒」敵陣。

根據上報的定州路都部屬王超的說法，王繼忠之前主動請命，要求帶兵迎擊南下侵略的遼國南府宰相耶律奴瓜、南京統軍使蕭撻凜。王繼忠率部與遼軍主力在康村遭遇，展開激戰，從白天一直廝殺到二更。王繼忠身先士卒，奮勇殺敵，迫使遼軍在黎明時分派出偏師繞道宋軍陣營之後焚絕王繼忠的糧草輜重。王繼忠所部軍心動搖，向王超求援，王超忌憚遼朝大軍有埋伏，更不敢將守定州的大軍派出城外，結果王繼忠的部隊邊戰邊撤，連續激戰兩天後在白城地區全軍覆沒。王繼忠「陷沒」敵陣。

多年來，北宋和遼朝在河北地區戰鬥不斷。北宋官兵敗多勝少，被遼軍殲滅的小股部隊多了去了，名氣比王繼忠大、失敗更為慘重的例子都有。但是王繼忠的消息還是引起了宋真宗趙恆的注意。因為王繼忠是宋真宗即位前的老部下、老親隨，是宋真宗一手提拔起來的明日之星。

王繼忠，祖籍開封。其父在宋太宗時曾在瓦橋關任武騎指揮使。軍人在北宋的地位很低，列入軍籍的子弟出路狹窄，不是當兵就是給皇室權貴當侍從。為了兒子的前途考慮，父親千方百計把王繼忠安排在皇子身邊做侍衛隨從。王繼忠就這麼從小進入了宋太宗第三個兒子趙恆的府邸，他為人忠厚，辦事謹慎小心，很得趙恆的器重。王家人都認為王繼忠的命運能夠比父親要強，這輩子起碼能在汴梁的王爺府中謀個「鐵飯碗」。不想，趙恆在複雜的皇權鬥爭中勝出，登基做了宋真宗。王繼忠時來運轉，身為新皇帝的心腹青雲直上，前途不可限量。在短短的五六年時間裡，王繼忠從一個王府侍從先轉為皇宮的侍從，又立即被提拔為殿

前都虞侯，此後外放雲州觀察使，深州副都部署，鎮定、高陽關三路鈐轄兼河北都轉運使，高陽關副都部署。戰前，宋真宗剛剛詔令王繼忠為定州路副都部署。定州雲集著河北宋軍的主力，定州路副都部署一職前途不可限量。宋真宗對王繼忠真可謂是「皇恩浩蕩」，王繼忠也的確知恩圖報，聽說遼軍又南下侵略，自告奮勇領兵迎擊。在戰鬥中，王繼忠浴血奮戰，因服飾與其他官兵迥異遭到遼軍精銳的圍攻，身受重傷。有人看到王繼忠最後被數十重的敵人團團包圍。

根據前方的報告，宋真宗和大臣們想當然地以為王繼忠肯定是「殉國」了。宋真宗在痛惜之餘，為他舉辦了高規格的哀悼活動。朝廷下詔追贈王繼忠為「大同軍節度使」、「冒贈加等」，撫慰家屬和後代，「喪事」從優從厚處理。

王繼忠並沒有死，相反是投降了遼朝。

王繼忠傷重被俘後，遼聖宗和蕭太后一心招降他，不僅授予他「戶部使」一職，還為他娶妻安家。王繼忠一介敗軍之將，得到遼朝皇帝和太后如此隆恩，感激涕零，很快轉變立場，效忠遼朝，並且「事必盡力」，把對宋真宗和北宋王朝的忠誠轉移到了異族契丹人建立的遼朝身上──遼聖宗和蕭太后的目的也達到了。

王繼忠為什麼要投降呢？除了遼朝的拉攏和厚待外，雄心壯志猶存、希圖有所作為可能是最重要的原因。王繼忠在北宋即表現出了不俗的能力，勤於政事、治邊有方，希望大展宏圖。驟然兵敗被俘，他內心深處並不想就此終結生命。建功疆場、揚名天下是多少男兒的夢想，王繼忠自然不能例外。恰恰遼朝願意給王繼忠這樣的機會，也能給他提供實現抱負的平臺。

遼聖宗時期的遼朝在蕭太后的實際控制之下。他們母子繼承的祖先家業既恢弘又黯淡。說恢弘，是因為在中國歷史上，契丹人第一次將萬

里北疆歸於一統。在大遼的旗幟下匯聚著各民族的勇士，也包括漢族將領、文官和飽讀詩書的儒生。說黯淡，是因為遼朝傳到蕭太后母子手中，矛盾層層累積，已經出現了危機的前兆。遼朝的地域太大了，既有群居狩獵的原始部落也有南方富庶的漢族農墾地區，既有因循守舊徘徊在大漠中的契丹貴族也有一心漢化、接受南方文明的新貴族，所有人都希望統一在大遼的旗幟下整頓國家，向前發展。遼穆宗、景宗以來，人人望治。但各個皇帝在位時間太短，又忙於處理皇室內部的鉤心鬥角，應付與北宋的不斷戰爭，沒有來得及對國事進行深入整頓就撒手人寰了。龐大的疆域和踴躍的思想碰撞，並沒有給遼朝帶來躍進的火花，反而無情地阻礙了這個年輕政權的上升之路。

蕭太后是開始漢化的契丹貴族，她認定遼朝要發展，必須學習漢族的先進文明，學習漢族王朝的中央集權，學習漢族王朝的社會制度。她守著年幼登基的兒子遼聖宗時，周邊全是對皇位虎視眈眈的皇族骨肉和覬覦權力的守舊大臣們的兇狠目光。當孤兒寡母無助時，正是以韓德讓為首的漢族官僚堅定地站到了她的一邊，幫助她年幼的兒子鞏固皇位，幫助她開始在遼朝實施漢化。鞏固皇權後，蕭太后、遼聖宗、韓德讓等統治者堅定不移地將王朝送上了漢化的發展之路。

王繼忠來到遼朝的時候，看到的正是一個全面漢化、加速發展的生機勃勃的王朝。這和繁華但卻臃腫僵化、年紀不大卻已出現暮氣的北宋王朝相反。原本以為漢人在遼朝是低等公民，王繼忠來了以後才知道漢人在遼朝的地位大大提高，已經和在汴梁無異了。近十年前，蕭太后廢除了法律中歧視漢人、同罪不同罰的條文。法律對待契丹人和漢人一視同仁。統和六年（西元九八八年）蕭太后在遼朝開科取士，漢族讀書人也能夠透過科舉進入遼朝權力中心，甚至封王拜相了。繁重的國家建設離不開文明程度較高的漢族人的作用。目睹這一切，王繼忠的宏大抱

負、政治能力和豐富經驗讓他決定換一個舞臺追逐事業。

王繼忠很快就迎來了大展拳腳的機會。

遼朝百業待興，全面漢化的任務很沉重。這時的國家最需要什麼？需要一個安定和平的外部環境。而王朝和平最大的敵人就是南邊的北宋。國家要發展就必須盡快解決和北宋的雙方關係，使遼宋關係在和平、穩定、有效率的軌道上行駛。

遼朝和北宋是夙敵，雙方打來打去半個世紀了，爭執的焦點是一個歷史遺留問題：燕雲十六州。五代時期，沒實力又做皇帝夢的石敬瑭為了奪取天下，向遼朝自稱「兒皇帝」，並割讓漢族土地燕雲十六州，亦稱燕雲十六州（幽、薊、瀛、莫、涿、檀、順、媯、儒、新、武、雲、應、朔、寰、蔚）作為遼軍出兵協助奪取天下的酬謝。這片東起幽州（今北京地區）西到雲州（今山西大同）的土地包括了今天北京和河北、山西的北部地區，歷代屬於漢族農耕文明，綿延的萬里長城東部就在這片土地上。石敬瑭此舉不僅是「自毀長城」，其卑躬屈膝、厚顏無恥的賣國之舉更被中原士人看做是奇恥大辱。因為這個歷史遺留問題，之後的中原王朝都拒絕承認割地，堅持燕雲十六州是中原王朝的領土。事關國家核心利益和王朝尊嚴，北宋和遼朝就成了不共戴天的仇敵，「收復漢唐舊疆」、「光復燕雲」之類文字見諸官方正式與非正式文件、流傳在青年學子和坊間百姓的桌前飯後。

站在遼朝的立場，燕雲十六州一被括入囊中就成了朝野上下的香饃饃，捧起來就捨不得放下了。十六州人口密集、賦稅豐裕、文教發達，遠勝於白山黑水和茫茫大漠。不管喜歡不喜歡漢族的生活方式，契丹權貴每年生活在南京（遼朝改幽州為南京）的時間越來越長，遊獵大漠的時間越來越短。遼朝已將燕雲十六州看做是王朝不可分割的重要部分了。尤其是蕭太后主政後，十六州成了漢化的榜樣和基礎，主權問題更

不可動搖。值得注意的是，割讓之初，燕雲十六州的百姓和讀書人常常冒險偷越國境南逃中原；遼聖宗即位後，漢族地位大大提高，讀書人開始進入遼朝政權，老百姓也開始自認是遼朝子民。時間和政策已經慢慢消磨了本地漢族人的國家認同，這讓燕雲十六州的歸屬問題複雜化了。

更讓問題複雜化的是：周世宗的北伐將燕雲十六州分割成了兩部分。後周世宗皇帝柴榮致力天下統一，在中原民心洶湧支持之下傾全國之力北伐遼朝，占領了燕雲十六州中的瀛州（今河北河間）、莫州（今河北任丘）兩州以及瓦橋關（今河北雄縣）、益津關（今河北霸縣）、淤口關（今河北信安）一線的以南地區。中原王朝奪回了燕雲十六州南部的小塊土地，將爭執地區割裂成了南北兩部分。這在遼朝看來是中原王朝侵略自己，侵犯了遼朝的主權和領土王朝。他們將瓦橋、益津、淤口三關以南及莫州、瀛州等地稱為「關南之地」。和中原士人念念不忘收復「燕雲十六州」一樣，契丹朝野也對「關南之地」耿耿於懷。

國家要發展，遼宋關係必須確定下來，不能再因為領土問題打打殺殺了。

蕭太后和遼聖宗是這麼想的，來朝不久的王繼忠也敏銳感覺到了這一點。

第二年（西元一○○四年，遼統和二十二年，宋景德元年），決定一勞永逸解決遼宋關係問題的遼朝君臣決定南征。君臣們的目標非常明確：第一是和北宋確定兩國關係，把雙邊關係固定下來；第二就是「謀關南之地」，要收回被後周奪走現在北宋手中的領土。

閏九月，遼軍幾乎是傾巢而出，從遼河畔的深山老林、從漠北的沒腰牧草、從燕山腳下的農舍裡南下聚集，超過二十萬鐵騎揚起漫天塵土撲向中原而去。

蕭太后用得著擺出這麼大場面，去實現一個並不宏大的外交目標

嗎？遼朝之所以大動干戈，兵戎相見，以新的戰爭來追求和平關係，是看到了北宋王朝的懦弱。對於缺乏抵抗意志的敵手來說，戰爭和戰爭威脅是快速達到外交目標、「不戰而屈人之兵」的最佳選擇。

遼軍是老虎

在北宋朝野和官兵的眼裡，北方的遼軍就是老虎。

遼軍大舉南下前的兩個月（景德元年八月），遼軍南侵計畫就已經成為了汴梁朝堂上討論的話題。遼軍把南下的鑼鼓敲得震天響，就是要讓你宋朝知道我要來打你了。

九月，宋真宗主動向宰相畢士安、寇準，樞密使王繼英提出，朕要御駕親征！「國家重兵多在河北，敵不可扭，朕當親征決勝，卿等共議，何時可以進發？」皇帝要親征，理由又很充分，大臣們不便反對，相反很需要皇帝擺出這樣的姿態來鼓舞士氣。但君臣們顯然只把御駕親征掛在嘴邊而已，對具體內容乃至是時間都遲遲拿不出主意來。親征的工作量太大，困難太多了。宋真宗切實能做的，就是向河北各地及駐軍頒布動員詔書，要求各地準備禦敵。

戰火未起，北宋君臣如此表現，是否懦弱了一點？

回顧北宋和遼朝的恩怨情仇，慘痛的歷史讓北宋君臣對遼朝既恨得咬牙切齒卻又狠不起來。

宋太祖締造王朝時期，北宋忙於翦滅南北割據政權，避免與遼朝直接發生大規模軍事衝突。但宋太祖始終沒有放棄收復燕雲地區的目標，北伐無望，他就設立「封樁庫」，積蓄金帛準備日後對付契丹之用。宋太祖的設想非常有趣，他消滅割據政權後把他們的金銀財寶都儲藏到封樁庫裡，每年國家財政的節餘也小心藏起來，準備累積到五百萬緡錢後與

遼朝交涉，要求贖回燕雲十六州。如果遼朝不同意，朝廷就用這五百萬招募勇士，奪回領土。宋太祖算了一筆帳：遼朝勇士大約是十萬人，朝廷只要出五十緡錢購買一個契丹勇士的首級，遼朝大軍就蕩然無存了。遺憾的是，宋太祖的宏偉設想始終只停留在他和幾個近臣的談話中，沒有實施。相反，同時期的遼穆宗統治殘暴，契丹上層內鬥不止。穆宗本人「荒耽於酒，畋獵無厭……賞罰無章，朝政不視，而嗜殺不已」，最終被左右所殺。遼景宗登基後，整天想著怎麼坐穩龍椅，根本沒有心思去問南邊的宋朝在幹什麼。所以，儘管雙方互為仇敵，宋太祖時宋遼的關係卻還過得去，逢年過節或者對方皇帝過生日什麼的偶爾還能派個使臣去混吃騙喝。

宋太宗登基後，北宋內部統一完成，將目光投向了燕雲失地。他分別在太平興國四年、雍熙三年兩次北伐遼朝，結果都以慘敗告終。尤其是在第二次戰爭中，宋太宗在今天北京城西的高粱河畔輸得一塌糊塗，被射中兩箭，據說還是扮裝後躺在驢車上才被親隨捨命拉回中原的。這次箭傷給宋太宗留下內傷，幾年後要了他的命。連續慘敗讓北宋朝野產生了遼軍不可戰勝的印象，主動北伐的聲音偃旗息鼓，消極防禦成為對遼政策的主流。從北京到河南一馬平川，平原千里，無險可守。無奈的北宋人就從順安砦（今河北省容城北）西引易水，挖渠導流向東注入大海，形成東西長三百餘里南北寬數十里的河塘地帶，然後在兩岸植樹造林，希望能夠阻擋契丹騎兵的衝擊。從山西到河南相對比較容易防守，北宋在代州、並州等地駐紮重兵，防禦遼軍南下。後人熟悉的「楊家將」裡的楊業楊老令公就是駐紮在山西一線的守將，在防禦作戰中成名的。

原來貌似強大的北宋王朝是這麼一個軟柿子啊！北宋的怯弱讓遼朝士氣大漲。遼朝原先以防禦為主，大敗宋太宗後改取積極南攻的策略。遼軍擄掠城寨，搶劫財物和人口，勝多敗少，進一步加深了遼強宋弱的

心理暗示。雍熙三年的冬天，蕭太后與遼聖宗親率大軍劫掠河北、河東等地。遼軍在望都大敗宋軍，又在君子館殲滅宋軍主力數萬人，縱兵搶掠後揚長而去。此戰北宋軍隊損失慘重，士氣大挫，「自是河朔戍兵無鬥志」。咸平二年秋，遼軍再次深入河北，所向披靡，在瀛州再次大敗北宋駐軍。從此宋軍面對南下遼軍，只敢依託城寨消極防禦，任由契丹鐵騎四處馳騁。王繼忠初來乍到，竟然主動帶兵迎戰遼軍，在王超等人看來簡直就是羊入虎口，拿生命當兒戲。而王繼忠的「陷沒」又一次加深了河北駐軍久已有之的畏敵心理。

宋軍為什麼就打不過遼軍呢？

北宋土地廣、人口多、財富大，為什麼就視遼軍為老虎呢？

單純從軍事上分析，以步兵為主的北宋軍隊在戰鬥力和速度上都遜色於以騎兵為主的遼朝軍隊。這是其一。其二，北宋大軍對軍需保障十分依賴，整個後勤系統臃腫滯後，常常被遼軍斷了糧道而陷入困境。深入分析，戰爭勝負不純粹是軍事上的得失，較量的是整個政府的綜合實力。北宋的軍事無能懦弱是制度性的頑疾，王朝肌體內部隱藏著大問題。

北宋擁有中國歷史上最龐大的軍隊，也擁有「中國歷史上最壞的兵制」。北宋的軍隊分禁軍（中央軍）與廂軍（地方軍），宋太祖開寶年間（西元九六八年—西元九七六年）軍隊總數為三十七萬八千人，其中禁軍為十九萬三千人；宋太宗至道年間（西元九九五年—西元九九七年）軍隊總數為六十六萬六千人，其中禁軍三十五萬八千人。禁軍人數在二十多年中增長了百分之八十五，軍隊總人數增長了百分之七十六。宋真宗天禧年間（西元一〇一七年—西元一〇二一年）軍隊總數膨脹為九十一萬兩千人人，禁軍總數為四十三萬兩千人人。二十多年禁軍增加了百分之二十一，軍隊總人數增長了百分之三十七。到了北宋末年徽宗年間，禁軍的槍棍教頭林沖面對的官兵竟然有八十三萬之多。軍隊中都是些什

麼人呢？其中有一半士兵超過三十歲，六十歲的老兵也不在少數。因為宋朝的軍制是終身的，一旦入伍就得在臉上刺字（防止逃跑），端起鐵飯碗的同時也失去了人身自由。還有一些是面黃肌瘦甚至疾病纏身的弱兵。宋朝的軍隊還承擔著「賑災」的作用，災害或者饑荒發生時，朝廷為了防止災民饑民鬧事，就打開軍隊大門大規模招募新兵。這樣的士兵如何和身材高大的北方契丹人作戰？

朝廷也看到了弊端，挑選其中看得過去的士兵組成禁軍，其餘的留在地方廂軍中充作雜役。原本屬於地方事務的鎮壓起義、防禦敵寇、駐防要塞等等，現在都由中央禁軍操辦。

指揮、支撐龐大軍隊的政府也出了問題。北宋統治層極其信奉中央集權，恨不得把天下雞毛蒜皮的事情全都管起來。為此，北宋人製造了機構和人事的複雜性。中央機構疊床架屋、系統繁多；地方上軍事、民政、司法和財政分屬不同的系統不同的長官；官員名實不符，本兼職亂飛，頻繁調動。一個地方上的縣令要面對四五個管他的定投上司，而他的本職工作卻是中央某部的郎中，地方事務僅僅是「臨時出差」。名正言順的縣令可能正在幾百里外的其他州衙中「幫忙辦事」，或者乾脆就在京城汴梁等著「分配工作」。結果整個國家機器遇事推諉，效率低下。

機構無能也就罷了，更大的問題是日益臃腫，反過來吞噬國民財富。政府本身成為政府最大的問題！北宋拉攏士人，規定文官三年一遷，武職五年一遷，結果造成宋真宗景德年間在任官員超過一萬人（不包括胥吏、衙役等吃皇糧的人），同宋初比「州縣不廣於前，而官五倍於舊」。僅僅是支付眾多官員的俸祿，保證他們的待遇，就耗費了大量國家財富。北宋一年的收入不過緡錢六千餘萬，其中軍費開支就達五千萬，剩下的一千萬遠遠不足以支撐政府運轉。唯一的方法就是盤剝百姓，徵收苛捐雜稅。北宋不可避免地進入冗官冗兵冗費的「三冗」困局。宋真

宗在咸平四年（西元一〇〇一年）曾試圖解決「三冗」問題，曾一次裁掉十九萬五千八百多人，結果引起官場的激烈反對，不了了之。彷彿癌細胞一樣，「三冗」這個制度性問題已經深入王朝肌體深處，非斷骨換血不能解決了。

北宋締造者們的腦袋進水了嗎，怎麼制定出這麼愚蠢的制度來？

王朝的締造者們一點都不笨，他們在刀光劍影的五代十國中一路廝殺過來，歷經千辛萬苦建立了北宋王朝，比絕大多數人都聰明能幹，也比絕大多數人要珍惜北宋王朝。殘酷的政治鬥爭告訴他們，五代十國亂世的根源是武人爭雄，掌握槍桿子的將領們割據一方，廝殺不止。其間的血腥陰謀、宮廷政變和王朝更替都離不開兩樣東西：槍桿子和武將。宋太祖趙匡胤本人就是在部下一擁而上，半推半就披上龍袍當的皇帝。如今身分地位轉換了，趙匡胤、趙匡義兄弟反過來要防止武將們有樣學樣，也披件龍袍把自己趕下臺。為此，他們才制定了高度中央集權和權力複雜制衡的制度來，寧願把武將和軍隊都養起來也不願意他們造反。任何事物在它產生的當時當地都有合理之處，日後讓北宋王朝羸弱不堪的制度在它產生之初存在合理的因素。只是，害怕狗叫也不能生生把狗的舌頭剪掉或者把狗活活打死 —— 畢竟狗的作用擺在那呢。在鞏固權位的問題上，趙匡胤、趙匡義等人矯枉過正了。

軍事領域是矯枉過正的重災區。宋朝歷代皇帝都奉行「崇文抑武」的原則，把防止將領擁兵自重作為軍隊建設的指導方針。為了防止將領和軍隊形成固定的上下級關係，北宋實行「更戍法」，每年不是調動部隊將領就是調動軍隊，力求「將不知兵，兵不知將」，「兵無常帥，帥無常師」。結果，北宋的軍隊官兵每年都在東南西北調動之中，去年還在河北今天就去江西了，沒準明年就去四川了，至於前年的部隊指揮官是誰幾乎沒有人記得了。這樣做的結果必然是將帥無權，指揮失靈。

澶淵之盟：制度性頑疾的代價

在北宋當將軍非但不是一件光榮的事情，而且地位尷尬、殺機四伏。種種制度限制了將領們難以有所作為（宋朝最有作為的將領都出現在朝廷控制力弱的時期，比如北宋建立初期的楊業，比如宋室南遷時的岳飛），即便個別幹得出色的最終都受到文官的排擠和朝廷的猜忌，下場悲慘——想想楊業和岳飛吧。朝廷不信任、不重視，將領們不主動、不作為，都渾渾噩噩，做一天和尚撞一天鐘。清代王夫之曾一針見血地指出：「曹彬之謙謹而不居功，以避權也；潘美之陷楊業而不肯救，以避功也。將避權而與士卒不親；將避功而敗可無咎，勝乃自危；貿士卒之死以自全，而無有不敗者矣。」曹、潘二人都在宋太祖時期征戰南北，是戰功赫赫的名將；王朝建立後，二人卻在宋太宗北伐中表現拙劣，畏縮不前。潘美甚至在楊業孤軍深入、奮勇殺敵的情況下擁兵自重，坐觀成敗。這兩個名將是出了問題，可問題的根子在於宋太宗的猜忌和箝制。

到宋真宗咸平二年（西元九九九年）秋，遼軍深入河北。鎮守定州的宋軍主帥傅潛擁兵八萬而不敢出城門一步，即便宋真宗屢次下旨催促出兵，最後御駕親征了，傅潛依舊抗旨不前。

這就是宋真宗從父輩手中接過來的家業。

宋真宗很想在自己手裡把宋遼關係難題解決掉。

即位之初，宋真宗曾經就這個難題徵詢過眾臣的意見。大將曹彬認為宋太祖時期的宋遼關係最好，兩國「和好」，建議宋真宗與遼和好，擱置爭議，努力恢復到宋太祖時期的狀態。大臣朱台符也主和。他的建議更加具體。朱台符建議宋真宗繼承宋太祖當年的「贖買」思路，和契丹講和，透過饋贈、邊貿等發展關係。宋真宗總結道：「此事朕當屈節為天下蒼生，然須執綱紀，存大體，即久遠之利也。」可見，半個多世紀過後，北宋王朝也現實了起來，主和成為對遼關係的主流聲音。

和平的意識有了，客觀條件卻不允許和談迅速進行。就在傅潛畏敵

不前的咸平二年，遼軍再次大舉入侵河北，河北各城孤立防守，處境危險。當年九月，宋真宗在臣僚建議下御駕親征，十二月親臨大名府戰陣，「躬御鎧甲於中軍」。遼軍意在劫掠，一看宋真宗來真的了，主動撤退。宋真宗在第二年正月才返回汴梁。他前腳剛走，遼軍也南下騷擾搶劫。宋遼爆發遂城、望都等戰，兩國又結下了新仇。宋軍依然是敗多勝少，尤其是以善戰聞名、時人稱之為「二楊」的楊延昭、楊嗣在保州損兵折將，全軍士氣進一步下挫。

雙方都厭倦了攻戰不斷的動盪關係，希望一個和平協議能夠穩定宋遼關係。一〇〇四年的秋天，遼朝用南征表達了建交的心思，宋真宗君臣能否把握住這個機會呢？

拿什麼拯救澶州

遼軍興師動眾，卻遭遇了出師不利。這就好像是一把鋒利的刀去割雜草，在操作中割到了石頭。蕭太后和遼聖宗親自率領的鐵騎在威虜軍、順安軍、保州等地都遭到抵抗，不能攻破城池，銳氣大減。遼軍唯一的戰果就是攻破遂州，勉強打通了進攻河北重鎮定州的道路。河北宋軍主力駐紮在定州，隔著唐河嚴陣以待。主帥王超還派出部隊聚殲落單的契丹騎兵。蕭太后一時不敢硬碰硬。好在她本意就不是為了攻城略地而來，覺得威懾效果達到了，主動掀開了和談的序幕。

閏九月二十四日，遼軍小校李興等四人來到北宋莫州部署石普帳前。李興將隨身攜帶的書信交給了石普。石普展開一看，大驚失色。

原來這是「已經殉國」的王繼忠寫給宋真宗趙恆的密奏！

隨同蕭太后南征的王繼忠被陰差陽錯地推上了遼宋和談的最前沿。在密奏中，王繼忠依然以宋臣的名義，向宋真宗表達了「北朝（遼朝）

欽聞聖德，願修舊好」的意思，建議宋真宗停戰和談。接著密奏「誠實」地提出了遼朝的和談要求：北宋歸還關南之地，首先派出使臣赴遼營確定兩國關係。這封密奏是不是王繼忠的本意呢？和談本身可能是符合王繼忠的心理的，但後面的和談內容顯然不是他這個降將能夠確定的，而是蕭太后母子的意思。

馬上，這封密奏被送到宋真宗面前。對於和平的整體方向，北宋君臣沒有意見，但是對遼朝的兩個條件，北宋君臣斷然拒絕。朝廷無力收復燕雲十六州已經面臨輿論壓力和道德譴責了，好不容易收復的關南土地肯定不能割讓給遼朝。宋真宗不願被歷史視作「石敬瑭第二」。與此相關的，首先派遣使臣求和給人示弱屈服的感覺，有損王朝尊嚴而不被接受。宋真宗君臣為談判確定了「遺其財物，斯可也」的原則。錢可以適當地給，但土地斷不可割讓，遼軍必須撤退，這便是北宋的立場。在國家危急時刻，王繼忠的「死而復生」反而被君臣們忽視了。宋真宗需要他充當信使的作用，很快寫了一封手詔，透過石普「賜」給王繼忠。宋真宗在手詔中明確表示同意和談，說自己即位以來，「撫育群民，常思息戰以安人，豈欲窮兵而黷武」，要求王繼忠「密達茲意，共議事宜」。

宋朝不屈服的外交姿態，和遼朝的預期相差太遠。遼軍決定發動更凌厲的攻勢，迫使北宋作出妥協。

北宋不是不願意放棄關南之地嗎，那我就自己去取，造成既成現實。十月，遼朝大軍放棄重兵防守的定州，向東進攻瀛州。遼軍志在必得，蕭太后親自播鼓，遼聖宗御駕陣前督戰，外線遼軍四處隔斷宋軍的援兵，士兵向潮水一樣湧向城池。宋將李延渥率兵死守，弓箭和石頭像雨點一樣落在圍城的遼軍身上。大戰十多日，遼軍在城下扔下三萬多具屍體，城池歸然不動。原本是以戰迫談的設想，沒承想大軍困於堅城之下，損兵折將，傷了元氣。遼軍及時調整了戰術，依然是以戰逼和，發

揮契丹騎兵的靈活和快速打擊能力長驅直入，打到宋真宗的家門口來個城下之盟，看他還敢不敢拒絕條件？遼軍當即放棄瀛州，大軍南下，沿途置宋軍城寨於不顧，一心只想早日打到汴梁城下。河北各地的宋朝守軍一心避戰，堅守城池，任由遼軍如入無人之境。十一月二十二日，遼軍抵達黃河北岸邊上的澶州（今河南濮陽）。

站在澶州的城樓上，向北可以看到遼軍騎兵揚起的漫天塵土，向南可以遠眺黃河南岸的汴梁。澶州到汴梁一路平川，騎馬只需一天即可到達。黃河告急，汴梁告急！

早在遼軍入侵前，澶州就被北宋君臣掛在了嘴邊。

八月二十二日，宋真宗和大臣們討論御駕親征的時候，宰相畢士安認為皇上不必親臨戰陣，只要車駕進駐澶州即可。因為澶州在黃河北岸，皇上駕臨等於是和河北軍民共同禦敵了，同時澶州又離汴梁很近，萬一有什麼事情可以及時回京。樞密使王繼英表示贊同，說皇帝駕臨澶州可以壯軍威。而宰相寇準認為「帝幸澶州不可緩」，儘管在出征時間達不成一致，但君臣對澶州這個恰到好處的御駕親征之地沒有異議。

到了九月十六日，局勢惡化，遼軍不顧後方，兵分三路直逼澶州而來。告急文書一天來了五封，宋真宗害怕起來，再次商議御駕親征的事情。寇準力請真宗立即親征澶州。參知政事王欽若是江南人，請宋真宗駕臨金陵（今南京）避開遼軍兵鋒；簽署樞密院事陳堯叟是四川人，請宋真宗駕臨幸成都，安的也是避敵而走的心。寇準怒斥投降主義念頭：「誰為陛下畫此策者，罪可誅也。今陛下神武，將臣協和，若大駕親征，賊自當遁去。不然，出奇以擾其謀，堅守以老其師，勞佚之勢，我得勝算矣。奈何棄廟社欲幸楚、蜀遠地，所在人心崩潰，賊乘勢深入，天下可復保邪？」他先拍了宋真宗的馬屁，說像宋真宗這樣英明神武的君主一到澶州肯定能振奮人心，讓契丹侵略者再次困於堅城之下；一旦

澶淵之盟：制度性頑疾的代價

放棄汴梁而逃，不管是去江南還是去四川，都等於放棄了中原，必然淪落為割據政權。寇準的分析義正詞嚴，無人能駁。宋真宗本人有沒有畏敵避戰的心思呢？難說沒有，他畢竟是在深宮中長大的皇子，要他慷慨赴死，與敵人浴血奮戰是不太可能的。可他只是猶豫，猶豫是否要親征澶州。

當時的情況是這樣的：遼軍雖然在瀛州城下損兵折將，「其眾猶二十萬」。契丹騎兵風馳電掣從東西北三面包圍了澶州，而宋軍的主力部隊尚在敵後的定州。朝廷一再催促定州守軍回防，主帥王超接旨後「逾月不至」。澶州城池不大，本身並沒有多少守軍。如果御駕親征，汴梁能徵調護駕的守軍充其量不過數萬人。這數萬人中多數是老弱病殘和兵油子，在數量和品質上都遠遠弱於契丹鐵騎。更可怕的是，黃河在深秋時節已經開始結冰了，厚厚的冰層便利於騎兵作戰。契丹騎兵隨時可能從河面上衝過黃河，截擊離開汴梁寬厚城池守護的宋真宗君臣，來個「擒賊先擒王」，把北宋君臣一鍋端了。

所以，不是宋真宗膽小懦弱，而是客觀形勢決定御駕親征實在有些冒險。攤在誰身上，誰都會捏一把冷汗的。

宋真宗在關鍵時刻沒有掉鏈子，經過短暫猶豫後，他毅然支持了寇準的意見，決定親征澶州。朝廷進行了緊張的準備，一方面寇準命令「隨駕兵士，衛扈宸居，固不可與犬戎交鋒原野以爭勝負」，以盡量不和遼軍接戰為第一原則，務求安全進入澶州；另一方面命令黃河沿岸地方官員督促民夫鑿開黃河的封冰，阻止遼軍渡河。

十一月二十日，宋真宗一行離開汴梁向澶州進發，次日抵達韋城縣。

在韋城縣，宋真宗對御駕親征的前景擔心起來。原本忐忑不安隨同出征的大臣們又開始重提遷都避敵鋒芒，身邊太監也有人勸皇上「速還京師」。宋真宗舉棋不定，問寇準：「南巡如何？」所謂的南巡就是南

逃。寇準回答：「群臣怯懦無知，不異於鄉老婦人之言。今寇已逼近，四方危心，陛下唯可進尺，不可退寸。河北諸軍日夜望鑾輿至，士氣當百倍；若回鑾數步，則萬眾瓦解。敵乘其勢，金陵亦不可得而至矣！」是啊，昨天剛向天下人表示御駕親征，一天後就變卦了，而且是放棄中原南逃，民心士氣不崩潰才怪呢？到時候，大車小車南逃的宋真宗君臣還不被快馬加鞭的遼軍騎兵給抓住啊。所以，「南巡」就是自取滅亡，是「鄉老婦人之言」──當然寇準很給宋真宗面子，說這些都是怯懦無知的群臣的意見。宋真宗被寇準一番搶白，更加憂鬱了，遲遲拿不定主意。

寇準退出門外，剛好遇到殿前都指揮使高瓊。高瓊大字不識，卻是跟隨太宗皇帝起家的老將軍了，性格剛烈。寇準一看到高瓊，有主意了，問高瓊：「太尉受國恩，今日有以報乎？」高瓊毫不猶豫地回答：「瓊武人，願效死。」寇準於是拉著高瓊去找宋真宗說：「陛下不以臣言為然，盍試問瓊等。」他一五一十把宋真宗的擔心和高瓊說了一遍。高瓊隨即表示贊同寇準的意見，並向宋真宗給出了「專家意見」：天子親御六軍，哪能說不打了就不打的，如兒戲一般全軍南逃的；何況「隨駕軍士妻子父母，盡在京師，必不肯棄而南行」，恐怕金陵或者成都還沒看到影子，身邊的官兵就逃得一個不剩了；至於契丹大軍，看似強大，其實遠離本土，勢必不能堅持長久作戰。最後，高瓊問宋真宗是哪個奸臣給皇上出的壞主意。宋真宗無言以對。高瓊繼續說：「陛下即幸澶州，臣等效死，契丹不難破。」宋真宗對祖宗基業的責任感和一個帝王的榮譽心再次被激發出來，決定繼續親征。

二十六日，宋真宗到達澶州南城。黃河把澶州城分為南北兩座城池，南城相對完好，北城正遭受遼軍的三面猛攻。兩天前（十一月二十四日），遼軍先鋒大將、主戰派首領之一蕭撻覽（之前遼軍攻城略地的戰果基本上是他取得的）帶人觀察北城地形時被宋軍軍官張環用床子

弩射中面額而死。這無疑於是獻給宋真宗御駕親征最好的禮物。

收到禮物的宋真宗並不打算駕臨澶州北城，「欲駐南城以觀軍勢」。北城東西北三面遭到遼軍的猛攻，只在南邊通過黃河浮橋和南城相通，宋真宗冒險去北城出了什麼事情可不是鬧著玩的。寇準則堅持認為宋真宗要親臨殺敵第一線，皇帝不過河就不能真正造成鼓舞民心士氣的作用，老將高瓊再次完全贊同，多次請宋真宗渡河，並且認為「陛下不幸北城，百姓如喪考妣」。簽署樞密院事馮拯附和宋真宗，反對寇準的意見，可又不敢罵宰相，只好喝斥高瓊（簽署樞密院事名義上是高瓊的上級）：「高瓊何得無禮。」高瓊反唇相譏：「君以文章為大臣，今虜騎充斥如此，猶責瓊無禮，君何不賦一詩詠退虜騎耶！」馮拯頓時啞口無言。最後，在寇準、高瓊等人的堅決要求下，宋真宗勉強同意渡河。車駕快抵達浮橋的時候，左右太監、侍從都躊躇不前，高瓊毅然上前拉住宋真宗乘坐的馬車，高呼：「還不快走，都到這裡了，還遲疑什麼？」宋真宗這才下令御駕從速渡河。

宋真宗御駕親臨澶州北城的效果立竿見影。當宋真宗登上北城的北門城樓，代表天子的黃龍旗在樓上獵獵飄揚，城下將士山呼萬歲，舉城若狂。

宋真宗視察了北城守軍，召見守將李繼隆等人，將帶來的酒肉錢糧賞賜給官兵們，守軍士氣大增。宋真宗還象徵性地爬上守城的第一線，要親自參與守城，並委託宰相寇準執掌號令，負責具體守衛事宜。剛好有數千遼軍騎兵逼近城下，宋真宗親自督戰，寇準命令還擊，眾將士不敢怠慢。震天的喊殺聲過後，攻城遼軍被殺得七零八落，殘兵敗將倉皇退卻。遼軍先是折了大將，現在又攻城大敗，連續兩次失敗後士氣大降；相反，宋軍連勝兩局，又有天子和眾臣身先士卒，士氣大漲。攻守局勢有所改觀後，宋真宗當即退下城樓，進駐行宮，留寇準在城樓上指揮軍

事。皇帝畢竟在畢竟輝煌的宮殿中住慣了，多在廝殺前線一分鐘就多一分鐘的害怕。宋真宗派人偷偷返回城樓察看寇準的行為。寇準表現得很有當年淝水之戰中東晉丞相謝安的風度，吃得好（命庖人斫鮑）睡得香（晝夜鼻聲如雷），而且還忙裡偷閒，拉著知制詔楊億痛飲，大聲談笑通宵喧譁。如此情景，守城的將士們看在眼中聽在耳裡，羨慕甚至是嫉妒都是會有的，但對遼軍的畏懼情緒早被拋到九霄雲外了。宋真宗聽到探子回報，放心了：「準如此從容，朕復何憂？」

其實啊，宋真宗還是應該「憂」的。暫時的勝利只是緩和了澶州的軍事局勢而已，遼軍重兵壓境的根本態勢沒有改變，宋遼關係中的核心矛盾依然存在。怎麼辦？它考驗著雙方高層的政治智慧。

面對這種局勢，宋遼兩個陣營中，誰最著急？王繼忠。

於情於理，王繼忠都是堅定的「和平主義者」。他認定和談是遼宋戰爭的最好出路。北宋拒絕遼朝條件，遼朝發動第二波攻勢，雙方的損失都與日俱增，和平的希望在廝殺中越來越渺小。王繼忠心急如焚，先是在遼軍內部呼籲和平，同時在十至十一月間，多次上奏宋真宗，請求和談。王繼忠認為契丹已領兵攻圍瀛州，關南地區恐怕難以固守，所以建議北宋早些遣使議和。他希望北宋先作出妥協，其實遼朝方面的優勢並非像他描述的那樣明顯。瀛州圍攻不下，遼軍改為長驅直入的「逼和」策略，困難越來越人。遼軍越往南進攻，脫離本土就越遠，就越是孤軍深入。想想看，當遼軍站在黃河邊，向前看是御駕親征的宋真宗，往回看是宋軍城池散布的華北平原，不感到害怕是不可能的。同時，敵後的宋軍雖然不敢南下對遼軍主力來個南北夾攻，卻使了招「圍魏救趙」。保州張凝、北平寨田敏受詔向遼朝易州以南的守軍發起攻勢。易州的遼軍遭到張凝、田敏二部的重創，前線遼軍出現了後顧之憂。

尋求妥協的應該是遼朝。

澶淵之盟：制度性頑疾的代價

好在宋真宗一心和談，對王繼忠傳達的和談建議予以積極響應。他任命殿直曹利用為閤袛侯、假崇儀副使，主動出使遼軍大營談判。這是宋真宗在和談問題上的主動讓步，可惜當時戰爭仍在繼續，遼軍的攻勢未減，許多宋朝將領懷疑遼方的和談誠意，導致曹利用在天雄軍被守軍扣留在軍營，不讓他前進了。王繼忠久候宋使不至，估計有變。遼宋戰況朝著不利於遼軍的方向發展，蕭太后等人也不得不作出善意舉動，再次讓王繼忠上奏宋真宗求和，表示「北朝頓兵，不敢劫掠，以待王人」。王繼忠還因為曹利用遲遲不能赴遼請求宋真宗再派人選，「免臣失信」。戰事緩和後，天雄軍這才放了曹利用，十一月末曹利用終於來到遼軍營中。

和談正式進行。對於建立穩定和平的外交關係的迫切性，雙方都沒有異議，爭執的焦點問題是關南之地的歸屬。和談前，北宋就預料到這一點，宋真宗和大臣們確定和談的基本原則是：「若屈己安民，特遣使命，遺之貨財，斯可也。所慮者，關南之地曾屬彼方，以是為辭，則必須絕議，朕當治兵誓眾，躬行討擊耳。」也就是北宋對關南地區的主權不容置疑，北宋可以在財物上對遼朝做適當的補償。這是一個大是大非問題，是宋真宗君臣的和談底線，不能再退了。承認關南以外的燕雲十六州其他領土屬遼，宋朝已經做了讓步，承擔了巨大的輿論壓力，如果捨棄事實占領的關南地區必將威信掃地，威脅到統治根基。反面而言，關南之地是北宋抗擊遼朝的最前線，一旦捨棄華北更無險可守了。所以，宋真宗強硬地要求曹利用：「關南久屬朝廷，不可擬議。」「必若邀求，朕當決戰爾！」至於給遼朝的財物補償的具體數額，宋真宗也明確「但教不失地，百萬以下皆可許之」。用一百萬緡錢換回和平，宋真宗覺得值得。寇準卻覺得不值。曹利用領命而出，突然被等候在外的寇準一把拽到屋簷下暗處。寇準威脅道：「雖有旨，所許過三十萬，吾斬汝頭。」

寇準主政，知道朝廷的家底和財政窘迫，三十萬的「贖和」經費他還覺得貴呢。

見北宋寸土不讓，遼朝不得不作出妥協，接受了宋朝的條件，即用「歲幣」的形式恢復之前雙方的事實占領局面。雙方互致誓書，稱：「以風土之宜，助軍旅之費，每歲以絹二十萬匹、銀一十萬兩，更不差使臣專往北朝，只令三司差人般送至雄州交割。沿邊州軍，各守疆界，兩地人戶，不得交侵。或有盜賊逋逃，彼此無令停匿。至於隴畝稼穡，南北勿縱驚騷。所有兩朝城池，並可依舊存守，淘壕完葺，一切如常，即不得創築城隍，開拔河道。誓書之外，各無所求。必務協同，庶存悠久。自此保安黎獻，慎守封陲，質於天地神祇，告於宗廟社稷，子孫共守，傳之無窮，有渝此盟，不克享國。」

這個史稱「澶淵之盟」的誓書，主要內容三條：

第一，確定北宋和遼朝的外交關係。和平降臨兩國，雙方宣誓各守疆土，互相懲罰犯罪，互相保護農耕，互不增設軍事設施。和平將得到雙方子孫後代的遵守。

第二，北宋每年向遼朝贈送「歲幣」。在「風土之宜」、「軍旅之費」的名義下，北宋每年給遼朝絹二十萬匹、銀十萬兩。為了降低這項內容對北宋的屈辱性質，盟約規定雙方每年在邊界宋朝一邊的雄州交割，北宋不必派使臣押送貨物入遼。

第三，關南之地屬於北宋。遼宋邊界恢復在戰前的事實占領狀態，之後兩國各守疆界。

對於憤怒的熱血青年和道德先生們來說，這份盟約的每項內容都不能讓他們滿意。首先，和平是在宋軍取得軍事勝利的情況下簽訂的，被視為城下之盟。他們批評宋真宗君臣放棄了乘勝反擊擴大戰果的良機，而是故步自封了。其次，「歲幣」最讓人接受不了。此項規定的屈辱性質

不言自明。第三，宋朝在法律上正式放棄了除關南之地以外的燕雲十六州其他土地，被一些人視為懦弱可恥的賣國行為。可在宋真宗君臣看來，「澶淵之盟」不僅可以接受，而且還是一項政績。

十二月七日（公曆為一〇〇五年一月十七日），宋真宗從澶州城內遣使持盟約與遼朝使者一同赴遼營報聘；五天後，遼朝向北宋回致盟約。至此，宋遼和約正式生效。盟約還沒有送回前，宋真宗就擺宴慶祝，情不自禁地揮毫寫下〈北征回鑾詩〉，命群臣唱和：「銳旅懷忠節，群胡竄北荒。堅冰消巨浪，輕吹集嘉祥。繼好安邊境，和同樂小康。」

在盟約即將簽訂前，王繼忠向曹利用提出了一項建議。他說：「南北通和，實為美事。國主（遼聖宗）年少，願兄事南朝。」王繼忠提議兩國君主結為兄弟，兩國成為兄弟之邦。宋真宗無所謂，同意了。因為宋真宗比遼聖宗年長，就做了兄長。遼聖宗稱宋真宗為兄，宋真宗稱遼聖宗為弟，稱遼朝蕭太后為叔母。

沒想到，這條並非盟約正式內容的約定受到了最多道德的詬病。批評者的理由是，宋朝是天下正統，宋真宗是萬民共主，而遼朝是邊疆小國，契丹人是化外蠻夷，理應以藩屬之禮敬事北宋。北宋和遼朝平等定盟就讓這些批評者難受了，現在天子和蠻夷酋主約定兄弟就更讓他們接受不了。更有部分人將此和當年石敬瑭向契丹自稱「兒皇帝」相提並論。實際上，王繼忠的提議是建立在完全平等的基礎上的。兩國皇帝完全以年齡大小約定稱呼。宋真宗死後，子宋仁宗即位，稱遼聖宗為叔；遼聖宗死後，繼位的遼興宗比宋仁宗年紀小，就稱宋仁宗為兄；遼興宗死後，子遼道宗即位，稱宋仁宗為伯……一直到北宋末代皇帝宋徽宗還是遼朝末代皇帝天祚帝的兄長。並非遼朝必須稱北宋為兄，而是兩國皇帝「以年齒約為兄弟」。

在激烈的爭論聲中，中原和契丹結束了百年戰爭，開啟了長達一百二十年的和平大門。

買賣和平

「澶淵之盟」平等與否、有何利弊，仁者見仁，智者見智。在我看來，它最大的害處就是讓北宋王朝產生了錯誤的認知，並順著這個誤解不斷沉淪。

北宋王朝從「澶淵之盟」中得出的結論是：和平是可以用金帛贖買的，而且代價遠遠小於用兵打仗。至於北宋在戰爭前後暴露出來的弊端，則越來越深地掩飾在和平的表象之下，直至積重難返。

戰爭結束和平降臨後，北宋「深以屈己修好、餌兵息民為言，時論稱之」。對「澶淵之盟」的肯定意見占據了主流。景德二年，宋真宗親臨國子監以示重教興文，表示：「國家雖尚儒術，然非四方無事，何以及此。」他把國家無事作為繁榮昌盛的標準，開始熱衷於做法事和收集祥瑞。一時間，朝野上下盛談太平，羞言武備。就是對功勳卓著的老將高瓊，宋真宗也公開告誡：「卿本武臣，勿強學儒士作書語也。」在這樣的輕武認知下，武將的社會地位和重要性進一步降低。戰後，武將集團有聲音要求總結反思宋遼戰爭的經驗教訓，不放鬆武備，宋真宗則對朝臣說：「自契丹約和以來，武臣屢言敵本疲睏，懼於兵戰，今國家歲贈遺之，是資敵也……武臣無事之際，喜談策略，及其赴敵，罕能成功。好勇無謀，蓋其常耳。」大臣馮拯則提出「邊方不寧，武臣幸之以為利」的觀點。當年隋朝要發兵進攻南陳時，南陳朝野文恬武嬉，荒唐著名的南陳後主也得出過類似的結論：武將們報告戰事，無非是為了表現自己。結果，隋軍打了南陳一個措手不及，陳後主做了俘虜。馮拯之言和陳後主的結論是如此相似。

大將馬知節頭腦清醒，在任職樞密院期間反對輕視武備。當時，大臣們都附和宋真宗正熱衷符瑞法事，馬知節不以為然，說：「天下雖安，

澶淵之盟：制度性頑疾的代價

不可忘戰去兵。」但他長期受到冷遇，無法作為。宋人王素曾回憶王欽若和馬知節同在樞密院為官，馬知節受到王欽若等人的打擊。宰相王旦一次覲見皇帝時看到王欽若在高談闊論，而馬知節站在一旁垂淚流涕。武將的地位之低，不用多說。

熬到宋仁宗朝，西夏崛起，不斷騷擾北宋。武備廢弛的嚴重後果暴露了出來，「昔仁宗皇帝覆育天下，無意於兵。將士惰偷，兵革朽鈍，元昊乘間竊發，西鄙延安、涇原、麟府之間，敗者三四，所喪動以萬計」。北宋損失慘重，責任在朝野的袞袞諸公。派到陝北前線的將領，走到延州（延安）「皆已破膽」。朝野不得不承認：「即今武吏多不願臨邊，有不得已就職者，皆畏避……邊臣有才者寡，可用者少。」最後，北宋王朝再次拿出和遼朝買賣和平的經驗來，給予西夏大量財物並約定「歲幣」數額才停戰，此後大戰基本沒有，小戰基本不斷。

慶曆二年（西元一〇四二年），遼興宗乘宋夏戰爭之機「聚兵幽薊，遣使致書求關南地」，用武力威脅宋朝歸還關南土地。眼看遼朝要撕毀「澶淵之盟」，北宋君臣趕緊增加給遼朝的「歲幣」銀十萬兩、絹十萬匹。遼興宗不戰而得利，毫不費力達成了目的 —— 其實此時遼朝的契丹鐵騎的刀鋒早已生鏽，毫無鋒利可言了。

至於每年向遼朝和西夏支付的「歲幣」記在朝廷帳上，進一步增加了北宋王朝的「三冗」問題。整個社會風氣是「士大夫多以諱不言兵為賢，蓋矯前日好興邊事之弊，此雖仁人用心，然坐是四方兵備縱弛，不復振」。北宋中後期重臣富弼描繪的社會是「民力殫竭，國用乏匱，吏員冗而率未得人，政道缺而將及於亂」。北宋王朝的制度性頑疾因為錯誤認知的遮蔽，病情惡化了。這可能是「澶淵之盟」帶給北宋的最大弊端，但它不能埋怨他人只能由北宋君臣自我埋怨，尋找問題癥結。

戰後，王繼忠留在了遼朝的政治舞臺上。

　　和約締結後，遼聖宗賞賜王繼忠「宮戶三十，加左武衛上將軍，攝中京留守」。毋庸諱言，王繼忠在談判中穿針引線，立下了汗馬功勞。遼朝為王繼忠的進一步發展提供了廣闊的舞臺。隨著時間流逝，王繼忠的地位不斷得到加強。到開泰五年（西元一〇一六年），王繼忠任漢人行宮都部署，封琅琊郡王；第二年晉封為更尊貴的楚王，並賜姓耶律。這表明王繼忠真正被契丹人所接受了，也說明他的確在遼朝有不俗的表現。

　　遺憾的是，正史對王繼忠戰後的表現一筆帶過，語焉不詳。我們只知道他參加過遼軍對朝鮮的戰爭，也知道不少人抓住王繼忠「降將」的身分不放。比如宋真宗並沒有忘記王繼忠，宋朝使者出使遼朝時，都會以宋真宗的名義賞賜王繼忠襲衣、金帶、器幣、茶藥等中原物產。王繼忠本人很敏感，也很尷尬。反倒是遼聖宗不以為意，不讚揚也不干涉。王繼忠這才陸續收下。可見他在遼朝的心情多少有些不正常，就像來自中原的瓷器，外表光滑實則嬌貴脆弱。

　　遼朝太平三年（西元一〇二三年），為遼朝服務二十年的王繼忠退休，不久死去。

　　《遼史》認為王繼忠生為宋人，沒有為北宋戰死，並不高尚。《宋史》認為王繼忠事遼有虧「大節」。他是兩頭不討好。

海上之盟：機會變成了災難

敵營傳來好消息

政和元年（西元一一一一年），遼天祚帝耶律延禧的生日到了，宋徽宗派出了祝賀使團。

朝廷的端明殿學士鄭允中為「賀遼生辰使」，統率整個使團。使團的副使是個叫做童貫的太監。北宋派一個太監代表國家祝賀他國皇帝聖誕，大為遼朝君臣不齒。遠遠的，遼朝大臣們指著童貫笑道：「南朝乏才如此！」童貫心裡頭那個惱火喲，可在別人的地盤上又不好發作，只好在肚子裡恨死遼人。

童貫可不是一般的太監。他雖然被閹了，卻長得虎背熊腰，嘴上還有稀稀拉拉的鬍子 —— 據說這和他淨身比較晚有關。因此，童貫被派往西北前線負責對西夏作戰。在陝北，童貫打了幾個不大不小的仗，加上他善於揣摩皇帝和權貴的心理，很快做到了檢校太尉這個武官能做到的最高職位。歷代把持軍權的太監不少，但像童貫這樣有真實戰功的卻不多。所以當調回開封後，驕傲的童貫思考著如何建立新的功業。他把目光投向北方的遼朝，為了刺探敵情主動要求參加祝賀使團。宋徽宗起初覺得太監擔任使節不合適，經不住童貫的懇求最終還是答應了，於是就出現了之前的一幕。

童貫並沒有刺探到多少敵情，憤怒鬱悶地踏上了回國的路上。在燕京南郊的一座驛站裡，他遇到了改變命運的一個人。那天晚上，遼朝的光祿卿馬植主動求見童貫。

馬植是遼朝的大臣，也是個漢人。他的祖先是燕雲十六州的居民，世為遼朝大族，累官至光祿卿。他的日常工作就是負責皇家酒醴膳饈事務，並沒有接觸實質的權力。和多數遼朝的漢人不同，馬植不認為自己是遼朝人，還是以北宋臣民自居。馬植是個能力出眾、政治敏銳的人，

這從他沒有去找正使鄭允中而找了副使童貫就可以看出來。童貫才是使團的靈魂人物，他在朝中的影響比鄭允中要大得多。在驛站的燈下，馬植把遼朝的政治、軍事和人事情況向童貫和盤托出。兩人在收復燕雲十六州失地上，達成了一致——童貫是要建立功業，馬植是要回歸祖國。經過了一百多年，他們倆還念念不忘燕雲十六州。兩人惺惺相惜，互相強化了北宋重新對遼朝開展奪回失地的決心。

童貫不方便將馬植帶回北宋，就讓他繼續身在曹營心在漢，暗中與邊境的北宋雄州知州保持聯繫。

過了五年（西元一一一五年），雄州知州收到馬植的親筆信。馬植援引孔子「危邦不居」的古訓，表示要南歸「聖域」，恢復漢家衣冠。雄州知州不敢怠慢，用緊急文書發往開封。

宋徽宗得信後和童貫、蔡京二人商議是否接納馬植。童、蔡二人都認為應該接納。於是，北宋下令讓馬植於當年四月入境。馬植被接納後，提前南逃，躲進了童貫家中。他選擇這個時間歸宋，是因為原先被遼朝奴役的東北女真族首領阿骨打建立了金國政權，發兵進攻遼朝。遼兵屢戰屢敗，金國勢力迅速壯大。馬植認為遼朝到了滅亡邊緣，正是北宋聯金攻遼、收復燕雲失地的良機。他是認準時機，有備而來的。

宋徽宗在延慶殿接見了馬植。這次會面的主要內容被《宋史》原封不動地記載了下來，馬植先是詳細介紹了女真人的崛起和遼國的危機，然後闡述了伐遼策略：「遼國必亡，陛下念舊民塗炭之苦，復中國往昔之疆，代天譴責，以治伐亂，王師一出，必壺漿來迎。萬一女真得志，先發制人，後發制於人，事不俟矣。」事實證明，馬植對宋遼金三國關係的預測完全正確，聯金抗遼也是可行的，收復疆土的目標近在咫尺。馬植只預料錯了一點。那就是並不是所有遼國的漢人都像他一樣心念故國，日後宋軍並沒有遇到「壺漿來迎」的場景。當然，這一點並不是阻

礙宋軍取勝的主要障礙。

　　既然前景美好、時機難得、計畫可行，那麼就行動起來吧！還等什麼？

　　宋徽宗大喜過望，賜馬植以國姓，改名為趙良嗣，任命為大夫參與伐遼圖燕。之後，我們都用趙良嗣來稱呼馬植。

　　宋徽宗伐遼之議，沒想到激起了朝堂上的反對浪潮。

　　從一○○五年的「澶淵之盟」開始，宋遼已經維持了超過一百年的和平。現在要重啟戰火，主和派的大臣們當然不答應了。太宰鄭居中就責問宰相蔡京：「朝廷欲遣使入女真軍前議事，夾攻大遼，出自李良嗣（趙良嗣），欲快己意。公為首臺，國之元老，不守兩國盟約，輒造事端，誠非廟算。且在昔章聖皇帝（宋真宗）與大遼昭聖（遼聖宗）立誓，至今幾二百年，兵不識刃，農不加役，雖漢唐和戎，未有我宋之策也。公何以遽興此舉？」和平的好處實實在在的就在眼前，而戰爭是不可預測的，難怪主和大臣們要反對了。蔡京只能拿出屈辱的「歲幣」來阻擋：「上厭歲幣五十萬匹兩，故有此意。」蔡京拿不出更有說服力的理由，只能用開戰能切實節省的五十萬歲幣來搪塞。可見，反對伐遼的聲音占據了上風。

　　實際上，「澶淵之盟」的簽訂並沒有消除宋朝君臣對燕雲十六州的領土抱負。簽訂這個條約的宋神宗始終「有取山後之志」，一次他談到宋遼關係，說：「太宗皇帝當年伐遼，在燕京城下大敗而逃，被遼軍追趕得僅以身免。先帝的服御寶器都被遼人奪走了，從人宮嬪都死在陣中。太宗皇帝大腿上還中了兩箭，落下了傷病，最後駕崩也和箭瘡有很大的關係。北虜與我有不共戴天之仇，現在反要我捐金繒數十萬給遼人，還要叫他叔父。為人子孫，當如是乎！」說完，宋神宗竟然久久哭泣。宋神宗為了收復燕雲十六州之地，也像宋太祖一樣，想用金錢贖回燕雲之

地，繼續「聚積金帛」藏在「封樁庫」中。只不過在他的有生之年，宋朝都沒有實力能夠奪回燕雲之地，也缺乏那樣的時機，不得不和遼朝保持和平。不過宋神宗臨死前留下遺願：「能復全燕之境者胙本邦，疏王爵。」不知道他說這句話是為了激勵子孫後代，還是純粹為了發洩，最終此話在宋徽宗時期成了讖語。

還有一些反對大臣列舉了伐遼的現實問題。比如中書舍人宇文虛中認為：「用兵之道，必須先考慮強弱虛實，知彼知己，以防萬一。如今，就中央的軍隊經費與戰爭物資來說，勉強稱得上足夠，但邊境州縣財政軍糧空虛匱乏的情況被主戰的大臣們忽略了；就禁軍兵士的強弱來說，統兵大帥會說兵甲精銳，可邊防州縣的兵備廢弛同樣被人為忽略了。邊境上沒有攻守器具，州縣只有幾天的軍糧，就是孫武再世，這個仗也沒法打。」自建國以來，宋朝強幹弱枝、守內虛外的國策造成軍備鬆弛，使得整個帝國的軍隊就像日益破敗的戰船，大戰臨頭之時難以開出軍港一戰。對於這一點，蔡京、童貫等主戰派的大臣們提不出反駁的意見，等於是默認朝廷伐遼面臨種種現實困難。

然而，現實的困難再多再難，也難不倒好大喜功、輕浮妄行的宋徽宗。在宋徽宗的眼裡，如花似錦的前程能夠掩蓋一切困難，套句後世的時髦話語，就是：人有多大膽，地有多大產！

宋徽宗原本是與皇位無緣的普通皇子。他沒有受過扎實的政治訓練，相反卻接受了系統性的書畫曲藝和踢球等訓練，渾身散發著藝術青年的味道——對於普通皇子來說，這不算錯誤。可在元符三年正月，他年僅二十五歲的兄弟宋哲宗駕崩，沒有留下子嗣。這一下，包括端王趙佶在內的哲宗的五個兄弟都成了皇位候選人。宰相章惇按照嫡庶和長幼禮法，先後提議立哲宗同母弟簡王趙似和最年長的申王趙為帝。誰知，向太后一心屬意趙佶。章惇是堅決反對，指出「端王輕佻，不可以君天

下」。他的意思是，皇帝應該是成熟穩重的人來當，趙佶的個性不適合為帝。最終，章惇鬥不過向太后和一幫反對大臣，被迫同意迎接趙佶為帝。

章惇其人在宋史上名聲並不好，但他對徽宗的評價可以說是識人之語。徽宗即位後果真以他的實際行動為章惇的話作了最好的註腳。

果然，藝術青年趙佶成為宋徽宗後，就表現出「不同尋常」的做派來。他只關心兩樣東西：充裕的財富和享受生活。為此，宋徽宗糾集蔡京、王黼、童貫等同類人，搜盡天下財富，終日書畫吟唱和歌舞昇平，就是不好好打理朝政。首都開封是當時世界上最輝煌絢爛的都市。宋徽宗還要把全天下的美景都搬到開封來，就營造占地數十里的恢弘莊園和高達百米的假山巨石。王朝的稅負、人才和宋徽宗看中的花花草草源源不斷地透過大運河、驛道匯聚到開封來。當時從山東搬來了一戶小有名氣的文人夫婦，男的叫做趙明誠，女的叫做李清照。他們出身官宦，在汴梁尋覓了一座小宅院住下，不時發表一些詩詞文章。一次他們看中了一幅畫，借回家來把玩了好幾天，終因湊不齊買畫的錢，只好悻悻將畫送回。可見當時汴梁貿易和文化之盛。

如此太平盛世，怎麼能少的了重大武功的點綴呢？

宋徽宗也是這麼想的。他登基後一直沒有像樣的政績。他把自己政治上的無能歸咎為缺乏機遇。所以當馬植懷著赤膽忠心風塵僕僕帶來北方的好消息的時候，苦惱的宋徽宗看到了建立萬世功業的希望，彷彿自己已然躋身於最偉大的帝王行列。

宋徽宗決定透過對外戰爭來為美好生活錦上添花 —— 因此所有反對意見都不成為意見。

重和元年（西元一一一八年），宋徽宗派馬政自山東登州（今山東蓬萊）渡海與金國談判攻遼。

金國是剛剛建立的年輕國家，久聞宋朝的大名。北宋在女真人眼中

就是超級大國，富得流油而且兵強馬壯。所以北宋主動上門聯絡，讓女真貴族感到受寵若驚。當馬政提出聯合抗遼的建議，金國朝廷滿口答應，一方面是感激北宋的信任，另一方面是聯合對金國有實實在在的好處。宋金雙方來往迅速頻繁起來。

宣和二年（西元一一二○年），趙良嗣以買馬為名正式出使金國。他此行的目的是締結聯金攻遼的盟約。行前，宋徽宗給他御筆，說：「據燕京並所管州城，原是漢地，若許復舊，將自來與契丹銀絹轉交，可往計議，雖無國信，諒不妄言。」宋徽宗的本意是要燕雲十六州，但是他的御筆卻寫作「燕京並所管州城」。遼朝燕京所管地區，顯然要大大小於燕雲十六州的範圍。想必，宋徽宗是無意疏忽了這一點。他是個任由藝術細胞在腦海中遨遊的人，怎麼可能去摳字眼呢？那是幕僚胥吏們做的具體工作，堂堂九五之尊怎麼能拘泥於這樣的小事呢？可就是這個小細節，埋下了宋金盟約不愉快的伏筆。御筆的第二項主要內容是宋徽宗主動提出（注意「主動」）宋朝可以將給遼朝的歲幣（銀絹）轉交給金國。要知道，北宋和金國共同對遼朝作戰，滅遼後北宋收回燕雲之地是天經地義的，並不欠金國什麼東西。憑什麼宋朝的皇帝要主動把之前給遼朝的歲幣轉交給金國呢？在這裡，宋徽宗擺脫不了「弱者心理」的影響，老把自己放在低於北方鄰國一等的角色。這第二個小細節，則埋下了金國輕視北宋進而欺負北宋的心理伏筆。

金國君臣看到趙良嗣遞交的宋徽宗御筆，吃了一驚。他們想不到宋朝會提出這麼優厚的條件來！昨天，女真人還是白山黑水上狩獵打魚的野蠻人，凶悍、敏感又講究實際。今天，他們一眼就看出了宋徽宗虛弱膽怯的本質，馬上接受御筆，並要求按照御筆內容來締結宋金的盟約。這下，宋徽宗的御筆束縛了趙良嗣的手腳。趙良嗣在談判中堅持「燕京」的概念等同於「燕雲十六州」，要求將長城以南一切漢地都歸屬宋朝所

有。金國堅持「燕京」就是遼朝的燕京轄區，拒絕將燕京轄區之外的土地歸屬宋朝。尤其是長城以南的平州、營州等地（現在的冀東地區），金國堅持要歸己所有。最後趙良嗣和金國約定：兩國聯合滅遼；金國進攻遼中京（今內蒙古寧城西），宋攻取燕京一帶；滅遼後，燕京歸宋所有，宋朝送給金朝「歲賜」五十萬銀絹。因為當時遼朝阻隔在北宋和金國之間，兩國的使節都是透過橫跨渤海進行往來溝通的，所以這個盟約史稱「海上之盟」。

趙良嗣回朝覆命，宋徽宗看了文本才知道御筆作繭自縛。他再派馬政使金，要求在盟約中將燕雲十六州一一註明。金國哪能把即將到嘴的肥肉吐出來，斷然拒絕，並且態度強硬地表示如果宋朝要求過高，不惜解除「海上之盟」。宋徽宗見此，一下子軟了下來，拖泥帶水地既不表示放棄燕京之外的土地，也不堅持己見。盟約中最關鍵的領土爭議就這麼被擱置了。

在宋徽宗的心中，他要的還是整個燕雲十六州。

童貫那兩把刷子

條約簽訂了，宋朝理應開始準備執行了。但是宋徽宗君臣根本就沒把條約放在心裡。他們只想依賴金國，乘機取利，根本沒有積極作戰的認真打算。相反，宋徽宗在第二年下令加強在東南地區搜尋花花草草的工作，加快開封景區的建設。王黼和李彥等人刮取民田，又藉口軍用，搜刮境內丁夫，計丁出錢，中飽私囊數千萬貫。有人控訴，他們就嚴刑懲治，成千上萬的人因而致死。「海上之盟」簽訂的當年，江南爆發了方臘領導的農民起義，蔓延數十個州縣。宋徽宗派童貫領著主力南下鎮壓起義去了，客觀上也疏忽了對北方局勢的關注。

　　兩年後（西元一一二二年），金國的使節趕到汴梁，見狀吃驚地說：「我們大金朝已經把遼國打得奄奄一息了，基本完成條約義務了。你們宋朝怎麼還不出兵啊？」

　　宋徽宗一拍腦門，說：「哦，我想起來了。我這就馬上出兵！」

　　在這兩年後，金軍勢如破竹，取得了對遼戰爭的巨大勝利。在金軍的追擊下，遼朝天祚帝逃入夾山，與群臣失去聯繫。在燕京，耶律淳被擁立為天錫皇帝，支撐著殘局，史稱北遼。宋朝如此時出兵，形勢一片大好。四月，宋徽宗任命童貫為河北河東宣撫使，率軍北上；五月又任命蔡攸為兩河宣撫副使，與童貫共領大軍。童貫剛剛鎮壓了方臘起義，正躊躇滿志，以為只要宋軍北伐，耶律淳就會望風迎降，幽燕故地即可盡入王圖。到前線一看，童貫立刻洩氣了。河北將士已經百年不識干戈，全無鬥志，戰備也鬆弛得不成樣子，就連當年為阻遏遼朝騎兵而構築的塘泊防線都已成了枯河爛壩。

　　童貫只得深吸一口氣，硬著頭皮向前衝。他新官上任三把火，高調展開了對遼作戰。

　　童貫的第一招就是勸降。遼朝已經四分五裂、群龍無首，童貫認定這正是勸降燕京的北遼小朝廷、不戰而屈人之兵的大好時機。既然要勸降，規格要高，童貫直接向北遼皇帝耶律淳發出了勸降書，派張憲、趙忠二人送至燕京進行遊說。童貫稱耶律淳「如能開門迎降歸朝納土，使國王世世不失王爵之封，燕人亦無蹈斧鉞之患」。耶律淳二話沒說就把前來遊說的張憲、趙忠二人斬首了。

　　童貫不死心，改派趙良嗣以宋朝閤門宣贊舍人的身分前往燕京，目的還是勸降耶律淳。只不過這回趙良嗣是宋朝使節，兩國交兵不斬來使，趙良嗣的生命就有了保障。耶律淳果然沒有傷害趙良嗣，反而義正詞嚴地和他評起了理。耶律淳讓人把宋真宗和遼聖宗的畫像高高掛起來（當

年就是這兩位皇帝簽訂的澶淵之盟），他站在巨大的畫像下質問趙良嗣宋朝與遼朝和好已經超過了一百年，現在突然背盟以兵臨境，「曾不畏天」（難道不怕受到上天懲罰嗎）？耶律淳又讓翻譯宣讀了「澶淵之盟」的契丹文和漢文誓書，誓書中明文規定宋遼永世和好。錚錚誓言迴蕩在朝堂之上，趙良嗣無言以對，只好無功而返。

耶律淳並不是氣血剛強的契丹人，相反還有點懦弱。他面對趙良嗣能有這番熱血的舉動，只能說明他對北宋在遼朝危急時刻背盟夾攻的憤慨，也表明除了道德上的譴責外，北遼小朝廷已經沒有能力對北宋進行其他形式的懲罰了。

一招不靈，童貫使出了第二招：策反。

燕京地區居民主體是漢族人。童貫和趙良嗣都對遼朝統治下的漢人抱有極大的期望，相信他們會踴躍歡迎北宋大軍的到來。所以，戰爭尚未開始，童貫就讓人張貼黃榜，向燕京居民宣傳伐遼。等大軍進入遼境後，童貫沒見到一個簞食壺漿出迎王師的漢人。經過一百多年的歲月洗禮和遼朝的漢化統治，遼朝統治下的漢族人早已認同了遼朝，哪裡還有人來歡迎宋軍伐遼。

童貫在失望之餘，決定對遼朝的漢族大臣進行策反。他首要的策反目標就是曾任遼朝宰相的李處溫。李處溫在遼朝政壇影響很大，是擁立耶律淳的關鍵人物。趙良嗣還叫馬植的時候，就和同在遼朝做官的李處溫結為莫逆之交。當時兩人曾在燕京北極廟拈香盟誓，發誓要滅遼還宋。童貫認定策反李處溫的可能性很大，讓趙良嗣寫信給李處溫，希望李處溫組織力量以作宋軍的內應，迎接宋軍入城。李處溫收到趙良嗣的信後，真的開始積極響應。他和弟弟李處能、兒子李奭等人分頭聯絡兵士，儲存武器和金錢，準備伺機起義。當時耶律淳重病，已經到彌留之際。李處溫計劃關閉燕京城門，將契丹軍隊隔絕城外，然後挾持蕭皇后

踞城等待宋朝大軍前來，納土歸宋。沒承想，李處溫的計畫被人揭發，他與童貫的通信也被告發。蕭皇后立即逮捕了李處溫、李奭父子。李處溫辯稱受到陷害，後來在確鑿的證據面前無言以對，被迫自盡。其子李奭被凌遲處死。童貫策反成功的內線就這麼被掐斷了。

即便李處溫真的占領了燕京城，局勢也很難說。因為，這個李處溫並非真心向宋，而是個政治投機分子。他在與童貫保持聯絡的同時又與金國暗中來往，答應做金軍的內應，迎接金軍進入燕京。所以說童貫策反成功的這個李處溫沒準還是宋朝的定時炸彈。不過宋朝對此並不知情。戰後，宋徽宗還追封李處溫為廣陽郡王，追封其子李奭為保寧軍節度使，將李氏本宅改作李氏祠廟。

兩招都失敗了，童貫只好思索第三招。他想不出還有什麼招數，只好催促大軍，向遼軍殘餘發動大規模的正面進攻。當時，童貫麾下有宋軍將士十五萬人，契丹軍隊殘存在燕京地區的軍隊只有兩萬。宋軍占據絕對數量優勢。童貫大軍到達高陽關（今河北高陽東）後分兵兩路，都統制种師道率東路軍攻白溝，辛興宗率西路軍攻範村。种師道是老將，也是宋朝僅存不多的名將，常年負責西北戰事。這次因為朝廷重視伐遼，將种師道等西北官兵抽調到北方前線。可种師道卻是反對對遼開戰的人，認為在遼朝即將覆滅之際伐遼無異於乘人之危、趁火打劫。所以，他消極參戰。种師道的態度代表了許多西北官兵的態度。再加上北宋文恬武嬉、荒廢軍備日久，而遼軍是為了生存背水一戰，宋朝東路軍前軍統制楊可世在白溝被遼軍打敗，西路軍辛興宗也在范村潰敗。种師道得知前線戰敗，主動撤軍。宋朝大軍撤退到雄州（今河北雄縣），又在城下遭到遼軍突襲，一場鏖戰後竟又損兵折將，敗給了遼軍。

開封的宋徽宗接到戰報，竟然害怕起來，急召童貫大軍還師。一場占盡天時地利的伐遼戰爭，竟在幾天之內以宋軍的全線敗退而告終。童

貫的無能暴露無餘，可他把責任全推給了种師道等人，迫使他們退休的退休、貶官的貶官。童貫則穩坐釣魚臺，繼續把持軍權。

童貫敗退後沒幾天，北遼皇帝耶律淳在宣和四年（西元一一二二年）的夏天病死了。蕭皇后以太后身分主持朝政，北遼人心更加渙散。王黼便鼓動宋徽宗讓童貫、蔡攸再次發兵，還是希望能趁機收復燕雲失地。剛剛敗退回來的宋朝大軍，不得不馬上調轉槍頭，再次向燕京進軍。這次，劉延慶替代种師道出任都統制。

因為有前車之鑑，童貫、劉延慶這回相當低調，走一步看兩步。十萬大軍畏縮不前。

不等宋軍到來，燕京的局勢糜爛至不可收拾的地步。蕭太后掌權後，城內謠言四起，有人說朝廷要殺戮漢官，結果引起了燕京地區漢族官員的恐慌。九月十五日，兩個漢族官員易州知州高鳳與通守王琮派人聯絡逗留雄州的童貫，邀請宋軍進攻易州，他們願為內應。九月二十日晚，遭到抵抗的宋軍在內應配合下占領易州。九月二十三日，遼將、涿州留守郭藥師率常勝軍向宋朝投降，宋軍隨即占領涿州。由於漢族官員的投降，宋朝輕易收回了燕京所屬的易州和涿州，旗開得勝。宋徽宗面對幾乎不費吹灰之力收復的兩州土地，高興得忘乎所以。他重賞了郭藥師，又御筆改燕京為燕山府，將燕京治下的其他八州也一一賜名，似乎一府八州都已入囊中。

有了良好的開端後，童貫的手腳放開了許多。他派劉延慶、郭藥師率大軍十萬順利渡過白溝，很快推進到燕京腳下。夢寐以求的北京城彷彿在向他招手，突然，睡夢中的童貫等人遭到了迎頭痛擊。忠於遼朝的將軍蕭幹集合契丹最後的軍隊，在現在北京城西的良鄉地區向宋軍發起突襲。在少數契丹軍隊悲壯的、帶有自殺性質的主動進攻面前，宋軍對遼朝的畏懼心理沉渣泛起。結果，宋朝十萬大軍被數千契丹殘軍阻擋在

盧溝以南，劉延慶閉壘不出。投誠的郭藥師覺得十萬大軍困於一座孤城之下，怎麼說都覺得窩囊，提出自願率六千精兵，夜襲燕京。遼朝人心渙散，兵力空虛，郭藥師這招「直搗黃龍」不愧為是上策。只是用少量軍隊深入敵後，畢竟是險中求勝，郭藥師事先要求劉延慶派兒子劉光世率領部隊接應自己。這個大膽的偷襲計畫層層上報到童貫案頭。好大喜功又輕浮冒失的童太師非常看好，馬上拍板執行。

要感謝燕京的混亂局勢，郭藥師率軍很順利地混入了燕京城。可當郭藥師要占領各個要害的時候，城內的遼軍殊死抵抗。於是，偷襲戰變成了激烈的巷戰。郭藥師的部隊戰鬥力很強，城內遼軍的抵抗也很激烈，結果殃及池魚，連累城內無辜百姓傷亡慘重。老百姓們自然把偷襲的郭藥師部隊視作侵略者，拿起武器加入到遼軍一邊「驅逐」宋軍——這又大大出乎童貫、趙良嗣等人的預料之外，遼朝治下的漢族人不僅沒有夾道歡迎宋軍還與宋軍為敵！馬上，郭藥師等人就陷入窘境，寄希望於接應的劉光世部隊，望其能及早趕來增援。劉光世畏敵如虎，壓根就沒有跟在郭藥師隊伍後面前進，根本就給不了任何幫助。宋軍敗局已定。遼軍逐漸控制局勢後，關閉各個城門，在城內搜捕宋軍。郭藥師最後只帶著少數幾個人從城牆下墜繩逃跑。原本很有勝算的一個偷襲計畫以慘敗告終。

郭藥師的大敗造成劉延慶有巨大的心理陰影。儘管因為偷襲是童貫拍板定下的，郭藥師事後沒有被推出來當替罪羊，但郭藥師丟盔棄甲、傷痕累累的慘狀讓劉延慶加深了對遼軍的畏懼心理。此時又發生了押送糧草的王淵部隊在後方琉璃河（今北京房山琉璃河鎮，在良鄉的南邊）遭到遼軍的襲擊，糧草全部被遼軍劫走。這可能是小股遼軍的偷襲戰術，但在策略上再次挫敗了宋軍官兵的心理，尤其是劉延慶。蕭幹的厲害之處就在於他準確地預料到了宋軍的心理，適時展開心理戰。他主

海上之盟：機會變成了災難

動率軍渡過永定河，來到南岸向劉延慶展示圍剿郭藥師一戰的戰利品，包括被俘虜的宋將趙端甫、郭藥師從城頭墜繩時為了減輕重量脫下的全副鎧甲。應該說，蕭幹的心理戰造成了預期的效果，劉延慶產生了退逃的念頭。

十一月二十九日晚，永定河北岸荒野中出現了連綿不斷的火光。這很可能是枯草在乾旱的冬季產生的自燃，也可能是遼軍放的火。劉延慶看到了，卻以為是遼軍要大規模進攻了。草木皆兵的錯覺讓他喪失了最基本的判斷力，竟然下令燒燬大營 —— 也許他擔心大營落入敵手。在熊熊烈火的照耀下，宋軍前線主帥劉延慶帶領兩個兒子劉光國、劉光世狼狽逃跑。前線各部見主帥逃跑，上行下效，紛紛跟著逃跑。於是，劉延慶的荒唐舉動擴大成了宋軍的全線潰逃。夜幕下，逃跑的官兵毫無組織、慌不擇路，自相踐踏死傷很多，還有人墜入山崖溺入河塘，死傷慘重。三十日凌晨，亂軍擠到白溝河。遼軍尾追而至，趕來激戰。宋軍又死傷了一批。殘部退保雄州。北宋第二次伐遼再次以慘敗告終。

第二次失敗，可是傷了北宋王朝的筋骨。敗軍難逃，一路丟棄糧草輜重。之前，劉延慶從涿州出兵至良鄉，每日只行三十里，大量時間花在沿途修築軍寨上。這些軍寨堆土為牆，圍著壕塹，寨內有軍營有倉庫，設施齊全，簡直就是小型的城池。據說宋軍在每處營寨中都存有銀絹一二十萬，預備戰勝後賞賜之用。戰敗後，這些城寨物資都落入遼朝之手。北宋從宋神宗熙寧、元豐年間開始為恢復燕雲失地積攢的錢糧軍械，損失殆盡，國庫為之空虛。劉延慶難辭其咎。戰後，童貫為求自保，彈劾劉延慶不戰自潰。宋徽宗下令將劉延慶收押，秋後問斬，後來又法外開恩將劉延慶釋放，貶往筠州安置。

童貫主持的兩次伐遼敗得一塌糊塗，覆滅前夜的遼朝意外地大獲全勝。只能說明北宋並不具備消滅遼朝的實力。雖然北宋占據軍隊數量和

物資的絕對優勢，北方的女真盟友正狂風掃落葉般摧毀遼朝，但北宋本身存在的諸多問題讓這些優勢蕩然無存，比如宋軍長期荒廢武備素質低下，將領們畏敵如虎各自為政，統治階層眼高手低、壓根就不是辦事的料。用現在的話來說，北宋雖然有千載難逢的良機，有硬實力優勢，但缺乏滅遼的「軟實力」。

「代為收復」

開弓沒有回頭箭。許多政治決策一旦實施了就沒有退路了，尤其是那些傾注全國之力、投注了朝野關注的大決策，比如北宋伐遼。這已經不僅僅是關係到收復漢家失地的事情了，而是與宋徽宗君臣的顏面關係在了一起，和他們的能力連繫在了一起。

簡單地說，伐遼必須進行到底，必須圓滿成功！

主持伐遼大計的童貫無疑處在風口浪尖上。宋徽宗把全線大權託付給童貫的同時，也留了一手：祕密派遣了一名李姓太監化裝混雜在童貫的軍中，密切監視著童貫的一舉一動。童貫屢戰屢敗，而且敗得幾乎傾家蕩產，儘管他把戰績和困難都誇大了無數倍，儘管他把責任都往部將身上推，但還是引起了宋徽宗的懷疑。李姓太監將「燕京既失，州縣復陷，人民奔竄」的實情密奏宋徽宗。宋徽宗勃然大怒，迅速發下手札痛責童貫無能誤國，其中有一句狠話：「今而後不覆信汝矣。」童貫被宋徽宗痛罵得驚慌失措，不得不想辦法如何儘快攻下燕京。

還真讓童貫想出一個餿主意來。

宋軍是無力收復燕京了，童貫把目光投向捷報頻傳的金軍盟友。為什麼不向金國求援呢？於是，童貫迅速派人北上拜見金太祖完顏阿骨打，請求金國起兵與宋朝「夾攻」燕京。童貫的這個小動作有兩點值得

海上之盟：機會變成了災難

深思。第一，童貫單方面修改了「海上之盟」的內容。根據盟約，宋金聯合滅遼，宋朝承擔的軍事義務就是獨立攻占燕京地區。現在，童貫將他「修正」為了宋金合兵進攻燕京地區，推卸了本應承擔的義務；第二點更嚴重，這是童貫的「個人行為」。雖然他貴為前線總指揮，他的派使帶有「職務行為」的性質，但畢竟沒有經過北宋朝廷的討論，更沒有得到宋徽宗的聖旨准許。那麼宋徽宗知不知道呢？應該說，宋徽宗是知道的。童貫派使一事並非祕密進行，消息外泄了，宋徽宗又在前線安插有密探，所以宋徽宗不可能得不到這麼重要的消息。他的對策是默認，默認童貫私自修改海上之盟，也默認金國將此看做是宋朝的國家行為。

完顏阿骨打很爽快，滿口應承下來，還和童貫商定了出兵日期。金軍計劃十二月一日起兵，初五到達居庸關，約宋軍十二月初六日在燕京城下見，不見不散。

童貫這一舉動後患無窮。且不說權利和義務是平等的，你在合作中付出了多少、履行了多少義務，就有多少談判的底氣、能爭取多大的收益；單說宋朝的單方面修改盟約行為讓女真人產生了輕視心理。本來高高在上的泱泱大國形象瞬間倒塌了。新興的女真權貴們還保留著狩獵民族崇尚實力和重視承諾的風氣，對於既不遵守盟約又沒有力量履行盟約的所謂盟友，他們是不可能尊重的。一開始宋金接觸，女真權貴還受寵若驚，彷彿要仰著頭看宋朝，現在他們完全低著頭去鄙視宋朝了。這種心理變化對外強中乾的宋朝很危險。

金人的心理轉變很快在宋金交涉中展露無遺。當時，金軍已經基本履行了「海上之盟」規定的義務，攻占了遼朝的中京與西京（宋朝稱雲州，即今山西大同），從北面對燕京地區形成了泰山壓頂般的包圍態勢。金太祖完顏阿骨打親自整頓兵馬，準備進攻燕京。趙良嗣在這個時候，奉命出使金國商討日後的交接問題 —— 這在此體現了宋徽宗君臣只求索

取不願付出的心理。在談判桌上，金國態度倨傲且強硬，趙良嗣缺乏有力後盾，處境尷尬，難有還手之力。經過幾番討價還價，雙方還是達不成共識。金國下了最後通牒：金國只將燕京地區的六個州交割給宋朝；宋朝除每年向金國移交原來給遼朝的五十萬歲幣外還須一次性補交一百萬貫「燕京代稅錢」；倘宋朝半月內不予答覆，金軍將採取強硬行動。這明顯是坐地起價，不僅完全限定了移交的土地範圍（之前宋朝堅持要收回十六個州，而非六個州），還要敲詐一百萬貫現金。可趙良嗣能有什麼辦法呢？

宣和五年（西元一一二三年）正月，無奈的趙良嗣回朝覆命。除了一個條件外，宋徽宗幾乎全盤接受了金國的要求。這個條件就是：金國必須將雲州交割給宋朝。可能在宋徽宗看來，所謂「燕雲十六州」是一個光輝的政治象徵，現在要回全部十六個州是不可能了，但「幽州」和「雲州」必須拿回來，湊在一起象徵收復了「燕雲」地區。象徵意義永遠比政治實利重要，這就是宋徽宗的「藝術家邏輯」。他要求趙良嗣回去向完顏阿骨打力爭。

趙良嗣爭取的結果是，金國同意割讓雲州，但要求宋朝支付二十萬斛糧食的「犒軍費」。宋徽宗高興地一口應承。

再說燕京地區的戰事。童貫和宋軍再次失約了。他們在燕京以南搖旗吶喊，就是不敢上前。北方的女真鐵騎呼嘯南下，驚得主政蕭太后率領部分忠於遼朝的隊伍西逃，剩下的文武官員開城投降金國了。燕京地區完整落入金國囊中。

童貫幾天前還說得好好的，宋金合兵攻占燕京，現在又是金軍獨立完成的。童貫等人稱之為金軍「代為收復」燕京。在整個「海上之盟」的履約過程中，金國履行了自己的義務，還替宋朝承擔了所有的義務。整個遼朝都是金國滅亡的。什麼都沒做的宋朝在盟約進行清算階段後，

海上之盟：機會變成了災難

處境極為尷尬。

童貫臉皮厚，管不了這些，高高興興地來找金軍「交割」燕京。金國內部以宗室粘罕為首的部分貴族反對將燕京地區歸還宋朝，認為要以實際占領線為宋金的分界線，即以北宋勢力滲入的涿州、易州作為兩國分界（這兩州投降了宋朝，所以宋軍才得以進入）。完顏阿骨打卻表示：「我與大宋海上信誓已定，不可失（信）也。待我死後，悉由汝輩。」阿骨打雖然沒說不把城池交給宋朝，卻在燕京地區駐紮了四個月。燕京，是當時長城沿線和塞北最富庶、人口最密集的地區。金國人知道此地遲早要歸宋朝，所以大肆洗劫財富、俘虜居民，將物資、金帛、人口源源不斷地押運北方。春天來臨的時候，本應春意盎然的燕京城斷壁殘垣、滿目瘡痍，整座城市人煙罕見，如同鬼城。就是這麼一座廢墟，童貫、蔡攸等人在當年四月，大吹大擂，舉行了隆重的「接收儀式」。當時見證接收的文人在筆記中寫道，迎接童貫大軍的除了屍骨外最多的就是在城內流竄的狐狸。

「海上之盟」就此結束了。宋朝得到了一座燕京空城和今天河北北部、北京大部的薊、景、檀、順、涿、易六州。其中涿、易二州之前已經投降宋朝，所以宋朝從金國手中實際接收的只有燕京城和其餘四州。為這一點土地，宋朝耗光了國庫的家產，賤賣了國家尊嚴和大國形象。宋徽宗君臣卻自我膨脹，大肆鼓吹光復漢家百年失地，本朝建立了不世偉業。捧臭腳的百官紛紛上表祝賀，立「復燕雲碑」為宋徽宗記功。王黼、童貫、蔡攸、趙良嗣等都被當作功臣一一加官晉爵。其中童貫被封為廣陽郡王，成為中國歷史上唯一一個被封王的太監。

這邊是開封城陶醉在「輝煌的勝利」之中，那邊是金國君臣在燕山以北虎視眈眈地把南邊的表演當笑話來看。

小動作，大災難

金國算是把宋朝金玉其外，敗絮其中的特點給看透了。只是遼國的殘餘勢力還沒有被完全消滅，金軍上下沒來得及對宋朝有「進一步的想法」。

南邊的宋徽宗頗有「得寸進尺」的意思，對尚未收回的新、媯、儒、武、雲、寰、朔、應、蔚九州念念不忘。它們已經是金國的領土了，宋徽宗卻任命太監譚稹為兩河燕山府宣撫使，將上述九州都劃其管轄。實際上，宋徽宗交給譚稹的任務就是想方設法收復這九個州。譚宣撫使的工作一開始很有成效。當時金國對新占領的原遼朝土地控制不嚴，大多依舊任命原遼朝地方官鎮守當地。而金太祖完顏阿骨打在宣和五年八月病逝，金太宗即位，忙於穩定國內局勢。在這種情況下，朔州（今山西朔縣）、應州（今山西應縣）、蔚州（今河北蔚縣）三個州的守將轉向宋朝，請求歸順。譚稹想都沒想，接收了這三個州。他不曾想：作為盟國，宋朝憑什麼占領金國的三個州？這不是侵略行為又是什麼？金國的反應相對克制。因為國內不穩加上遼朝殘餘尚在，金國對宋金交界的各州無暇顧及，所以在十一月同意割武（今陝西神池）、朔二州給宋朝。至此，宋朝多收回了四個州。至於剩餘的五個州，金軍元帥完顏宗翰等人堅決反對。領土交涉就此作罷。

應該說，宋朝得到了不小的領土收穫──儘管這是趁盟友不方便的時候耍小動作得來的。

宋朝耍小動作得到了甜頭，得意忘形，把小動作耍到了燕雲十六州之外的土地上去，惹出了大麻煩。地處燕京東北、連接現在北京和遼寧的遼東走廊的是政治投機分子張倉（也有寫作張覺的）。張倉原本是遼朝的興軍節度副使，鎮守平州（今河北盧龍）。在遼金戰爭期間，張倉

海上之盟：機會變成了災難

趁亂控制了平州，並把勢力擴張到營州（今河北昌黎）、灤州（今河北灤縣）等地，成為一方軍閥。他雖然投降了金國，但在遼、宋、金三國之間待價而沽，搖擺不定。張覺所占地盤扼守中原和東北的交通要道，又處在宋金邊界，策略地位相當重要。金國並不信任他，可又暫時無力處置他。為了穩住他，金軍割讓燕京後，昇平州為南京（原來燕京是遼朝的南京），加封張覺為同平章門下事、南京留守。

金軍從燕京撤退後，裹挾著大批遼朝降臣和燕京百姓遠徙東北。沿途都有人逃亡，不少人就在張覺的地盤上躲藏了起來。這些人就鼓動張覺叛金。張覺和遼朝的翰林學士李石商量後，決定與金國公開決裂。他使出了兩面手法，一方面派人迎接天祚帝之子，打出「復遼」的旗號，爭取前遼地區的支持；一方面又派李石向宋朝表示歸降，爭取宋朝的支持。

怎麼處理找上門的棘手問題？

接納張覺，就意味著能得到三個州的土地。宋徽宗喜出望外，要接應張覺叛金。可接納張覺，同時意味著直接與金國為敵。趙良嗣堅決反對宋朝背盟失信，擔心會授人口實。他還建議斬李石，向金國表明態度。宋徽宗不聽。最後，張覺以平、營、灤三州降宋，還殺了幾個金人，趕走了前來鎮壓的小股金軍。宋徽宗更高興了，建平州為泰寧軍，封張覺為節度使，非常隆重地將詔書和賞賜送到平州去。正當張覺出城迎接詔書時，金軍在完顏宗望率領下突然兵臨城下。張覺倉皇難敵，只好南逃，投奔燕京郭藥師的軍中。平州等地重歸金國，張覺的母親、妻子都成了金軍的俘虜。張覺的弟弟見老母親被捕，主動降金，交出了宋徽宗賜給其兄的御筆手詔。這下，宋朝招降納叛挖金國牆角的惡行證據確鑿，徹底將形勢置於被動了。金國暫未大舉動，只要求宋朝交出張覺。史稱「張覺事件」。

　　一個更棘手的問題出現了：要不要交出張倉？

　　宋徽宗指示燕山府安撫使王安中不要交人。可金人催逼得緊，王安中只好殺了一個和張倉長得很像的人，拿著腦袋頂替。完顏宗望的情報工作做得很好，準確指出這個首級不是張倉的，張倉正躲在宋軍郭藥師的甲仗庫裡呢！如果宋朝不交，宗望聲稱「舉兵自取」。宋徽宗這人最怕來硬的，宗望一威脅他就擔心金軍真的興師問罪，密令殺死張倉及其二子，把三人首級送給金軍。張倉被殺前，罵不絕口；郭藥師知道了，對宋朝出爾反爾薄情寡恩的做法既驚又怕，對官兵感嘆：「如果金人索要我郭藥師的腦袋，朝廷會不會交出去呢？」常勝軍官兵們聞之，軍心瓦解。宋朝燕京地區有大批投降的遼朝文武官員和軍隊，宋徽宗殺張倉使得人心惶惶。

　　宣和六年（西元一一二四年）三月，解決了內部問題的金國把精力投降外部，派人向譚積索要二十萬軍糧，即去年趙良嗣答應給的交割雲州的報酬。譚積以口說無憑為由拒絕支付。金軍隨即拒絕交割雲州，同時藉口張倉事件，於八月攻占蔚州。宋金戰爭一觸即發。宋徽宗只好罷免譚積，緩和局勢。

　　宣和七年（西元一一二五年），遼朝末代皇帝天祚帝被金兵俘虜，不久遇害。遼朝滅亡了。據說天祚帝曾有意投降宋朝，宋徽宗君臣也有意接納（接受敵國皇帝的投降，多有面子啊），童貫還去太原接洽此事。可當天祚帝死訊傳到汴梁時，又引起一陣狂熱的慶祝活動。宋徽宗等人將和他的交情都忽略掉了。

　　在遼朝的亡國貴族中有個叫做耶律大石的，率領契丹遺民西遷到西域的楚河流域，建立起西遼。契丹民族很幸運，因為他們畢竟擁有耶律大石這樣「真正的貴族」。幼稚隨性的宋朝君臣本應該更加理性，甚至帶上那麼點敬意去看遼朝的滅亡。遺憾的是，宋徽宗隆重慶祝夙敵的死亡

海上之盟：機會變成了災難

後又一頭鑽進詩詞書畫的風景中去了。

滅遼當年，金軍就把鐵拳轉向南方。金國制定了大規模南侵計畫，以兩年前的「張覺事件」為藉口，兵分兩路會師東京汴梁。十一月，東路金軍從平州出發，快速攻占了檀州、薊州，進逼燕京。宋朝派郭藥師率常勝軍迎戰。軍心早已不屬於宋朝了，常勝軍一戰即敗，郭藥師索性率部投降！燕京隨即失守。金國對郭藥師遠比宋朝對他要重視，馬上封郭藥師為燕京留守，賜姓完顏。郭藥師感恩戴德，率領常勝軍為先鋒，一路攻破河北關隘，殺奔首都開封而去。沿途宋軍將驕兵疲，地勢一馬平川，哪能抵擋彪悍的女真鐵騎。而鎮守太原的童貫，沒等西路金軍攻城就棄城而逃。兩路金軍勢如破竹，很快兵臨東京城下。

驚慌失措的宋徽宗不得不下罪己詔說：「多作無益，侈靡成風。利源酤榷已盡，而牟利者尚肆誅求。諸軍衣糧不時，而冗食者坐享富貴……追唯己愆，悔之何及……望四海勤王之師，宣三邊禦敵之略。豈無四方忠義之人，來徇國家一日之急。」不管真假，宋徽宗追悔莫及，希望天下兵馬勤王救駕。罪己詔的效果一時間體現不出來，金軍越來越猛烈的進攻卻是實實在在的。沒轍了的宋徽宗決定棄國南逃。太常少卿李綱、給事中吳敏等大臣懇請堅持固守。李綱並建議：「現在情況危急，除非傳位給太子，不足以招徠天下豪杰勤王救駕。請皇上宣布退位，激勵將士。」宋徽宗驚慌懊惱，拉著蔡攸的手說：「想不到會變成這樣！」他竟然哽咽著，昏迷跌倒在床前。群臣趕忙灌藥急救。

宋徽宗甦醒過來後，顫巍巍地寫了一張小紙條：皇太子可即皇帝位，予以教主道君退處龍德宮。

皇太子趙桓即位，改元靖康，史稱宋欽宗。新皇帝的即位，絲毫無益於扭轉局勢，反而成了宋徽宗等人逃避的手段。「靖康之變」就此發生，東京淪陷，宋徽宗、宋欽宗父子和宗室、百姓被俘北上，北宋滅

亡。宋徽宗最後死在了白雪皚皚的黑龍江畔，之前童貫被迫於壓力的宋
欽宗「賜死」，成為公認的奸臣。可惜，因為金軍滅亡了北宋，最先提
出聯合金國主張的趙良嗣靖康元年在被貶地郴州（今湖南省郴州）也
被「賜死」。趙良嗣恢復了馬植的原名，被列入《宋史》奸臣行列。馬
植是無辜的。他的聯金滅遼的主張是合乎實情的，問題出在他的「祖
國」──宋朝身上，更出在無能成性、不成器的宋徽宗、童貫等人身上。

好端端的一個「海上之盟」竟然將北宋王朝引向了滅亡，可嘆，可恨。

紹興和議：來自內部的敵人

宋高宗的心病

北宋靖康元年（西元一一二六年）的冬天出奇得冷，冷入骨髓。

金國的鐵騎蹂躪了河北各州縣後，軍鋒直指京師汴梁城下。慘烈的汴梁保衛戰打響了，城內武庫開始發放武器裝備平民。北宋王朝已然到了生死存亡的邊緣。

在相州，十九歲的康王趙構原本奉旨出使金軍，被當地官民所阻。周邊官府以他的名義就地招募民兵，準備勤王。相州轄下的湯陰縣永和鄉孝悌里，有個二十三歲貧苦農民叫做岳飛。他勇敢地應募，做了趙構名下的一名小兵，開始了自己的軍旅生涯。這兩個年紀相仿卻地位懸殊的年輕人在同一時間同一地點登上歷史舞臺，開始以不同的方式書寫歷史。

岳飛是個有志青年，這已經是他第三次參軍了。宣和四年（西元一一二二年）的冬天，真定宣撫劉韐招募「敢戰士」，十九歲的岳飛就從老家跑過去從軍。但不久父親岳和病故，岳飛回鄉盡孝。兩年後的冬天，岳飛再次加入河東路平定軍。後來因為軍隊潰散，岳飛又返回了家鄉。岳飛為什麼這麼執著地要從軍呢？史書說這和岳飛的家庭環境和所受的教育有關。岳母在他的背上刺下「精忠報國」四個字，讓他銘記抗金為國；岳飛曾經拜大師周侗為師學習武藝，且喜歡看《左氏春秋》《孫子兵法》，有扎實的軍事基礎。事實上，後人的記載粉飾的成分過重，嚴重偏離了岳飛的真實情況。岳飛是貧苦農民出身。父親岳和溫和懦弱，常常在與鄉里的土地和財產糾紛中退縮。岳飛長大後，身上具有傳統農民的所有特點：忍耐、純真、質樸、堅強。而且岳飛體格健壯，十幾歲就能挽起三百斤的弓，射八石的弩。這樣看來，岳飛的確是一個當兵吃軍糧的好料。

　　按照現在心理學的觀點分析，岳飛卻不是一個從政的資質。傳統農民的特徵極大地束縛了岳飛的政治發展。岳飛的純真質樸頗有一點頭腦簡單、思想單純的味道在裡面，這可是從政者的大忌；岳飛的堅強對處於逆境的政治家來說，是個好品格，但其中也帶有些許偏執、一根筋的特質。凡是認準的事情，農民很少妥協，「原則有餘，靈活不足」。這也是從政者的大忌。從後來的表現來看，岳飛多次充當了「刺頭」的角色。二十三歲時的岳飛參軍的目的很簡單。因為他目睹了金軍的殘暴，對農民的苦難深有體會，所以要參加抵抗金國人，保衛家園。只是隨著時間推移，岳飛「抗暴保家」的目的才逐漸昇華為「抗金衛國」。那時候的岳飛就已經不再是二十三歲時的岳飛了。

　　當然了，剛參軍的岳飛還沒有從政的資格。他被分到前軍統制劉浩的軍中，從一名普通士兵開始做起。

　　此時，河北義軍的最高統帥、康王趙構也覺得自己不是從政的好材料。事實上，他根本就沒有從政的心理準備。幾天前，趙構還是花花綠綠的汴梁城中的一名藩王，雖然是直系皇子，但前面有幾位嫡系的哥哥擋著，不論任何人，包括趙構自己都覺得與皇位無緣。既然如此，趙構最安全最可行的人生軌跡就是做個醉生夢死、不問世事的藩王。他本人很願意這麼做。

　　遭天殺的金軍來了，趙構陰差陽錯地出使金營 —— 其實是金軍要求宋朝派一名藩王來做使節兼人質，趙構因為不重要所以當選了。正當趙構再次陰差陽錯在河北招兵買馬的時候，京師汴梁淪陷了！當年閏十一月三十日，宋欽宗出京城到金營投降。金朝下令廢掉徽、欽二帝，在汴梁展開了駭人聽聞的掠奪，將一座百萬人口的都市糟蹋成僅餘一萬人的廢墟。第二年正月，金軍滿載著金銀絹帛，帶上宋朝的皇帝寶璽、儀仗、天下州府圖、樂器、祭器、書籍和皇宮的珍寶古董凱旋北還。金

紹興和議：來自內部的敵人

軍還擄走了汴梁的后妃、親王、貴族和汴梁的百工、僧道、醫卜、娼優等，共計三千多人。宋徽宗、宋欽宗和所有的近系宗室都成為北上的俘虜。

趙構成了唯一倖存的直系皇子。就憑這一點，老祖宗黃袍加身的戲劇再次重演。河北官民二話不說，把龍袍套在了趙構的身上。趙構當了皇帝，史稱宋高宗。

趙構完全蒙了，喜悅、震驚、迷茫，百感交集。國破家亡、身分巨變，還沒等趙構適應新角色，種種磨難和考驗潮水般湧來，差點把趙構給溺死。

趙構的小朝廷還在河北各地流亡的時候，金朝就要大軍撲滅宋朝殘餘政權了。趙構逃到揚州。建炎三年（西元一一二九年）正月，金軍攻下徐州、淮陽、泗州，並派出輕騎軍長途奔襲揚州。趙構正在床上和美女親熱，突然聽到金兵入城的消息，赤身裸體南逃杭州。在這段後人杜撰有「泥馬渡康王」的大逃亡過程中，趙構得了「痿腐」病。所謂「痿腐」就是現代人所說的陽痿。在杭州立足未穩，禁軍將領苗傅、劉正彥又發動了兵變，殺死趙構親信太監，逼趙構退位。趙構被迫退位，被軟禁在顯忠寺，身邊只有十幾個內侍相伴。趙構唯一的兒子，三歲的趙旉被推上帝位。兵變最終在韓世忠等將領的進攻下失敗，趙構復位，可兒子趙旉在兵變中死了。趙構又不能生育，宋朝直系皇室就此絕後。這成了趙構的終身隱痛，隱藏得極深，不許他人觸及。

內亂剛止，金兵又至。趙構倚重的大將杜充將長江防線獻給了金軍，還充當嚮導引金兵來抓趙構。得知杜充投降，趙構哀嘆：「我待杜充不薄，把他從平民百姓提拔為宰相，不能再厚待了。他為什麼還投降了啊？」趙構為此難過得幾天吃不下飯去。從苗傅、劉正彥叛亂到杜充投降，趙構對武將的不信任感和防範之心油然而生。既然杜充這樣的重

臣、受恩深重的人都會投降，趙構還能相信誰呢？

人人都道當皇帝好，可誰知道當皇帝的難處？人人都認為趙構走了狗屎運，趙構卻覺得自己是個無緣無故撞上槍口的倒楣蛋。什麼好處都沒享，倒是操勞國事還要日夜擔驚受怕。

金朝追兵很重視趙構，發起了一場「搜山檢海」的戰役，顧名思義就是掘地三尺也要把趙構給逮住。趙構不得不帶領整個朝廷乘船入海，開始了海上生活。之後四個月時間裡，除了短期停靠在章安縣（今浙江臺州臨海）外，朝廷的袞袞諸公都在海上辦公。金兵窮追不捨，蒐集船隻，入海又追了三百餘里。

趙構和他的朝廷在海上東躲西藏了四個多月。從定海入海的時候，沒有人想到這一去要躲藏這麼長時間，因此沒有裝載足夠的給養物資。沒幾天，趙構的船隊就陷入了困境。風吹雨打，各船隻都殘破不堪。人們的生活自然也是苦不堪言。最後，整個船隊只剩下一雙鞋子，只好給趙構穿。從宰相以下到普通士卒，人人都穿草鞋。最嚴峻的是，糧食也沒有了，整個船隊只剩下五張餅。趙構一個人就吃了三塊半，舔舔嘴巴，意猶未盡。旁邊的大臣和將士們眼巴巴地看著皇帝吃餅，只能舔舔嘴巴充飢。

對趙構而言，這四個月是難得的思考現狀和構想未來的寶貴時間。他首先要搞清楚屁股底下的龍椅出了什麼問題，再思索怎麼把它坐好。趙構心中最大的擔心就是金人。金朝對南宋的軍事威脅是對南宋王朝最大、最直接的威脅，也是對趙構皇位最大、最直接的威脅，是趙構最大的心病。趙構從一個與皇位無緣的孩子變為九五之尊，全靠金兵抓走父親、哥哥和其他競爭者。可反過來，金人手中俘虜的父親宋徽宗和哥哥宋欽宗以及其他宗室成員始終是枚大地雷。如果金朝什麼時候把父親或哥哥給放了回來，趙構的皇位也就搖搖欲墜了。只要願意，金軍一用力就可能推翻趙構。

紹興和議：來自內部的敵人

　　朝野上下都湧動著抗金熱潮。這股熱潮表面上看來有助於治療趙構最大的心病。但朝野抗金和趙構抗金的出發點不同。趙構的出發點是鞏固皇位，朝野抗金的出發點是報仇雪恥。大臣們接受不了王朝覆滅、先帝被俘的歷史，更接受不了泱泱大國、煌煌大宋被北方蠻夷征服的現實；百姓們高呼抗金，更多的是報仇，是打回老家去和家人團聚。趙構可不想和家人團聚。

　　趙構的第二個心病是朝廷內部對皇權的威脅。苗、劉之變，杜充叛變和武將崛起，讓趙構覺得大臣尤其是武將的不可靠。亂世重兵，軍隊是最大的政治籌碼。趙構既要借助武將抗金，但又不能坐視武將數量膨脹而限制、消減或者威脅皇權。如何在其中尋找一個合適的「度」，這讓初登皇位的趙構很難辦。

　　其實，趙構的老祖宗已經確定了重文輕武的對策。老祖宗是在五代十國的混戰中奪取天下的，本身就是武將出身，對武將亂國干政有切身體會。北宋初年曆經太祖、太宗兩代苦心經營，成功削奪地方兵權，隨後著手建立起一套完整的文臣控兵體制。後來的君臣將這個權力格局作為「祖宗家法」恪守不渝。到趙構手裡，嚴峻的戰爭形勢衝破了祖先家法的限制。常年領兵作戰、擁有固定軍隊的武將地位迅速上升，取代文臣成為部隊的真正指揮者。趙構原先是默許這樣的變化的。建炎四年朝廷曾下令以「淮南、京東西、湖南北諸路並分為鎮，除茶鹽之利仍歸朝廷置官提舉外，他監司並罷」，正式裁撤文官，擴大武將的權力。苗傅、劉正彥等人就是趙構提升才掌握禁軍的。他們的叛變讓「祖宗家法」的警鐘重新在趙構的腦海中敲響。親身經歷告訴趙構，老祖宗的做法無比正確，多麼具有先見之明。

　　趙構的第三個心病是自己的統治範圍只限於東海上的幾條船隻。除了嶺南、川黔和八閩大地，宋朝的領土都遭到了金軍的蹂躪。金朝已經

在黃河流域開始著手健全自己的地方政權組織了。其他地區不是有金軍部隊游弋，就是有農民武裝造反。趙構的政令範圍非常有限。獲取固定、穩固的統治疆域，哪怕是遠小於父兄時期的疆域，也要比居留在幾條船上好得多。

歸根結柢，趙構的心病還是「權力病」。任何一個權力所有者首先考慮的問題都是如何鞏固和擴大手中的權力，其次才能談得上放權、為政、治國。

想清楚這三點後，趙構舒心多了。既然知道了病因，就可以對症下藥了。

我們掌握這三點，也就抓住了如何了解趙構個人和南宋初期政局的主線。

兵權是個大問題

西元一一三〇年春天，趙構結束海上漂泊的日子，由海路回到越州。

趙構心情很好，將越州改名為「紹興」，並升格為府，稱紹興府。第二年（西元一一三一年），南宋改元「紹興」。金兵退走了，東起淮水、西至秦嶺的戰線逐漸穩定下來，應該預示著一個興旺的開始。

趙構決心在臨安重建趙宋王朝的統治，管理好半壁江山。回到臨安後，趙構開始按照都城的標準大興土木，修建明堂、太廟，明顯地表示出偏安江南的企圖。趙構的行動引來了許多大臣的勸諫。御史張致遠說：「創建太廟，深失復興大計。」殿中侍御史張洵更清楚地指出：「去年建明堂，今年立太廟，是將臨安作為久居之地，不再有意恢復中原的表現。」趙構一概不接受。當然也有大臣的奏摺很合趙構的意思。比如從金國逃回南方的原御史中丞秦檜就上奏了一封自己代擬的、主張和金國

紹興和議：來自內部的敵人

議和的國書。國書公然提出了宋金和好，分治疆界的倡議。議和了，趙構的第一塊心病就除掉了，其他的心病也好解決了。趙構大喜過望，公開誇獎秦檜說：「秦檜樸忠過人，我得到這樣的人才，真是高興得幾天都睡不著覺啊！」儘管之後秦檜一度因為激進主和而被貶，但趙構一直把他視為可以貫徹自己意志的能臣。

軍事形勢暫時緩和後，趙構集中精力清理轄區。長期戰亂催生了數不清的散兵游勇和各色起義軍，散布在南方各地。鎮壓這些人迫在眉睫。岳飛就是在這場內戰中真正崛起的。他率領在抗金過程中聚集的小股部隊，積極參與掃清南宋轄區內散兵游勇和農民軍的戰爭。政局最不穩的湖南湖北地區，因為岳飛和他的「岳家軍」的進駐，形勢大為好轉。東南地區和川陝的聯絡也疏通了很多。岳家軍不斷壯大，岳飛迎來了自己生命中的黃金歲月。

長期的抗金戰爭和平定內亂，讓少數掌握軍隊的將領成了小朝廷不可或缺的角色。時人稱張俊、韓世忠、劉光世、岳飛四個人為「中興四將」，他們的部隊是朝廷的支柱。除了「中興四將」所率領的軍隊外，朝廷的軍事支柱還有遠在川陝邊界的吳玠所部。這五支部隊占當時政府軍總兵力的絕大部分，且實力處於不斷擴充壯大之中，占據著天下要地。在政局不穩的情況下，各部的統帥長期固定，還兼任宣撫、制置、招討等職務，在一定區域內集軍政、民政、財政大權於一身。最後導致一些部隊的官兵不以番號相稱，而以長官的名號相稱了（比如岳家軍）。宋初抑制武人、重文輕武的立國方針似乎走進了死胡同。

軍事將領的崛起也遭到了文官集團的反對。西元一一三〇年五月，御史中丞趙鼎上奏：「祖宗於兵政最為留意」，「太祖和趙普講明利害，著為令典，萬世守之不可失。今諸將各總重兵，不隸三衙，則民政已壞。」趙鼎的意思是要重申立國之初文官指揮將領，軍隊隸屬中央的制度，

「千萬不能讓祖宗之法，廢在我們這一代人手裡啊！」趙構從這時開始有意識地限制將領們的權力。一個月後，朝廷廢除南逃時設立的臨時機構御營司，由宰相范宗尹兼管樞密院事務。北宋以來，政治和軍事分立，軍事歸樞密院管轄。現在趙構用宰相兼管樞密院，用意非常明顯。當然了，朝廷公開的理由還是「統一賞罰，節省辦公開支」。於是，文官對將領的彈劾開始多了起來。「諸將過失，不可不治」，「自古以兵權屬人久，未有不為患者」這樣的話都出現在了奏摺中。

趙構大為頭疼。他當然知道五部兵馬的崛起使權力結構向前線軍事集團傾斜，變相地約束了皇權。可他還不想走得那麼遠，朝廷畢竟還要仰仗韓世忠、岳飛等人鎮壓內部動亂和抗禦金兵。趙構不得不繼續允許前線將帥「便宜從事」。

趙構對現存的軍政權力結構是不滿的，但是尚未找到合適的解決之道。

在北方，金朝於西元一一三〇年九月扶持劉豫做了所謂的「大齊皇帝」。第二年年底，金朝給劉豫劃定統治範圍，把西起陝西東到山東的地盤都交給了「大齊國」，定都汴梁。

這個傀儡政權的作用就是組織偽軍在江淮地區同南宋展開激戰。金軍的如意盤算是讓劉豫的偽軍牽制南宋，掩護金軍在川陝地區用兵，企圖實現順長江上游而下，消滅南宋的策略計畫。結果金軍在漢中和四川的崇山峻嶺中遭到了吳階等部的激烈抵抗，成果有限。而劉豫的偽軍卻遭到了岳家軍的迎頭痛擊，「大齊國」接連失地，壞了金軍主子的計畫。

岳飛鎮撫湖廣，一直積極做收復失地、恢復中原的準備，連續上書要求出兵北上。劉豫的偽軍南下攻宋，宋金戰爭爆發後，朝廷批准岳飛北上抗敵。趙構對進攻的前景沒有把握，在進軍前，給岳飛明確規定戰役的目標是「收復襄陽府，唐、鄧、隨、郢州，信陽軍六郡地土」，嚴

紹興和議：來自內部的敵人

令岳飛所部不得超越戰役範圍，隨意北伐。趙構在心底裡還是害怕動靜太大或者進攻不成，遭到金軍的瘋狂報復。可猛虎出山，誰也料不到結果。岳家軍奮勇殺敵，掀起了南宋第一次策略進攻。

西元一一三四年五月，岳飛大軍浩浩蕩蕩地出發了。乘船渡江時，岳飛對幕僚們說：「這次如果不能殺賊立功，我岳飛不再渡江！」

正面抵擋岳家軍的偽軍根本不是岳飛的對手。岳家軍旗開得勝攻下郢州後，岳飛兵分兩路。張憲領軍進攻隨州，岳飛率主力直取襄陽。已經當了齊國太尉的李成防守襄陽，主動率領十萬大軍出城列陣迎戰。岳飛所部兵力遠遠少於李成所部兵力，但岳飛面對強敵，毫無懼色：「步兵適宜在險阻之地作戰，騎兵在平曠之地作戰有利。但李成現在將騎兵排列在漢江邊上，步兵列陣在平地上。他的軍隊雖然超過十萬，又有什麼用呢？」岳飛用長槍步卒攻擊李成的騎兵，用騎兵攻擊李成的步兵，一舉打敗李成軍。李成損失慘重，喪失了戰鬥意志，連夜放棄襄陽逃跑。這一邊，岳飛進駐襄陽，張憲也攻克了隨州。李成遭遇襄陽大敗後，補充了部分金軍武裝，膽子一下子壯了。他又糾集兵馬，混合金軍在鄧州西北列寨數十里，準備再與岳家軍決戰。岳家軍乘勝進攻，在正面對李成發起突襲，分出奇兵左右夾擊，再次擊潰李成軍，連續收復了鄧州、唐州和信陽軍。七月，岳飛勝利實現戰役目標，順利收復了襄樊六郡，回兵駐紮鄂州（今湖北武漢）。

捷報頻傳，整個臨安都轟動了。原本帶有嘗試性質的主動進攻竟然獲得全勝。趙構慨嘆說：「想不到岳飛能破敵立功到如此地步！」岳飛因功升任清遠軍節度使、封武昌開國侯，統轄湖北前線各州縣。三十一歲的岳飛迅速就到達了建節封侯這一無數人終生追求而不可得的地位。「節度使」是唐朝的發明，用來稱呼那些鎮守一方、集軍民財等各項權力於一身的封疆大吏。宋朝建國後，限制武人，不允許節度使的重新出現，

而將節度使作為最高榮譽官銜。除了宗室能獲得節度使頭銜外，大臣極少獲此殊榮。南宋之前才封出三個節度使，分別是張俊、韓世忠、劉光世。岳飛是第四個，也是最年輕的一個。

紹興六年（西元一一三六年）二月，宰相張浚都督諸路軍馬事，把各路將領都叫到平江府（今江蘇蘇州），以朝廷的名義策劃了一個全面北伐計畫。平江會議就是在樂觀的氣氛中召開的，會議決定各部齊頭並進，其中韓世忠在淮東圖淮陽，劉光世屯合肥與北方對峙，張俊所部從建康進屯盱眙，岳飛北上襄陽俟機進攻中原，楊沂中領朝廷精兵為總預備隊。在五部兵馬中，岳家軍最積極。八月，岳飛主動出征河南，很順利地攻占了盧氏、長水兩座縣城。在唐州大敗齊兵後，岳家軍年底進抵蔡州境內，都能聽到汴梁的方言了。劉豫很緊張，命令蔡州的駐軍死也要守住城池。岳飛一時攻不下蔡州，上奏朝廷請示行動。趙構想了想，說：「兵家不慮勝，唯慮敗，萬一敗了，到時候怎麼辦啊？」於是下詔要岳飛回師。岳飛就退兵了。

退兵前，岳飛料到劉豫會趁機追擊，就在唐州設下伏兵，成功圍殲了齊軍追兵，俘虜數千人，繳獲戰馬三千匹，取得本次軍事行動的最大勝利。撤軍途中，岳飛情緒很高，和部屬們討論起來什麼時候進攻金朝巢穴的問題，留下了「直抵黃龍，與諸君痛飲」的豪言壯語。他寫下了另一首膾炙人口的《滿江紅》：

怒髮衝冠，憑闌處、瀟瀟雨歇。抬望眼，仰天長嘯，壯懷激烈。三十功名塵與土，八千里路雲和月。莫等閒、白了少年頭，空悲切。

靖康恥，猶未雪；臣子恨，何時滅？駕長車、踏破賀蘭山缺。壯志飢餐胡虜肉，笑談渴飲匈奴血。待從頭、收拾舊山河，朝天闕。

樂觀和豪邁之情溢於言表。

政壇無小事

劉豫連續慘敗，不得不孤注一擲，調動「大齊國」所有能調動的軍隊南下攻宋。西元一一三六年秋天，劉豫兵分三路進犯南方。張浚滿懷信心地迎戰劉麟，還請趙構北上長江邊觀戰。誰想，負責防守廬州的劉光世竟然放棄廬州，南逃長江北岸的當塗。整個江淮戰線為之動搖。幸虧其他各部拚死抵抗，戰局得以扭轉，戰線恢復如初。

戰後，劉光世成了眾矢之的，要求罷免他的聲音此起彼伏。劉光世非常識相，稱病請辭。他貪腐甚多，早已經安排好了安樂窩，徹底享受去了。

劉光世一走，給朝廷留下一個大難題。劉光世手下那五萬多人的部隊是趙構的嫡系部隊。下屬的王德、酈瓊等人都是悍將，士兵也都是老兵。讓誰來接掌這支前線部隊呢？最現實的人選只有三個：韓世忠、張俊和岳飛。劉光世和韓世忠兩部發生過摩擦，留下了血帳，積怨很深。把劉世光的部隊劃歸韓世忠的部隊顯然是不行的。而張俊因為能力所限，指揮不動劉光世的部隊。所以，趙構一開始的意思是讓岳飛接管劉光世的部隊。也似乎只有岳飛才能鎮住酈瓊等悍將。在這之前，岳飛去見趙構，說湖廣新收復地區的地方政權不健全，請示怎麼辦。趙構只派了一個叫李若虛的文官擔任京西南路提舉兼轉運、提刑，而知州級別以下的官員隨岳飛安置。岳飛變相擁有了直接統治湖北、襄陽府路的、前所未有的權力。君臣二人在西元一一三七年又見了一面，趙構口頭表示：「愛卿，朝廷要重新調整劉光世部隊的歸屬了。你回去好好考慮一下接管的事情吧。」為了使岳飛能順利接收劉光世的部隊，趙構還提前準備，

向劉部的主要將領頒發了手詔，要求他們在新主帥任命之前聽從岳飛的指揮。

但是宰相張浚反對岳飛接管劉部兵馬。他的理由很簡單，如果岳飛接管了劉光世的軍隊，他指揮的軍隊就超過了朝廷正規軍的一半，而且都是精銳。到那時候，岳飛有兵有地盤，權勢必將大大超越同僚，威脅朝廷安危。張浚對趙構說：「皇上，朝廷不僅要保持隊伍的穩定，更要保證朝廷的權威和穩定。」趙構轉而支持張浚。於是，岳飛接管劉部兵馬的任命就耽擱下來了。

西元一一三七年，朝廷提拔王德為淮西的劉世忠部隊的主帥，統制官酈瓊為副帥，文官呂祉以參謀身分去劉部做監軍。

那怎麼安撫岳飛呢？畢竟之前已經半公開地把部隊託付給岳飛了啊。趙構給岳飛下了一道措辭委婉的手詔後，就讓張浚去幫自己擦屁股。張浚將岳飛叫來，想把這件出爾反爾的事情解釋清楚了。張浚是反對岳飛接管劉部的，但又不想坦誠地說明自己的理由。他先是和岳飛打哈哈，裝作不知道岳飛原本要接管劉部的樣子，又裝模作樣地徵求岳飛對王德統率淮西軍隊的意見。

岳飛是老實人，不明白其中的「彎彎繞繞」。他從張浚嘴裡聽到這個消息，心裡肯定是不高興的。但是上級向自己徵詢意見，岳飛就實事求是地回答：「王德和酈瓊兩個人關係緊張，讓他們搭成領導團隊，恐怕不好團結啊。而呂祉是個書生，空降到軍隊中，恐怕難以服眾。」

張浚又詢問如果讓張俊、楊沂中二人接管，結果會如何。岳飛又一一指出了他們二人的缺點。實際上，王、酈、呂三人團隊的組成是張浚的主意。現在岳飛直接指出了這樣安排的不妥，張浚就不高興了，說了句：「難道淮西的軍隊就離不開岳將軍你嗎？」

岳飛一切都是出於公心，聽了後憤慨地說：「張相，您以軍情相詢，

紹興和議：來自內部的敵人

我據實回答，從沒有圖謀友軍！」說完，他拂袖而去。

岳飛跑去見趙構，陳述了自己對淮西軍隊和抗金的想法。他念念不忘的還是抓住當前有利形勢，抽調軍隊從河南南部出兵進攻關、陝地區的計畫。

趙構問：「按照你的計畫，恢復中原大概需要多少時間？」

岳飛說：「估計需要三年時間。」

趙構坦率地說：「朝廷的重心在東南。東南全靠淮西軍隊作為屏障。如果抽調劉光世的軍隊北伐，能夠恢復中原，我當然捨得；但如果抽調了淮西的部隊，不但不能恢復中原，卻先把江淮給丟失了，那麼，勢必連建康和杭州也難保了。到時候，問題就嚴重了。」

岳飛還在朝廷的時候，張浚彈劾岳飛的奏章也到了。顯然張浚對直白樸實的岳飛產生了誤解。反過來，岳飛也對張浚有了誤解，同時在北伐建議不被採納的情況下，產生了委屈無助的心理。情緒無法排解的岳飛立即上了一道奏章請求辭職。沒等朝廷批覆，岳飛就找了個藉口撂攤子了。

不久前，岳飛的母親逝世了，埋在廬山。岳飛這個人奉母至孝，老母親生病，吃的藥岳飛都要親自試嘗。探望母親時，岳飛走路都躡手躡腳的，唯恐發出聲音來影響了母親的休息。岳飛強壓著悲痛和不滿的情緒，扶著母親的靈柩，去廬山給母親掃墓守孝去了。

湖廣前線的軍政大事，岳飛擅自交給了親信張憲。也真是不湊巧，張憲當時正在生病，不能代理司令官的指揮。岳家軍失去了岳飛，又無人指揮，軍情鬆動起來。情況反饋到趙構那裡的時候就「加工」成了另外的情形，變成了岳飛向朝廷示威，警告朝廷岳家軍和湖廣前線離了岳飛就不行。它像匕首刺中心臟一樣，讓趙構喘不過氣來。趙構原來就對岳飛有憂慮和不滿，現在恨不得下詔：免去岳飛本兼各職，流放天

涯海角。

但軍隊和前線還真離不開岳飛，趙構只好隱忍不發。

趙構趕緊派人去湖廣安定軍心，又派人去廬山叫岳飛回來。

岳飛不理趙構，繼續留在廬山盡孝。

而淮西軍前的情況果然如岳飛所料，因為領導團隊不團結，釀成了史稱「淮西兵變」的大事件。酈瓊等將領殺死呂祉，帶領全軍四萬餘人，並裹脅前線百姓十餘萬投降了「大齊國」。淮西兵變幾乎改寫了天下局勢。剛剛拚得血本無歸的劉豫因此而得到了大量生力軍和百姓的補充，頓時恢復了元氣；而南宋的淮西一帶突然變成了真空，政府軍白白損失了約四分之一的部隊，東南核心也暴露給了敵人。趙構和朝廷都震動了。

淮西兵變，宰相張浚首當其衝，因「處置不當」被罷官，貶往永州居住。而趙構對前線將領更加猜忌了。偏偏形勢大變的時候，岳飛還在廬山發脾氣，就是不出山復職。趙構給湖廣的主要官員下了最嚴厲的命令，說，你們去請岳飛復職，請不來，你們也都別做官了，和岳飛一起為民吧！

於是，李若虛等人只好爬上廬山敦請岳飛下山。岳飛堅持不肯。僵持到第六天，李若虛也來了脾氣：「將軍，莫非您要造反嗎？將軍一再抗旨，如何讓朝廷再信任您？人們不得不懷疑，您是否因為手握兵權，就要和朝廷抗衡了？」頓了頓，他又說：「將軍堅持不復出，我們陪您免職。可您不覺得有愧於北伐大業嗎？」

岳飛嘆了口氣，隨他們下山了。他為此三次向趙構謝罪。趙構對岳飛的成見已經根深蒂固了，但表面上仍說，「我沒有生你的氣，不然我早就懲處你了。太祖皇帝說過：『犯吾法者，唯有劍耳。』朝廷繼續讓你統領部隊，託付給你中興大業，就是因為我沒生你的氣」。

岳飛最後回到了大本營，厲兵秣馬，繼續北伐的準備。

紹興和議：來自內部的敵人

西元一一三七年九、十月間，岳飛再次被召見，前往建康見駕。在九江，他遇到了同時被召見的隨軍轉運薛弼。兩人於是相約同船而行。

薛弼很自然和岳飛談起了被召見的緣由和奏對。岳飛十分嚴肅地說：「我這次到朝廷去，還將奏陳一樁有關國本的大計。」薛弼就問他是什麼大計。

岳飛解釋說：「先帝（指宋欽宗）即位的時候，曾在靖康元年冊立皇子趙諶為太子。我軍情報說，敵人已經將趙諶送回了汴京，想用他來交換我方俘虜的耳目，實際是想擾亂朝廷的皇統。所以為朝廷計，不如將讀書於資善堂的建國公（指宗室趙伯琮）正式立為皇太子，這樣就使敵人無計可施了。」

薛弼聽說後，默然無語。在船上，他發現戎馬十數年的岳飛把大部分時間都用來練習小楷。岳飛用小楷親自撰寫請求將建國公趙伯琮立為太子的奏章。

薛弼善意地提醒岳飛：「您身為大將，似不應干預此事。」

岳飛正色說：「臣子一體，不應該顧慮形跡，不應該顧慮個人得失。」

到了建康後，趙構和岳飛談得興起。岳飛拿出早已準備好的奏章對趙構說：「皇上，後宮一直沒有太子。為了江山社稷，您應該早立一個太子才是。」對於他來說，趙宋皇室是國家和民族的象徵，也是他在前線浴血奮戰所效忠的那個國家的載體。如今朝廷形勢還算不上高枕無憂，萬一趙構哪天不幸「過去」了，趙宋王朝就沒辦法延續下去了。從這個角度來說，王朝的確是需要有個「預備皇帝」。

但從趙構的角度來說，岳飛這話簡直就是「哪壺不開提哪壺」。他想都沒想，就冷冰冰地說：「愛卿雖然出於忠心，但是在外手握重兵，這類事體並不是你所應當參與的。」

　　岳飛聽了這話，非常尷尬，只好匆匆告辭了。退下殿堂時，岳飛面色如死灰一般。他終於意識到自己觸犯的是皇家最大的忌諱，那就是手握重兵的武將對皇位繼承不能表露出興趣來。皇權繼承問題在歷朝歷代都是絕對核心的敏感問題，最容易讓人和那些手握重權、重兵的文臣武將的政治野心連繫起來。當岳飛嚴肅地向不到三十歲、正千方百計鞏固皇位的趙構提出早立太子的問題的時候，趙構猛然發覺眼前這個人不僅僅是莽撞、自私、愛發脾氣，而是心術不正了。

　　薛弼接著得到召見。趙構對他說：「岳飛剛才請立建國公為太子，我告誡他說有些事情並不是外將可以干涉的。」

　　薛弼忙把自己在路上看到的事情全部告訴了趙構，並說：「臣雖然在他的屬下，但沒有預聞此事。岳飛的所有密奏，都是他親自撰寫的。」

　　第二天，宰相趙鼎入朝的時候，趙構依然對昨天的事情念念不忘，把事情和趙鼎說了：「他岳飛參與的事情太多了！」趙鼎也表示：「想不到岳飛他竟然這樣不守本分。」

　　退朝後，趙鼎對薛弼說：「岳飛這麼做，絕不是保全功名、善始善終的辦法。」

和談在前，惡戰在後

　　紹興七年（西元一一三七年）十二月，金朝釋放了一名扣押的宋朝使節王倫。

　　王倫南歸，傳遞了一個友好的信號。趙構是一心求和，之前任命秦檜為樞密使尋求和談。金國的政策也在調整。金熙宗即位，主和的完顏昌等掌權，決定取消傀儡「大齊國」。金軍鐵騎突然來到汴梁包圍皇宮，在召集齊國百官宣布廢掉劉豫。金軍接管齊國疆域，直接統治中原。金

紹興和議：來自內部的敵人

熙宗決定將國家轉向內政建設，希望結束和南宋的戰爭狀態。

王倫回到南方向趙構奏報了完顏昌的口信：「好報江南，自今道途無壅，和議可成。」王倫還帶來了宋徽宗的死訊，說金朝答應在和談成功後送還「梓宮」（宋徽宗的靈柩）。趙構非常高興，重賞了王倫。他公開說：「若金人能從朕所求，其餘一切非所較也。」到底滿足了趙構什麼樣的條件，其他條件他都可以不計較呢？就兩個條件：第一是宋金和談，不再處於戰爭狀態；第二是金朝得承認趙構在南方地區的統治權。

這樣的條件金朝可以接受。廢掉齊國，直接統治中原後，金朝本身矛盾多多，事務重重。它的北方，以會寧府為中心的老根據地實現的還是奴隸制度，遊牧習氣深入骨髓；而中原地區是高度發達的封建經濟，對金朝的管理能力提出了嚴峻的考驗。有意漢化的金熙宗採納完顏宗磐、完顏昌等人的建議，將河南和陝西的部分地區還給宋朝，換取南宋像劉豫那樣稱臣進貢，定期撈取好處。

在細節內容上，趙構和剛被提拔為右相的秦檜主張不要在具體領土上與金國糾纏，儘快締結和議。左相趙鼎認為宋欽宗和金國有過以黃河舊河（黃河舊道自山東濱縣南入海）為界、南北分治的舊約，雖然現在黃河改道從清河縣奪淮入海，但也要堅持舊約。在這裡，秦檜與趙鼎意見產生了分歧。可千萬別小看了他們的分歧，因為黃河改道產生的領土差異包括今天山東的大部和河南、安徽、江蘇三省的部分地區。樞密副使王庶也一再上書，反對倉促和議。秦檜見拖下去對自己不利，對趙構說：「陛下如果想講和，希望陛下乾綱獨斷，只和臣商議和談的事情，不許群臣干預。」趙構拍拍他的肩膀說：「朕當與卿議。」於是倒楣的趙鼎被免職；秦檜從此獨攬相權近二十年。

西元一一三八年十月，宋朝和金朝就和談內容達成一致。金朝派蕭哲為江南詔諭使來到臨安。因為宋朝在和議中向金朝稱臣，因此蕭哲要

求趙構要跪拜接受金朝詔書。他也不稱宋朝而稱「江南」，要對宋朝「詔諭」。這樣就把南宋作為了和「大楚」、「大齊」一樣的屬國。

臨安城一下子炸開了鍋。遭貶的張浚連續五次上書，激烈反對和議；韓世忠奏請拒絕議和，立即決戰；岳飛奏稱「金人不可信，和好不可恃」，並直接罵秦檜「謀國不臧，恐貽後世譏」。樞密院編修胡銓上疏，請求將秦檜、王倫等人斬首示眾，然後拘拿無禮的蕭哲，再集合軍隊北伐金朝。他認為這樣可以激憤軍民士氣，如果朝廷不同意，「臣寧願跳入東海自殺，也不願處在小朝廷中苟活」。趙構和秦檜對潮水般的反對聲音，又羞又怒。岳飛等人動不了，胡銓就成為儆猴用的那只「雞」。胡銓因為「狂妄上書，語言凶悖，仍多散副本，意在鼓眾劫持朝廷」而被罷官，送往昭州接受「勞動再教育（勞改）」。

也有一部分人附和接受和議，原宗正少卿馮就上疏讚頌和議是兼具孝、悌、仁、慈等優點的合約。秦檜見到有人支持，立即恢復馮宗正少卿的官職。中書舍人勾龍如淵向秦檜建議，現在反對的輿論高漲，可以控制御史臺，進而控制言路。秦檜大受啟發，罷免反和的御史臺官員，提升勾龍如淵為御史中丞、施庭臣為侍御史，控制言論。朝廷聽到的反對聲音果然少多了。趙構則用「孝」、「悌」之道來為和議辯解，說：「父皇靈柩未還，母后還在遠方，陵寢宮廟，久稽灑掃，兄弟宗族，未得會聚，南北軍民十餘年間不得休息，因此我不得不屈己求和。」

最終拖了兩個月的宋金和議在十二月正式簽署。趙構還是不願意在金國人面前跪拜接受詔書，在條約簽訂前得了「急病」在宮中休養；宰相秦檜主持儀式，代表皇帝跪拜在金使蕭哲面前，在和約上簽字畫押。根據和議：宋朝向金朝稱臣；以黃河舊河為界，金朝把黃河以南的陝西、河南地還給宋朝；宋朝每年進攻白銀二十五萬兩、絹二十五萬匹；金朝歸還宋徽宗和皇后的靈柩。至此，趙構以金朝的臣屬身分鞏固了在

紹興和議：來自內部的敵人

東南地區的統治。

和談成功，朝廷大事慶祝，命百官進呈賀表，並加官晉爵。

吳玠等拒絕上表。岳飛倒是上了一張表，在表裡說「今日之事，可憂而不可賀；朝廷還是不要論功行賞了，免得貽笑大方」。對於朝廷給他加官的詔書，岳飛也拒絕接受。

和約雖然簽訂了，但是會不會得到金朝的遵守呢？

兵部侍郎張燾六月間曾去洛陽，回臨安後提醒趙構說，前線的金軍依然在備戰，建議朝廷加強邊防。趙構和秦檜對警告置之不理。

實際上早在西元一一三九年秋季，金朝又發生了一場激烈的權力鬥爭。主和的完顏昌等人因「謀反」而被誅殺。武將完顏宗弼等人掌握了大權，堅決反對把陝西、河南等地交給宋朝，要求繼續南下侵宋。第二年五月，宗弼統帥金軍兵分四路南侵。宋朝沒有任何防備。中原各地的地方官都是原來金朝和齊國的舊官僚，見金軍打來了，紛紛開門迎接老朋友。不到一個月，根據和議「賜」給宋朝的土地就被宗弼拿回去了。宗弼的前鋒還殺入了淮南。

這時發生的一件小事扼制了金兵的前鋒，差點改寫了歷史。

金軍前鋒在淮南遇到一支從南方準備回歸北方故土的宋朝流民隊伍，竟然被這支隊伍打得大敗而逃。原來和議達成後，武將劉錡被任命為東京副留守，去接收按照和議歸還宋朝的故都汴梁。主要從原太行山區八字軍改編而來的近兩萬軍隊和流落南方的汴梁居民，加上隨軍家屬三萬多人跟著他北上，不想走到淮南的時候，遇到了如狼似虎的金軍。按理說這群烏合之眾會一哄而散，可他們深受金軍欺壓，多年背井離鄉，正好把滿腔仇恨都發到金軍身上。劉錡率軍占領順昌，好好「招待」了一下金軍。他們先詐降讓金軍放鬆警惕，然後遍布疑兵，在水中投毒，日夜騷擾金軍，又出奇兵重創金軍前鋒。宗弼親率主力前來攻城，竟然也不能攻下，

還飽嘗了劉錡的一頓鐵拳，不得不接受現實，率殘軍撤回汴梁。這次中國軍事史上以少勝多、以步勝騎的奇蹟被稱為「順昌大捷」。

在劉錡取勝的同時，韓世忠、張俊部也打敗了對陣的金軍。在川陝戰線的金軍也損失慘重，不敢再戰。金朝的大侵略失敗了。

順昌大捷後，岳飛乘勝大舉北伐。這是他的個人行為。趙構、秦檜則計劃趁勝和談，將勝利作為談判的籌碼。已經調任司農少卿的李若虛奉旨到岳飛軍中，命令「不得輕動、宜且班師」。李若虛來到駐地的時候，岳家軍已經北進了。李若虛趕到軍前，發現岳家軍前進順利，對岳飛說：「將軍既已發兵，不應倉促班師。您儘管北伐，我來承擔朝廷追究抗旨北伐的罪名。」岳飛謝過李若虛後，自率主力加緊北伐，派張憲、王貴、牛皋、徐慶、董先、楊再興等分路進攻，又命原太行山抗金民兵首領梁興渡河聯絡河北的抗金武裝，攻取河東、河北州縣。岳家軍一舉收復了潁昌府、陳州、鄭州、洛陽和永安軍。宗弼不得不出汴梁，集合中原地區的金軍主力迎戰。

七月八日，岳飛親率的主力在距郾城北二十公里處遭遇金軍，決戰開始。宗弼擺出了以「鐵浮圖」居中、「拐子馬」騎兵為兩翼的陣勢，兇猛又穩健地向前推進。岳飛命令兒子岳雲出戰，告誡說：「只許勝，不許敗。如果你不用心，我就先宰了你！」岳家軍每人拿三樣東西：麻扎刀、提刀和大斧，衝入陣中就「手拽廝劈」，上砍騎兵，下砍馬足。岳家軍的楊再興奮勇當先，單騎闖入敵陣，到處尋找宗弼單挑。沒有找到宗弼，楊再興隻身殺敵數百人，受傷數十處，仍堅持作戰。郾城戰鬥從中午一直戰到黃昏，金軍大敗，岳家軍取得大捷。

關於當日的戰況，岳飛的奏摺稱：「探得有番賊酋首四太子（即完顏宗弼）、龍虎、蓋天大王、韓將軍親領馬軍一萬五千餘騎，例各鮮明衣甲，取徑路離郾城縣北二十餘里。尋遣發背嵬、游奕馬軍，自申時後與賊

紹興和議：來自內部的敵人

戰鬥。將士各持麻扎刀、提刀、大斧與賊手拽廝劈，鏖戰數十合，殺死賊兵滿野，不計其數。至天色昏黑，方始賊兵退卻，奪到馬二百餘匹。」

當月中旬，宗弼硬著頭皮，搜刮了十二萬軍隊，反攻臨潁，再次與岳家軍決戰。楊再興率三百前哨騎兵在小商橋與宗弼大軍遭遇，英勇發動衝鋒，殺敵兩千餘人。楊再興陣亡。岳飛率主力迎戰。岳雲前後十多次突入敵陣，戰後清點，受傷上百處；岳家軍的許多步兵和騎兵殺得「人為血人，馬為血馬」，沒有一個人後撤半步。在戰鬥高峰期，張憲率本部兵馬趕到，加入鏖戰。金軍不得不主動撤退。

岳家軍的輝煌勝利，極大地推動了黃河兩岸的抗金形勢。太行山和兩岸的民軍始終配合岳家軍的作戰。梁興聯絡豪傑義士，在敵後的垣曲、沁水、濟源接連取得勝利，收復了趙州、興仁、懷州、衛州等地，截斷了金軍的後方軍需通道。敵後的義軍紛紛舉著「岳」字大旗歸附，中原老百姓紛紛拉車牽馬運送糧食支援。而金軍聞風喪膽，蜷縮在城池中，不是收拾細軟準備偷跑，就是聯絡岳飛，準備獻城投降。金軍將領烏陵思謀控制不了部隊，只好公開宣布：「麻煩大家少安毋躁，等岳家軍到了我們就投降。」金軍將領王鎮、崔慶、李覬、高勇等都接受岳飛的任命，率部脫離金軍。金軍大將韓常統率五萬金軍，這時也聯繫岳飛，願意反正。金朝對燕京以南地區都失去了控制。宗弼還想在漢族中大規模徵兵，負隅頑抗，結果不僅沒有徵來新兵，連派出去徵兵的人也跑了。宗弼哀嘆道：「我自起兵以來，從沒有陷入今天這樣的窘境。」他把家屬送回了北方，準備率殘軍撤出汴梁，放棄中原。

形勢一片大好。岳飛按捺不住心中的狂喜，對部下說：「等直搗黃龍府，我與諸君痛飲！」

岳飛向趙構報告：「陛下中興的時機已經到了，金賊必亡，請朝廷速命各路兵馬火急並進，發動總攻。」岳飛自己進軍到朱仙鎮，距東京開

封只有四十五里路。他的眼光已經超越了汴梁，在焦急地等待著渡河北伐的命令。

可趙構和秦檜並不像岳飛那樣樂觀。

他們倒不是懷疑宋軍的勝利，只是懷疑眼前的勝利能夠持續多久。因此還不如見好就收，讓勝利增加談判桌上的籌碼，停戰求和。有人說趙構害怕宋軍全勝後迎回哥哥宋欽宗和其他宗室，威脅到自己的皇位。這樣的說法可能有一定的道理。但是趙構即位已經超過十年了，在內部的權威已相當鞏固了，不是遽然回歸的親戚能輕易撼動的。想知道趙構喪失鬥志的真正原因，還要從他的心病入手。經歷十多年風風雨雨的趙構，此時最需要的是一個穩定的皇位和一個和平的國家，不想再有任何變動了。秦檜贊同趙構，除了沒有必勝的信心外，取悅皇帝、鞏固相位可能是更大的考慮。

趙構、秦檜下達了全軍撤退的命令。他們知道最不聽話的肯定是岳飛，所以先急令聽話的張俊、楊沂中等人從淮河撤軍，接著命令韓世忠、劉錡等軍撤回，使岳家軍陷入孤立；再以「孤軍不可久留」為理由勒令岳飛退兵。岳飛上書力爭說：「金賊銳氣沮喪，內外震駭，已經準備放棄輜重，渡河逃跑了。而且現在豪傑雲集，士卒用命，天時人和，強弱已見，功及垂成。時不再來，機難輕失。」岳飛不說中原的喜人形勢還好，一說倒讓趙構想到了中原的軍民現在認的都是岳飛，而不是趙構。那些越聚越多的抗金武裝高舉的都是「岳」字大旗，而不是「宋」或者「趙」字大旗。趙構的胸中原本就累積著很多對岳飛的成見、猜忌和不滿。現在岳飛再一次抗旨，不僅功高震主，而且有成為「中原王」的趨勢。趙構怎麼能不勒令他撤軍呢？

於是乎，後人熟悉的情節出現了。趙構和秦檜一天之內連下十二道金牌，所謂金牌可不是黃金做的牌子，而是朱漆黃金字的木牌。皇帝專

用它傳送最緊急的軍令詔令。使者舉著牌疾馳而過，車馬行人見之，都得讓路，一天要走五百里，迫令岳飛退兵。岳飛悲憤交集，慨嘆道：「十年之功，廢於一旦！」對朝廷的忠誠最終戰勝了北伐的壯志，岳飛不得不準備撤退。他先佯言要渡河進攻，使金軍不敢亂動，再突然下令撤退。朱仙鎮的百姓攔住岳飛的馬說：「我們端茶運糧，迎接官兵，人人盡知。岳將軍走後，我們怎麼辦？」岳飛痛心地無言以對，不得不延遲五天撤退，保護願意南撤的百姓離去。

那一邊宗弼聽到岳飛要渡河，也準備放棄汴梁撤退了。有人攔住他的馬。攔馬的是一個書生。他說：「元帥不要走，岳飛馬上就會撤退的。」宗弼說：「你這不是睜著眼睛說瞎話嗎？岳飛連破我的主力，已經近在咫尺了，怎麼會主動撤退？汴梁還怎麼守？」書生一語道破天機：「自古沒有權臣能夠長久居內的，同樣，沒有任何大將能夠在外獨占大功。岳飛也逃不出這個歷史規律，怎麼可能取得更大的成功呢？」宗弼猛然醒悟，決心留守汴梁。

岳家軍退守鄂州，鄭州、潁昌等大片土地重新落入金軍手中。岳飛回到鄂州後，情緒很低落，上表請求辭職，得不到批准。岳飛又去覲見趙構。趙構很客氣地慰問了幾句話，君臣相對無言。

岳飛死了

戰爭既然打贏了，那就要論功行賞。

趙構就把韓世忠、張俊、岳飛三人召到臨安，任命張俊、韓世忠為樞密使，岳飛為副使，明升暗降，一舉解除了三人的兵權。趙構又下詔罷免了為抗金設置的宣撫司，將三人的軍隊收歸中央直轄。為了防止出現新的大將，朝廷還分割了三人統帥的軍隊，任命中級軍官指揮分割後

的小部隊，直接對皇帝負責。「重文抑武」的傳統又恢復了。

在張俊、韓世忠和岳飛三個人中間，趙構和秦檜覺得最容易擺平的就是張俊。趙構對張俊說：「你讀過〈郭子儀傳〉麼？郭子儀功勛卓著，在外掌握重兵，但始終心尊朝廷，只要皇帝一有詔書頒布，他馬上就趕去見皇帝。郭子儀算得上是武將的表率。如果武將依仗兵權之重而輕視朝廷，有事情不稟報，不僅不能讓子孫享福，而且自身也可能有不測之禍。」張俊馬上表示自己要學郭子儀，依附秦檜主和。

那麼處罰的矛頭就對準了主戰的韓世忠和岳飛。

在議和使臣北上的問題時，韓世忠說：「從此以後朝廷要大挫士氣，國勢萎靡，很難重振了。等北方來使後，我要和他們面議。」趙構自然不允許韓世忠插手對金外交。韓世忠又上書彈劾秦檜誤國誤民。韓世忠反對議和，自然被秦檜看做是大敵。秦檜反動對韓世忠的攻擊，趙構也將韓世忠的奏摺留中不發。韓世忠看破紅塵，於是接連上書請求解除自己樞密使職務，接著又上表要求退休。

當年，韓世忠就被免去了職務。韓世忠從此閉門謝客，絕口不談國事，整天在家誦讀佛經，自號「清涼居士」。有時為了活動活動筋骨，韓世忠就騎著毛驢，帶上幾壺酒和一兩個侍童遊覽西湖。昔日的部將、軍官求見，韓世忠一般都避而不見。

最讓君臣頭疼的就是剩下來的岳飛了。重啟和談後，完顏宗弼對趙構和秦檜明確提出：「你們朝夕請和，岳飛卻正想圖謀河北，必殺岳飛，才可議和。」

為了和平，岳飛必須死！

反過來說，敵人的強硬要求實際上是對岳飛的極高評價。

西元一一四一年七月間，秦檜開始了對岳飛的迫害。秦黨的右諫議大夫万俟卨首先上章彈劾岳飛。万俟卨首先彈劾岳飛爵高祿厚、志得意

紹興和議：來自內部的敵人

滿、生活頹廢、不思進取。誰都知道岳飛根本就不是這樣的人。後來，秦黨又給岳飛強加上了「不戰」和「棄地」的罪名，彈劾堅持抗金的岳飛不抗金，要求罷免岳飛的樞密副使職務。秦檜控制的御史臺官何鑄、羅汝楫等是接連彈劾岳飛，要求盡快處分。岳飛因此被罷官。秦檜要置岳飛於死地，還需要尋找更大的罪名。「消極抗金」的罪名是「殺」不死岳飛的。於是，一場政治謀殺展開了。

岳飛有個部下叫做王俊。王俊在西元一一三五年就擔任了湖南安撫司統制。岳飛進駐湖廣的時候，王俊調入岳家軍，只擔任前軍副統制。此後數年，王俊因為無功，岳飛一直沒有給他升官。秦檜看出王俊對岳飛有不滿心理，夥同張俊以觀察使的職位引誘王俊，指使王俊出面「告發」張憲與岳雲謀反。

謀反是大罪。現在有官員出面檢舉，張憲、岳雲立馬被逮捕入獄。岳飛隨即受到牽連。十月，朝廷張榜宣布張憲一案「其謀牽連岳飛，遂逮捕歸案，設召獄審問」，將岳飛逮捕入獄。岳飛入獄時長嘆道：「皇天后土，可以證明我岳飛對朝廷的忠心。」

岳飛入獄後，趙構派大臣出使金朝，希望締結合約。宋朝使臣在宗弼面前再三叩頭，哀求議和。宗弼同意講和。十一月，金朝使臣蕭毅到江南冊封趙構為宋國皇帝，並帶來了最後的和議文本。宋朝向金稱臣，趙構向金熙宗發誓：「臣趙構蒙大金朝恩典，才能夠成為大金朝的藩屬，臣世世子孫都謹守臣節。」每年金帝生辰或元旦，南宋都向金朝遣使送禮祝賀；宋朝每年向金朝進攻的白銀和絹都增加到二十五萬兩、匹；邊界線從黃河南移，兩國以東起淮河中流、西至大散關一線為界，地跨邊界線南北的唐、鄧、商、秦四州的大部分土地給割給金朝；南宋不得隨意更換宰相。

蕭毅還重申了宗弼的一個「口信」：岳飛必須死！

於是，趙構和秦檜加快了岳飛案件的「審理」進度。最開始負責審理工作的是大臣何鑄。開堂審理時，岳飛撕開自己的衣裳，露出背上「精忠報國」四個大字給何鑄看。何鑄看到四個字字字深入膚理，又遍閱案宗沒有發現確實的證據，知道這是一個冤案，頂住不辦。秦檜馬上撤掉何鑄，改命万俟卨審理岳飛案件。万俟卨隨即整理出了岳飛的「罪狀」：岳飛和張憲等人虛報戰功，窺探朝廷虛實，意欲謀反。万俟卨還逼迫孫革等「證人」指證岳飛時常抗旨。但是岳飛一案始終缺乏確鑿的證據。

已被罷免樞密使的韓世忠跑去質問秦檜，岳飛到底是犯了什麼罪？秦檜敷衍說：「岳飛和兒子岳雲、部將張憲的罪過雖然尚未查明，但事體莫須有（或許有，也可能沒有的意思）。」韓世忠憤憤地說：「朝廷以『莫須有』三字處置岳飛，何以服天下？」

紹興十一年（西元一一四一年）十二月，趙構下旨：「岳飛特賜死，張憲、岳雲並依軍法施行。」當天，大理寺執法官遵旨逼岳飛在供狀上畫押。一生光明磊落的岳飛在供狀上寫下八個字：「天日昭昭，天日昭昭！」岳飛服毒酒身亡，時年三十八歲。

民間傳說則有所不同：轉眼就到了寒冬臘月，秦檜一天獨自在書房裡吃橘子。他用手指劃橘子皮，若有所思。秦檜妻王氏看出秦檜想殺岳飛又不敢下決心的心思，訕笑著說：「老漢怎麼一直沒有決斷呢！捉虎容易，放虎難哪！」秦檜聽懂了王氏的意思，寫了一張小紙片交給獄吏。當日監獄就回報：岳飛、岳雲、張憲三人已死。

岳飛死後，岳家被抄，家屬流放嶺南。幕僚六人株連被殺，多名部將罷官，支持岳飛出兵的李若虛也被羈管。

和談終於成了，兵權也收了，內部基本穩了，趙構大大鬆了口氣。

金軍聽說岳飛死了，擺酒祝賀。

南京條約：「千古未有之變局」

鴉片來了！

　　道光十二年（西元一八三二年），紫禁城中出了一椿驚天醜聞：宮廷太監吸食鴉片窩案。此案涉及首領太監熊來福和太監張進福、劉成、王貴玉、郭志、楊幅、何進祿等多人，還牽涉到了已故太監鄭進玉和告病為民的前太監李資福等人，轟動朝野。據查，涉案的太監不僅有持續不斷的鴉片來源，而且吸食工具完備、方法先進。他們先把生鴉片放在鍋裡，加水熬成黏液，然後分別倒在小銀罐中，以一尖頭平尾的銀籤沾些鴉片汁在燈上烘烤，如此反覆多次，直到籤尖上累積成一個小球。這小球叫做「煙泡」。煙泡燒好後，把它放在一尺多長的竹製煙槍末端的銅質煙斗中的尖嘴上，爾後將煙斗部分置於帶有玻璃罩的燈火上燒烤，待煙泡化成煙時，吸食者將其全部吸入腹腔，躺在臥榻上靜靜地享受。如此反覆多次，據說能給人帶來飄飄欲仙的美感。大太監張進福隱藏在深宮中，就這樣騰雲駕霧了三十多年！

　　本朝自雍正帝開始即嚴禁吸食鴉片，這些皇上身邊的伺候太監竟然知法犯法，著實可惡，而鴉片竟然蔓延到皇上的龍椅附近，也著實扇了時刻高呼禁煙的官府一個響亮耳光。

　　道光十五年（西元一八三五年）的中國，全國吸食鴉片的人超過兩百萬，占總人口的千分之七。當時，一些外國著作記載，中國城鎮「煙館」之多，就如同英國的杜松子酒店一樣，「從養尊處優的官員到落魄潦倒的奴僕，不顧政府禁令，不斷溜入這些煙館」。凡是吸煙成癮的人，兒女餓得啼哭可以不問，妻子沒褲子穿可以不管，而鴉片煙則非吸食不可。鴉片就像一個幽靈，飄蕩在清王朝的上空，攫取國民的錢財、精力和生命，逐漸掏空一個王朝的積蓄和朝氣。操控鴉片貿易的英國人，輕易地實現了對華貿易的出超，捲走白花花的銀子。幾年之後，黑暗的鴉

片還將中國拖入一場屈辱的戰爭。

然而，歷史的發生有其必然性。

當歷史安排一個西裝革履的英國人和一個留著辮子穿著長袍馬褂的中國人迎頭相遇時，雙方都發現了一個難以置信的新世界。

十七世紀末、十八世紀初的世界是「西強東弱」已成定局的世界。曾經輝煌燦爛的中華帝國沿著慣常的道路緩緩前進，彷彿一件製作精美的碩大瓷器，渾圓、高貴、典雅、藝術成就高，而實際上脆弱得一擊即碎。相反歐洲國家這時迅速崛起，經濟和文化實力飛速發展。在經濟上，葡萄牙、英國等國的商業、貿易和金融都開始發展，並且勢頭強勁，但是中國依然停留在重農抑商的經濟發展模式上。對於西方商人異常關注的關稅，清朝實行的是每年固額徵收制。中央政府每年規定本年度關稅徵收總額，收少了要求補齊，多收了也不問。關稅固額在清朝已經保持了幾十年的穩定，讓整個海關系統端著大鍋飯吃得不亦樂乎。

軍事上，歐洲國家的職業海軍配備著堅船利炮，馳騁在四大洋，而中國的軍人混雜在民間，集捕快、徵稅員、消防員和民警於一身，所謂的水師僅僅是划著小舢板的內河巡航隊。當對將火藥應用在採礦和軍事上習以為常的利瑪竇觀看了南京城的元宵節煙火表演後，惋惜地說：「在一個月中用去的硝磺，要比在歐洲連續作戰三年用的還要多。」在文化上，西方民眾追求自由、平等和人權，努力創造新發明，增加財富累積，而中國自上而下都缺乏自我意識，更沒有近代的「國家」、「領土」和「權利」等概念。一批又一批的西方傳教士滿懷熱忱進入中國，絕大多數在數年後失望透頂地逃離中國。因為他們發現中國人不僅思想停滯，而且高傲自大、閉塞又拒絕思想交流。他們將西方來的人一概視為「朝貢者」，傳教士為「洋僧」，西方器物為「奇技淫巧」。利瑪竇之所以被允許居住在北京，則是因為他向皇帝獻上了兩個自鳴鐘，官府找不到

南京條約：「千古未有之變局」

會修理的人只好允許利瑪竇留下了。

十六世紀，西方勢力控制了馬六甲，並逐漸將它建設成為東方貿易據點。中國在渾然不覺的情況下被西方編入了世界貿易大網之中。中國的茶葉、絲綢、瓷器、漆器等源源不斷地進入國際市場。江浙地區的許多瓷器作坊開始接到生產帶把手的茶杯的訂單，作坊工人在驚訝之餘，壓根就不知道這是巴黎或者倫敦上流社會定製的。中國商品的走俏給西方商人提出了難題：拿什麼和中國人交換？除了金、銀，中國人幾乎不接受其他商品。中國人吃穿住行所需的一切都可以在國內生產。於是便出現了這樣的場面，歐洲商隊將工業品帶到美洲，交換美洲的金銀，再把金銀拉到東方來，換取中國產品。整條貿易鏈條就簡化成了歐洲人在給中國人搬運美洲的金銀。

時間過去了兩個多世紀，中國產品在歐洲持續熱銷，西方對華貿易逆差越來越大。「搬運工」商人們心急如焚。他們急需扭轉對華貿易困境。而其中最著急上火的就是英國人。在一八四〇年前後，英國完成了工業革命，工業產品極大豐富，對中國商品的需求也最大。英國商人成為國家頭號「倒爺」（投機牟利者）的同時，也成為中國的頭號金銀「搬運工」。

本身正在大規模累積資金的英國人，怎麼能忍受一個勁兒地往外掏錢呢？

這些大鼻子、黃頭髮、藍眼睛的投機牟利者翻來覆去找不到正當的競爭途徑，那就只能走旁門左道了。於是，鴉片成為了英國人的選擇。乾隆四十六年（西元一七八一年），英國東印度公司壟斷了對中國的貿易特權，把印度、孟加拉逐漸變成重要的鴉片產地，急速開展對華鴉片走私。一八二一年輸華的鴉片為五千九百五十九箱，一八三〇年達到一萬九千九百五十六箱，一八三八年達到四萬零兩百箱。

　　鴉片來了！中國逐漸成為了世界上最大的煙館。

　　乾隆嘉慶時期，走私進來的鴉片價格昂貴，吸食者只是富裕商人和紈絝子弟。吸食鴉片成為上層的風尚後，上行下效，到道光朝中葉官吏、士紳、地主以及依附於封建統治階段的各種人物如差役、幕友、書差、兵丁，也仿效著主子把吸食鴉片當成了權勢、富貴的象徵。

　　沿海地區尤為嚴重，據有關官員給道光帝的奏摺，廣東、福建兩省有十分之九的人吸食鴉片。「即以廣東而論……聞該省未有不吸菸之人，下至擔夫乞丐，無力買煙，雖煙灰煙油，亦尋覓吞食為避瘴氣。聞福建亦然。大江以南各省雖不至如閩、粵之甚，而不吸食者亦少。」鴉片的流行和暴利，帶動了販毒網路的擴散，內地也開始種植鴉片，「煙毒」侵向內陸地區。道光十年後鴉片已經擴散到廣大農村，在鄉鎮集貿市場上有人公開兜售鴉片。「始而沿海地方沾染此習，今則素稱淳樸之奉天、山西、陝、甘等省，吞吸者在在皆然。」就連地處邊陲的新疆「亦多傳染」。隨著市場上鴉片供應量大增，鴉片的價格迅速降到一般社會人員，如僧人、道士、妓女、優伶等也可以消費得起。越來越多的人沉溺其中，甚至包括了官兵。「近洋各省弁兵，鮮有不吸食鴉片者。」「凡各署胥吏，各營弁兵，沉溺其中十有八九……甚至男女不分。」

　　難道中國人就沒有發現鴉片之毒？有。鴻臚寺卿黃爵滋就指出：「耗銀之多，由於吸菸之盛；販煙之盛，由於吸菸之眾。無吸食，自無興販；無興販，則外夷之煙自不來矣。」他道出了鴉片在中國肆無忌憚的蔓延的現實，開出了「禁煙」的藥方。早在雍正時期，清朝就嚴格禁止鴉片輸入。乾隆、嘉慶、道光各朝繼續嚴禁，不僅禁止進口鴉片還禁止國內種植罌粟。道光皇帝更是將林則徐從湖廣總督任上任命為欽差大臣，派往廣東鴉片走私前線主持禁煙。皇帝不可謂不重視，該喊的口號喊了，該進行的工作也進行了，但鴉片就是屢禁不絕。因為肥肉吃進嘴裡，哪

南京條約：「千古未有之變局」

有那麼容易吐出來。禁煙遭到了英國為首的西方勢力的強烈反對。

鴉片於是成為中英貿易和政治鬥爭的焦點，成為一齣歷史劇中最重要的道具。

林則徐到廣州雷厲風行地查禁鴉片，封鎖洋行，直到一八三九年虎門銷煙。英國等國鴉片商人損失巨大。經濟和外交的雙重挫折讓勢力如日中天、在全球暢行無阻的英國人極不舒服。英國議會在鴉片販子的鼓惑下，以微弱優勢決定對中國發動戰爭。

這場戰爭冠以鴉片之名，被稱為「鴉片戰爭」，是因為英國人是打著維護鴉片貿易利益的旗號而來的。英國人抓住清朝禁煙損害了英國商業利益、侵犯了英國商人權益為名，要求中國賠禮道歉並賠償鴉片損失。一八四〇年二月二十日，英國外相「子爵巴麥尊致中國皇帝欽命大臣函」。中，於附錄的訂約大綱中說明了賠償的煙價與軍費項目。這個文件充分顯示了鴉片是這場戰爭的主導之源。千里迢迢而來的英軍就是為了鴉片煙款的損失而來的，全權公使的策劃和交涉立場表面上也全以此為據。一八四〇年九月（陰曆八月）開始，中英雙方就賠償欽差大臣所焚燬之鴉片煙價展開了「大沽會談」和「粵東談判」，反覆交涉。最後《南京條約》第四條規定：「因欽差大臣等與道光十九年二月間，將英國領事官及民人等強留粵東，嚇以死罪，索出鴉片，以為贖命。今大皇帝准以洋銀六百萬元補償金價。」因此，「英國派兵東來是為討鴉片煙價之損失」。

打敗中國後，英國人不遺餘力地在條約中落實、保障鴉片貿易的利益。首先，英國堅持割走了香港。香港多山少資源，是塊彈丸之地，但擁有天然良港，方便英國將它改造成一個貿易據點。清政府的法令管不了這塊地方，英國當局就在香港大肆走私鴉片，香港很快成為世界最大的鴉片走私總站之一。到一八五〇年代後期，總部設在香港的鴉片走私

洋行達到五十多家。英國的鴉片販子聚集在香港還受到殖民當局的保護，其他國家的鴉片商，包括中國的鴉片販子也跑到香港領取執照，尋求保護。源源不斷的鴉片從香港出發，借助《南京條約》確定的五口通商制度，輸送到中國更廣大的地區。上海吳淞口出現了運送鴉片的「接貨船隊」，並很快發展為長江流域和華北地區的鴉片貿易中心。

然而，清朝的法律依然是禁止鴉片貿易的。鴉片在泛濫的同時面臨著法律制裁的危險。為了保護鴉片販子的權益，英國將《南京條約》確定的領事裁判權擴大到在華的外國鴉片販子身上。一批鴉片販子甚至兼任外國駐華的領事官。他們更是為鴉片走私船配備了武器和經過軍事訓練的海員，能夠「擊退中國人派出對抗他們的任何軍事力量。《南京條約》還規定了領事報關制度，外國領事可以隨意對任何貨物隱匿不報，鴉片和其他商品的走私和逃稅堂而皇之地公開進行。在條約保護和英國推動下，輸華鴉片數量劇增，一八四八年輸入鴉片三萬八千箱，一八五四年六萬一千五百二十三箱，一八五五年六萬五千三百五十四箱，已經超過戰前輸入量近一倍。

鴉片越禁越多，越打擊越猖獗，清朝朝野上下既尷尬又無奈。

更可嘆的是，歷史並沒有給清朝政府留出更多的時間去思考禁煙的好方法，內憂外患，一個又一個比禁煙更棘手的難題擺在朝廷面前。太平天國運動的爆發讓禁煙朝著相反的方向發展了。戰爭、賠款、稅收的減少使清王朝的財政陷入空前的危機之中。人窮志短，原本一直持嚴禁鴉片態度的官府也不得不動起了歪腦筋，對鴉片貿易打起了主意。一些地方官員首先把尋覓財源的目光投向鴉片，甚至直接同英國駐廣州代表協商，對已經無法阻止的香港至廣州的鴉片走私船公開徵稅。一八五八年，源於外部的武力威脅和外交誘勸、內部走私橫行和財政窘迫的雙重壓力，清政府開始弛禁鴉片，給鴉片販子頒發合法證件。鴉片輸華合法化給清政府帶來了滾

滾財源。據不完全統計，鴉片合法化全面實行的第一年從一八六〇年十月一日至一八六一年六月一日的九個月中，海關就為清政府徵得三十萬兩銀子，一八六六年這個數字增到兩百萬兩。各地方政府在鴉片上的收益遠遠超過中央。一八六八年，中央收入為一百六十萬兩，地方收入為兩百六十萬兩。一八八七年鴉片厘金併入關稅，每擔徵銀一百一十兩，稅率約為百分之二十五，遠高於其他商品進口稅率的百分之五～百分之七點五，第一年報部厘金四百六十四萬五千兩，第二年達到六百六十二萬兩千兩（李圭：《鴉片事略》卷下）。再加上土藥（國產鴉片）的稅收，清朝中央和地方政府透過鴉片貿易合法化劇增的財政收入是一個巨大的數字。鴉片輸華合法化貌似給清政府增加了一大財源，實則是飲鴆止渴，漠視國內銀錢外流，道德敗壞，百姓身心受到摧殘。

和清政府可憐的關稅收入相比，英國人圈走了難以計數的金銀財富。

至此，鴉片成為近代中國擺脫不了的一坨臭狗屎。

口岸，口岸

一八三二年，東印度公司船隻「阿美士德」號從廣州起航，一直航行到盛京（今遼寧省）。

這次航行非比尋常。因為這條船不是單純地運輸貨物。它先抵達廈門，停留了六天；在福州停留了二十三天；在寧波停留了十八天；在上海又停留了十八天。我們在地圖上一一標出這四座城市，這不是《南京條約》所規定增開的四個通商口岸嗎？這幾個口岸顯而易見的共同點是，它們都是沿海城市，都依託著相對富庶的經濟區域。

在用鴉片捲走白花花銀子的同時，英國人開始對中國口岸情況進行調查。

　　英國官民從來就沒有滿足於只賺鴉片貿易的銀子，他們早就考慮打開中國大門，在中國大市場傾銷商品，收購原材料，賺取更多的錢。

　　乾隆二十二年（西元一七五七年），清政府關閉了對外貿易的大門，只留下廣州一個通商口岸。這麼做的原因，乾隆皇帝說是：天朝萬物應有盡有，無需與外人通商。朝野上下都很滿意一口通商的閉關政策，大門一關起來，外夷尋釁滋事沒了，海防也安全了。這種極端的做法暴露了清朝上下兩大心態，第一是愚昧自大，第二是在骨子深處隱藏得很好的恐懼。故步自封的清朝統治者雖然自詡為自強，但是骨子裡卻害怕外人侵犯。既然是天朝上國，我強他弱，為什麼不敢對外人敞開大門呢？說到底還是害怕，害怕他人來騷擾破壞，害怕處理亂七八糟的化外事務。現代心理學告訴我們，戰勝恐懼的法寶是恐懼本身。迎著恐懼而上，才能破除恐懼心理。可惜朝野選擇了躲避。結果閉關政策除了讓朝野滿足一下天朝盡善盡美的幻想，獲得一點心理安慰之外，根本起不到防範外患的作用，相反使自己更加落後於時代。

　　口岸問題有一個題中之題，就是廣州的行會貿易制度。康熙二十五年（西元一六八六年），廣州設立「洋貨行」，逐漸發展為「廣州十三行」。「十三行」的作用起初很簡單，就是由每一行的行商向粵海關負責，接受進出口報單並代交貨稅。說白了就是委任一些有實力的商人為朝廷辦理外貿事務。乾隆四十三年，清政府又推行「茶葉俱歸洋商領牌，自著子侄或商夥進山採辦」的政策，就是說從採買到出口都由領取政府牌照的行商一條龍壟斷經營，別人不得插手。這就賦予了行商更大的權力。行商權利進一步擴大，外商買賣貨物必須由行商經手；外商只准「寓歇」在行商開辦的「商館」內；行商對外商有管束權；外商不得直接申述於中國官府，若有事申述，必須透過行商轉達。十三行在事實上壟斷了對外貿易，並且對在華的外國人擁有管轄權。外國人，甚至連英國

南京條約：「千古未有之變局」

使節都必須透過十三行才能與中國官府交涉。

尤其讓外商不滿的是，清政府還賦予行商對外商徵稅的權力。外國商人在華不僅要繳納關稅，還要向「貿易夥伴」——十三行繳稅。經行商之手的附加稅繁重，超過正規額定關稅數倍乃至十餘倍。根據英國東印度公司檔案記載，一八〇七年開銷的「行用」總額為白銀十九萬四千一百六十六兩，其中貢價（「獻」給朝廷的貢品）五萬五千兩、軍需四萬一千六百六十六兩、河工三萬七千五百兩、剿匪六萬兩。一八一一年數據為貢價五萬五千兩、軍需四萬一千六百兩、剿匪三萬兩、前山寨和澳門軍費四萬三千三百兩、外國債務三十九萬八千一百兩，總額五十六萬八千兩。不遠萬里而來的英法等國商人對此大為光火又無可奈何。

如果說廣州十三行是中國大門的看門人，那麼在英國人看來，他們是貪婪、粗暴、不好說話的看門人。心高氣傲的英國紳士們恨不得把他們踢得越遠越好，直接與主人對話。

限制貿易、行商貪婪、利潤太薄……所有的問題歸結起來，英國人認為都是口岸太少惹的禍。口岸，口岸，要開放更多的口岸！隨著時間的推移，一方面是貿易急遽膨脹，一方面是廣州已經滿足不了貿易發展的需求，英國人的願望日益強烈。

英國人首先是想用和平的手段來勸說中國打破貿易壁壘。東印度公司牽頭搞起了「北部開港運動」，希望尋求廣州以北的口岸展開貿易。他們根據熱銷的中國商品，尋找產地附近的港口。中國商品出口第一位的是茶葉，第二位的是絲綢。中國茶葉的主要產地在哪裡呢？在福建、安徽、江浙等省，特別是離福州很近的崇安等地的武夷茶銷量很大。一七五五年，茶葉從產地運到廣州平均要走一千兩百公里路，需要花費一到兩個月的時間。這就增加了運輸的成本，產品的品質也受到影響，

再加上廣州十三行的壟斷，英國商人進貨成本很高。但是如果在就近的福州設立口岸，茶葉從採摘加工，到裝船節省了兩個月的時間和大筆的費用。再讓我們看看中國第二位的出口產品絲綢。絲綢的原料是生絲。長江三角洲是「湖絲」的產地。廣州一口的束縛使外商只能遠距離得到湖絲。但是如果在寧波、上海開設了口岸，英國商人就方便多了。同時，印度的棉花主要是江浙和內地省份的織戶使用，廣東省很少有人使用。江浙開埠可以把印度的棉花更大量地，更直接地銷往江浙和內地省份，成本的減少還使產品更具有了競爭力。在江浙閩增設口岸對於這幾大宗商品貿易的利益顯而易見，對於英商的吸引力就可想而知了。這就有了一八三二年英國選定廈門、上海等四大口岸的航行。

十八世紀晚期到十九世紀早期，英國政府先後三次派使團來華，要求擴大貿易。清朝官府給使團插上「貢使」的旗子，帶到北京來收下「貢品」，然後態度明確地告訴他們：有關通商制度的問題，請去找廣州十三行商量。

口岸問題成了中英矛盾的第二個焦點。

一八三六年十二月上任的英國駐華商務監督義律是一個堅定的鴉片貿易反對者。一上任，他就敦促政府採取措施制止鴉片走私，指責鴉片貿易上是「大英帝國的恥辱」，「給打著天主教旗號的國民丟臉」。但在口岸問題上，義律竭盡全力地要打破廣州一口通商制度，以英國商人的「東方代理人」自居。

在中英兵戎相見之初，榮升英國全權代表的義律的態度並不太強硬。他所在意的不是鴉片賠款，而是口岸。英國政府指示他要讓中國開放廣州、廈門、福州、上海、寧波五個口岸。義律對外交涉奉行的主旨是，「以很少的代價換取最多的東西」，盡可能用談判手段獲得在華權利。他寧願少獲得收益，也不想使國家擔負在距離遙遠的地方進行一場

南京條約：「千古未有之變局」

戰爭的重擔。所以義律從政府規定的立場上後退，在遞交給新欽差琦善的照會中稱，英國可以放棄對中國的領土要求，但條件是允許英國商人恢復他們在廣州、廈門、寧波三等處的貿易特權。琦善藉口事關重大，將事情擱置。而他向朝廷奏報的內容與交涉內容大相逕庭。「無論江浙等處均屬腹地，斷難容留夷人，即福建至廈門一帶，亦與臺灣壤地相連……勢甚散漫，無要可扼，防守尤難。」他還忠心耿耿地向朝廷表示：「唯有殫竭血誠，不惜穎脫脣焦，與之多方磨折，但求可已則已，斷不敢稍存易於結事之心，或致輕為然諾。」。琦善這個老滑頭，根本就不同意增開口岸（這也是道光和朝廷的意見），對義律採取了「拖」的戰術。

義律不知道中國特色官場語言，沒有知難而退，變得很不耐煩了，也開始威脅對華戰爭，嚇嚇琦善。琦善並不理睬，還以斷絕與英方通商關係作為反威脅。面對中方的不退讓立場，英方的策略又稍有變化。一九八四年底，義律同意中國只開設一個口岸，甚至在新開口岸可以不享有居住權，希望盡快能在澳門與琦善當面談判。琦善以為他的「拖」戰術奏效，回覆「既可宣之於口，又何難筆之於書」，拒絕了英人面談的要求。在他看來，英國人不過是紙老虎，事情以義律的妥協求饒結束了。

戰場上有句老話，先禮後兵。義律入鄉隨俗，學會了這一招，琦善怎麼就忘了呢？「先禮」出師不利，義律發現不費一兵一卒就爭取不到利益。當和平手段不能達到目的時，崛起階段的資本家逐利的本性讓他們甘願大動干戈，甚至是鋌而走險。面談被拒，義律作出了強烈反應，指責中方對「用和平方法解決各項困難沒有誠意」，戰爭行動將在一天後開始。面對英方最後通牒，琦善一看，這下來真的了，立馬軟了下來。估計他自己是不在乎妥協的，但是怎麼向一向態度強硬的道光交差呢？他本人一點也不擔心，因為他絕對是皇帝肚子裡的一條蛔蟲，早把皇帝的性格、喜好、心思摸透了。我們在後面會講到道光只想做一位守成之

君。他的標準就是看祖宗的財富有沒有減少，減少了多少。於是琦善摸準了道光不捨得小錢的心思，從稅收利益，以多開兩口岸可以多收稅銀的原因，請求朝廷同意廈門、福州兩處通商。這一次琦善想錯了，道光不滿意琦善替英國人說話，撤了他的職。中英雙方還是不能達成一致。一八四一年一月初，義律發現用談判手段所能獲得的利益極其有限，轉而準備戰爭。一八四一年一月英軍占領了香港。但為時已晚，強硬的英國政府對義律取得的成果非常不滿，五月撤換了義律，派對華強硬的璞鼎查接替。璞鼎查接到的任務除了在中國打開四到五個通商口岸外，還增加了割占中國沿海島嶼一條。

都屬於溫和派的琦善和義律雙方以撤職的結果告別了外交舞臺。在他們交涉時期，雙方焦點集中在口岸之上，都願意作出一部分讓步，原本是有希望達成妥協，避免之後的戰爭的。如果兩人能抓緊時間促成中英和約，說不定歷史會朝著另外一個方向發展。可惜，這僅僅是「歷史的可能」而已。

璞鼎查氣勢洶洶而來，從廣東一路北上，攻城略地，終於在南京長江江面達到了目的。清朝同意了賠償英方鴉片損失，開放了五個通商口岸，給予了英方商業和政治特權，還追認了英國對香港的占領。璞鼎查也就多了一個頭銜：第一任香港總督。

至於十三行，義律在時，曾於一八四一年三月提出解散十三行，但為了照顧從業者，允許三年的過渡期。清朝對這個還算可行的建議置若罔聞。而英國政府明確對義律沒有要求中方立即廢除商行壟斷表示不滿。璞鼎查來華後，強硬地要求立即廢除行商壟斷貿易，「凡有額數行商買賣之例，自必廢也，我英人貿易不礙於何人買賣」。新欽差者英等人拒絕全面廢除貿易壟斷，但在戰爭失敗後不得不允諾廢除行商制度。

好皇帝道光和壞大臣們

鴉片戰爭的聲聲炮響，生生地將中國歷史從平靜、停滯的古代震入了不安、激盪的近代。

紫禁城裡的道光皇帝也因此成為處於兩個時代交界線上的悲劇人物。

按照舊標準來衡量，道光皇帝愛新覺羅·旻寧絕對是一個好皇帝。他六歲進入上書房接受傳統宮廷教育，勤奮好學，不幾年就學業大進，「經史融通，奎藻日新」。此外，他還接受騎馬射箭等滿族傳統武功的訓練，十歲就能引弓獲鹿，可謂文武雙全。嘉慶十八年，天理教農民在北京起義，部分農民軍攻進紫禁城，史稱「禁門之變」。旻寧此時正好在上書房，臨危不懼，指揮太監反擊，並親手射殺多名農民軍，挽救了皇宮。執政後，道光皇帝為政勤勉，無論寒暑都不間斷早朝，常常批閱奏章到深夜。難能可貴的是，道光皇帝性格溫和，待人寬厚，生活非常節儉，衣服破了甚至打上補丁繼續穿。這樣的皇帝難道不是好皇帝嗎？

客觀地說，清朝的皇帝是歷朝歷代皇帝中素質最高的。由於清王朝是少數民族入主中原，於馬上得的天下，在文化底蘊和實力上不足，所以居安思危，對皇子的培養尤為重視。身為清朝入關後的第六位皇帝，道光也接受了良好的傳統教育，和之前的五位皇帝一樣兢兢業業地做一個好皇帝。和所有在深宮中成長起來的皇帝一樣，道光的成長環境是傳統的，他的好也是舊式的。

道光帝是個很好的守成之君，也有明顯的性格弱點。長於宮女之手的皇帝往往缺乏堅毅與膽魄，做事瞻前顧後，使政令搖擺不定。我們來舉個例子。清政府每年從南方產糧區收取四百餘萬石糧食，經運河輸往北京，即「漕糧」。漕運逐漸產生很多問題，積弊多，運費貴。道光時每船旗丁的津貼數字多的已增至一千兩，既勞民又傷國家的財。道光帝想

解決問題，於是聽取大臣的建議，設海運總局，招集商船，由海路運送漕糧，這樣把每石運費降至白銀一兩，效果顯著。但這一改革損害了漕運官僚和旗人集團的利益。道光帝受到大臣的壓力，於是此項措施實行不久就作罷了。

他這人哪方面都想獲利，哪方面都不想得罪。但是「魚」和「熊掌」有些時候不能兼得。他一會兒想要魚，一會兒想要熊掌，結果就使他陷於反覆比較、難以選擇的境地。道光希望事事完美順心，但是殊不知，他的這種做法在當時的情勢之下，並不是上上之策。道光這樣的人還往往缺乏開闊的眼光。他死盯著國庫銀子的增減時，絲毫沒有意識到清王朝已經落在了世界潮流之後。當前線報告「英吉利」前來開戰後，道光連下聖旨詢問前線：英吉利國土幾何，去廣東多遠，是否與俄羅斯接壤？聽說英吉利國主為女子，該女子有否婚配？其夫在該國擔任何職？

禁煙和對英態度兩方面更清楚地表現出他的性格弱點。

道光帝面對英國輸華鴉片的第一階段反應是，信任林則徐，諭旨：「既有此番舉動，若在示弱，則大不可。朕不慮卿等孟浪，但戒卿等不可畏葸，先威後德，控制之良策也。」道光對英國毫無示弱，態度是強硬的。他還發出調兵上諭：「著裕泰等於湖南省派兵一千名，寶興於四川省派兵兩千名，桂良等於貴州省派兵一千名，務令詳加挑選，預備調遣。一俟接到琦善咨調，立即前往，合力堵剿，務稍遲誤。」面對英國強索香港的要求，道光帝連發七道上諭，包括令琦善發兵撻伐、令伊里布探查夷船，倘若駛進口岸，就痛加剿洗、嚴防夷逆北犯等。在這一階段，道光對戰勝英國蠻夷充滿信心，後人則說他「貪功開釁」，很有說道光兩眼一抹黑不知天高地厚的意思。

皇帝鬥志高昂，官兵卻早已不是一百多年前的滿洲鐵騎了。旗人整天提著鳥籠喝茶聽戲，戰鬥力今非昔比，勇猛的凶性經過幾代，也逐漸退化

南京條約：「千古未有之變局」

了。這就應驗了「生於憂患，死於安樂」的老話。箭不磨都生鏽了，人失去了挑戰也就喪失了勇氣。而英國人不遠千里而來，可是衝著利益來的。資本主義的發展急需要市場和原料來「錢生錢」，這就像是貓見了腥，哪有後退的道理。敵人的意志異常堅決，全副近代裝備，而清軍挺著大肚子，提著一百多年前的長矛大刀，哪有不敗的道理！爾後英軍逼近京畿，朝廷上下驚慌失措。道光不管三七二十一，先撤了林則徐，向英軍示好。

但是投降絕非道光的本意。他知道被史書記上一筆「割地求和」會對自己產生多麼不良的影響。在英軍強占香港後的近一個月時間內，道光帝御令前線將領務必「進剿」，不使英軍染指香港。「逆夷在粵猖獗，必得聲討致罪，聚而殲旃，方足以申國法。……唯當一意進剿……斷不可為其所惑，致誤機宜。」接任的琦善了解實情，委婉地將困難寫成奏摺並附上義律的照會一併「冒呈御覽」。道光見到奏摺及琦善代陳的「照會」，即硃批道：「朕斷不似汝之甘受逆夷欺侮戲弄，迷而不返，膽敢背朕諭旨，仍然接遞逆書，代逆懇求，實在情理之外。是何肺腑？……汝被人恐嚇，甘為此遺臭萬年之舉，今又摘舉數端，恐嚇於朕，朕不懼焉。」與上級意志不一的琦善被革去大學士，拔去花翎，交部嚴加議處了。

英軍強占香港後，道光在一天之內連發四道上諭：嚴懲琦善；派新欽差奕山赴粵「一意進剿」；嚴令前線將領極力攻剿，毋使稍留餘孽，致滋後患；令兩江總督裕謙進剿北上到達浙江的英軍，「殲此醜類」。自此到一八四二年五月下旬，道光一再發出各種「痛殲蠻夷」的上諭，無奈奕山等人收復香港的軍事行動毫無進展，江浙前線節節敗退，將帥逃命，潰不成軍。戰場上的失利，使意志脆弱的道光帝再次被投降妥協思想困擾，改變了態度。而英國撤換溫和的義律後，蓄意擴大戰爭，進攻廈門，攻陷鎮海，進入長江口，布陣於南京江面。面對戰場的失利，道光遍翻前賢著作不得其法，最後同意了大臣穆彰阿的看法：「兵興三載，糜餉勞師，曾無

尺寸之效，剿之於撫，功費正等，而勞逸已殊。」他同意簽訂了合約。

應該注意到，道光帝之所以簽訂合約是看重了「功費正等」四個字。道光是個節儉到吝嗇的皇帝，內務府給他做件新龍袍都需要請示匯報開支。祖訓讓他守住家業，他就以祖宗家業不流失為標準，旨在做到使祖宗財富不外流。道光帝雖然在最後接受條約時，心情痛苦萬分。據記載：「傳聞和局既定……一日夜未嘗暫息。使者但聞太息聲，漏下五鼓，上忽頓足長嘆。」道光嘆息自己竟然要和蠻夷議和，竟然要割讓一個叫做香港的島嶼，羞愧萬分，但一想到繼續戰爭就要花更多的錢，繼續看著國庫的銀子見少，他又決心長痛不如短痛，不如花點錢使戰事趕快平息。算計小錢吃大虧。道光帝並沒有意識到暫時的妥協是要以強國為後盾的，國不強，妥協只是助長了以後進一步的妥協。

道光皇帝先是貪功開釁，中間戰和不定，最後惜財求和，清朝焉有不敗之理。

好皇帝道光晚年很有自知之明，在遺囑中說：「在我列宗列祖之功德，自應若是尊崇，昭滋來許，在朕則曷敢上擬鴻規，妄稱顯號，而亦實無稱述之處，徒增後人譏評，朕不取也。……（墓碑）斷不可於五孔橋南別行建造，石柱四根，亦不准豎立，碑文亦不可以『聖神功德』字樣率行加稱。」道光還是有自知之明的，知道自己給祖先抹了黑，要求後輩不得按往例立聖德神功碑。他的這種自我懲罰依然是傳統的、舊式的，至死都不知道身為身處變革時期的國家領袖，應該如何應對失敗與屈辱，更不用談奮發圖強了。

道光牢牢記住「締造維艱，守成匪易」的祖訓，但是卻不懂得向時而變。乾隆帝在位時回絕了英國通商、貿易、開放口岸等請求，嘉慶也回絕了類似的請求，道光依然承襲祖先的政策，對於外國通商貿易仍然持消極態度，承襲了「閉關鎖國」這一政策，不去深究世局變化。當然

南京條約：「千古未有之變局」

讓道光一個人承擔一場戰爭失敗的罪責也是不公平的，比如整個中國社會已經在封建制度的軌道上走了太久，也走得太平穩了，你憑什麼要求他突然改變原來安逸的生活道路呢？

好皇帝道光手下的大小臣工當時又是什麼樣的一種狀態呢？讓我們來看看道光年間的官場眾生相。

道光年間，眾多官吏不理公事，吃喝玩樂，腐化墮落。比如，山東濟南的州縣官及其幕友、家丁人等，把攜妓包娼視為常事。凡是從外地到濟南來的妓女，都要依靠他們庇護，俗稱為「包家子」。州縣官透過差役結識妓女，稱為「拉紅線」。不少妓女因天天與官吏接觸，發展到能參與政治：「遇有地方詞訟案件，即為關說，名曰『闊瓜』，省城因有『一個官兒一個瓜』之諺。」官員們經常在謁見上司之後即去妓館，「一哄至彼，歡呼達旦，恬不為怪，並有攜帶稿件在彼票發者」，好傢伙，直接將妓院當成了辦公室。

享樂久了，山珍海味和南北美女都膩味了，官員們開始變著法子找新鮮的樂子。剛好，蜂擁而來的鴉片成了官場的新寵。大批朝廷官員開始不顧朝廷禁令，以身試法，帶頭吸食。《宣宗實錄》留下了朝野大臣吸食鴉片的駭人聽聞的情況。道光十八年，計有莊親王奕、輔國公溥喜、宗室榮祥三位皇親在抽鴉片時被抓了現行。同年，在京師附近，計有直隸房山縣知縣宋嘉玉、密雲縣知縣冉學詩、良鄉縣縣丞胡履霜、寶坻縣典史王心培因同一罪行被查辦，可見抽大煙幾乎成了京畿官場的時尚。全國其他地區則出現了江蘇鹽務系統官員十多人、四川屬吏七十餘人吸食的窩案。道光十九年，查辦的吸食鴉片的官員上升為二十四人，包括福建金門鎮總兵寇振彪、福建臺灣縣知縣托克通阿等沿海關鍵官員和御史孟懷川、裕安，工部員外郎鍾瑞等清要官員。《宣宗實錄》中吸食者有姓名的三十九人，未列姓名者八十餘人，有姓名者中爵位最高的為親王。

這裡就有一個問題了：清朝官員的俸祿很低，一個縣令一年的法定

薪資才四十八兩銀子，連逛一次妓院都不夠，他們靠什麼來維持奢華腐朽的高消費？金錢。可官員們既沒有實業，也不經商，追逐金錢的眼光就只能落在手中的官印上了。他們利用職權，徇私舞弊。一八四二年鴉片戰爭的敗將閩浙總督顏伯燾被革職後，攜帶大量資財還鄉。據漳州官員描述，從二月初一起，就有扛夫過境，每天有六七百名，至初十，顏伯燾本人才到漳州，「隨帥兵役、抬夫、家屬、輿馬僕從幾三千名」。更可惡的是一些人執法犯法。廣東碣石鎮右營千總黃成鳳，在海上查獲走私鴉片船後，則將人船縱放，留下鴉片，「商同署守備曾振高，希圖變賣分肥」。道光六年，兩廣總督李鴻賓設置巡船查拿鴉片，但不久「巡船每月受走私者規銀三萬六千兩，放私入口」。有些官員竟由庇護鴉片走私發展成直接進行武裝走私。如福建泉州建民王略等，「傳統水師兵牟，將夷船煙土由哨船代運漳泉，今王略雖經正法，而各牟兵習慣如故，恬不知改，仍前賣放代運」。可以說，道光朝的吏治腐敗是鴉片在清朝屢禁不止的重要原因，也是鴉片戰爭中清朝政府一觸即潰的主要原因。

鴉片戰爭中，眾官在大兵壓境情形下的表現「蔚為壯觀」，一些人還頗有創意。一八四二年英軍進攻浙東和江蘇時，浙江布政司常恆昌「於該省軍務一味推諉」，找各種各樣的理由告假，不來上班。他所委任的浙江各州縣官員有的拖延幾個月不去赴任，尋思著等英軍撤走後再去新官上任。常恆昌也不聞不問，「以至諸事廢弛」。杭州知府凌泰封期間屢次稱病不出，其實是躲在家裡看書，不去想地方上的棘手公事，可算是「臨危不懼」；松江（今上海）知府福祥的轄區是英軍重點進攻區域，炮聲連連。福祥在戰爭最緊要關頭，突然生病了，跑回家養病去了；奉化知縣金秀坤做得更絕，一聽英軍來犯，帶著親信衙役大開城門——不是開城迎戰，而是逃之夭夭。英軍不費吹灰之力，占領奉化縣，大掠浙東地區。事後，金秀坤竟然謊稱自己率部抵抗未果，羞愧之下投水自盡，

誰知道被人救下，沒能以死報國，實在稱得上「厚顏無恥」四個字。

　　文官們出了校門進衙門，一介書生，膽小怯戰還在情理之中，但是讓人驚異的是武官更有過之而無不及。一八四一年五月，在廣州與英軍開戰前，欽差奕山吃喝玩樂，「諸事不問，先買洋貨」。當英軍攻占城外要塞、向城中發炮後，奕山下令豎白旗投降，與英方簽訂了包括賠償六百萬元的《廣州和約》（瞞著道光皇帝簽的）。詩人劉文麟寫了《感遇》罵奕山的醜態：「褒詔頻聞被寵榮，可憐哀樂不同情。黔垣赭瓦逃兵屋，舞女歌兒大將營。報國那甘麼頂踵，全軀直解蔽聰明。盧山亟問填盈未，便爾倉皇議罷兵。」浙江提督余步雲於一八四二年十月和兩江總督裕謙同守浙江鎮海。當裕謙在城上督戰時，余步雲藉口保護民眾主張投降，被裕謙拒絕。余步雲悻悻而退，當即下城去，片刻後又不死心，重新上了城牆，一把鼻涕一把淚地對裕謙說，自己家中有妻兒老小三十餘口，實在可憐，並說自己的女兒今天出閨出嫁，希望能回家看看。裕謙回答：「兒女情長，英雄不免，但忠義事大，此志斷不可奪。」裕謙強令他堅守城池。但英軍一開始攻城，余步雲帶頭放棄炮臺，狂奔而逃，守軍亦「紛紛隨步雲潰散」。鎮海因之失守。

　　看來看去，這不是一夥貪官奸臣，是什麼？

外交是什麼？

　　「在歐洲，外交家們極為重視條約中的字句和語法，中國的代表們並不細加審查，一覽即了。很容易看出來，他們焦慮的只是一個問題，我們趕緊離開。」

　　這是中英雙方最後談判時，一位英國軍官對耆英、伊里布、牛鑑等中方代表的描述。

　　在耆英、伊里布、牛鑑等人眼中，「外交」一詞聞所未聞。他們急著要讓英國人走開，是覺得堂堂的朝廷一品大員、欽差大臣、封疆大吏，竟然要和蠻夷頭目面對面交談，還要平起平坐，簡直是莫大的屈辱。如果不是打敗了，如果不是皇上交代要與英國人接觸，他們三位爺才不願意見這些黃頭髮藍眼睛的蠻人呢。以前都是十三行的那些商人才和蠻夷打交道的，現在這世道怎麼變了呢？

　　清朝君臣花了二十年時間去適應和西方人直接面談，之後採取慢慢了解所謂的「使節」、「條約」、「照會」、「公法」和外交規則、外交誠信。哦，原來世間還有一種叫做「外交」的東西。

　　那麼，中西方碰撞之初的道光君臣是如何處理對外事務的呢？

　　道光時期的大官，貪腐得一塌糊塗，卻都喜歡穿打著補丁的衣服，表明自己清廉節儉。為什麼？因為他們的皇帝穿著打補丁的衣服呢！官場就是這樣：唯上。大臣都懂得揣摩皇帝的心思，皇帝主戰，維護天朝上過的尊嚴，大臣就絕對不會告訴他當時的吏治腐敗、軍備鬆懈、敵人虎視眈眈，更不會勸諫皇上以談判為手段、整頓軍備作為後盾。道光手下的大臣們自然深諳察言觀色之道，對道光的意思只有順從，少有違逆 —— 無論他們的心裡和理智是否贊同。道光認為清朝是天朝上國，大臣就不能說要對蠻夷俯首投降；道光外交態度強硬，前線大臣即使到了萬不得已的情況，也只能瞞著皇帝和英國人偷偷談判。這才有了香港島早已被英軍占領，琦善也已經接受了英國人的條件，乞和了，道光卻不知道實際情況，一味下令「痛殲蠻夷」。在這樣的壓力下琦善除了瞞報，別無他法。

　　接替琦善的欽差大臣奕山的做法更加「變通」，也更加無奈。英國軍隊兵臨廣州城下，局勢危如累卵，奕山打著白旗投降談判。談成了怎麼向道光皇帝交代呢？奕山奏報說英國人哀來「乞降」：「初七日（道光

南京條約：「千古未有之變局」

二十一年四月初七）……據守堆兵丁探報，城外夷人向城內招手，似有
所言。當即差參將熊瑞升看視，見有夷目數人，以手指天指心，熊瑞不
解何語，即喚通事詢之，據云要稟大將軍有苦情上訴。……據稱英夷不
准貿易，貨物不能流通，資本折耗，負欠無償……是以來此求大將軍轉
懇大皇帝開恩，追完商欠，俯准通商，立即退出虎門，繳還各炮臺，不
敢滋事等語。」奕山的公文寫作能力很高，將主動乞降的人換成英國人，
又透過英國人的嘴巴把自己答應的和談條件，比如追還商人欠款（戰前
中國商人將拖欠英國商人貨款當做家常便飯）、同意通商等，一一說出，
末了還不忘向道光展示英國人「立即退出虎門，繳還各炮臺，不敢滋事」
的美妙前景。道光帝果然信以為真。

官府宣傳的君臣一心，上下協同，大致如同此類。

朝野官員無奈的唯上之舉，是他們從千百年的君臣相處之道中總結
提煉得來的。歷史和現實一再表面，只要把皇帝哄好了，大小官員就能
高枕無憂。與其向皇帝報告不好聽的實情，不如編些謊話讓皇帝高興。

思想如此的道光君臣，處理起鴉片戰爭的外交來會是什麼情景呢？

道光皇帝絕非畏戰之人，對戰勝從來沒有聽說過的所謂「英吉利國」
充滿信心。但是直到一八四二年，道光皇帝對英國的情況都不甚了解，
（他對本國的實際情況也不太了解）對英國方面的談判條件也一無所知。
可以說，道光不太明白為什麼要打這場戰爭。各地官員不想惹皇帝不高
興，很少把英方的文書呈給朝廷。直到一八四二年七月十五日，道光帝
才收到耆英在奏摺後面附上的「英人告示」，告示只是泛泛地要求通商。
即使是這份道光皇帝輾轉到手的英國外交文件，也是耆英等人根據自己
的意思「改造」的。因為英國人的文件是採取平等形式寫成的，沒有對
天朝的尊敬，更沒有對道光的敬語。怎麼能把這麼「大不敬」的文件拿
給皇上看呢？所以前線將文件改寫成了「乞恩」的語氣，將英國起兵說

成向道光「申冤」。就是這些經過了改寫的條件，其中的硬性條件和隱含的平等意味，也讓道光覺得面子掛不住，使他天朝大國的心理難以平衡，反而變得惱怒，更加覺得要維護天朝尊嚴。

前線官員費勁心思，讓道光皇帝能夠「俯知下情」，實在是迫不得已。他們很清楚戰爭已經不可能打贏了，必須讓皇帝知道敵人的和平條件。但是道光皇帝對扭曲的真相依然接受不了，並沒有如願同意和談，反而更嚴屬地下了痛剿令。

痛剿只是道光的一廂情願罷了。大清朝已經失去了維護天朝尊嚴的實力。隨著戰事的失利和外交滯後，大清朝談判的地位越來越不利。戰爭使雙方的交涉地位產生逆轉。一年前琦善不願與義律會面，現在是地方官們著急上火地主動與英國人接觸，希望皇帝盡快全盤答應英方要求。道光帝還抱有幻想，一再發出諭旨，對英國的「乞恩」「地方萬不可予」，不同意英方的全部條件。耆英硬著頭皮與英方交涉，未果。議和大臣們也知道如果答應了英國的條件，即使議和成功，換來了和平，也會傷了皇帝的面子，他們就會向前任一樣，被革職論罪。在別人手底下幹活真不容易。福建地方官想盡辦法，想挽回一些局勢，甚至策劃了一齣由民眾代表出面討要福州的演出，也沒有對英人產生任何作用。最後，萬般無奈的耆英等人乾脆向道光明言情勢，報告條約已草簽。道光最後不得不對條約給予認可。

林則徐因為虎門銷煙，而被英國人抓住把柄，落以口實。琦善想和英國人軟磨硬泡，爭取最大的利益，卻引來戰火。道光一直主戰，絕不同意割地和增設口岸，但是祖宗的家業還是敗在他的手裡。他們的決策是為了維護國家利益的，但是這些看似正確的決策背後是軍力的衰弱和民族戰鬥力的衰弱。試問，如果道光充分了解到敵我的實力，他是否還會堅持戰爭？如果琦善和耆英等大臣們知道英方的需求，是否可以在談

南京條約：「千古未有之變局」

判中權衡中英雙方的利益，談判出一個互利共贏的條約來？如果道光君臣明瞭外交和國際法，清朝能否在談判中挽回些許損失呢？

江蘇布政使李星沅算是當時比較精幹、開明的大臣。他看到官府寄來的《南京條約》，頓時感到胸悶氣短，驚呼：「我朝金甌無缺，忽有此蹉跌，至夷婦與大皇帝並書，且約中如贖城、給煙價、官員平行、漢奸免罪，公然大書特書，千秋萬世何以善後！」是啊，《南京條約》竟然讓一個蠻夷小女子和大皇帝在一張紙上共署名諱，而且還讓朝廷公開承認道歉賠款，這怎麼能不讓認為天朝金甌無缺的大小臣工義憤填膺呢？

所有的一切，我們都只能歸咎於「歷史的局限性」。這個詞讓歷史還是像我們看到的這個樣子展開了。

歷史學家蔣廷黻說：「在鴉片戰爭以前，我們不肯給外國平等待遇；在以後，他們不肯給我們平等待遇。」

《南京條約》的屈辱多少上由道光君臣自取的。不說君臣上下對世界走勢、敵我國情茫然無知，也不說大清朝腐敗虛弱，早已不復天朝氣象，單說君臣們不願意給英國平等待遇，刻薄壓榨，卻希望英國在打敗你之後給予你平等優惠的待遇，這本身就是矛盾的。

這一切都與整個國家缺乏生氣緊密相連。《南京條約》的簽訂給清朝出示了一張黃牌。

大清朝廷用一紙和約換來了平靜，道光皇帝繼續坐在龍椅上盯著國庫，一切彷彿沒有絲毫變化。百足之蟲，死而不僵。清王朝雖然沒有因為這一次打擊而滅亡，但道光皇帝和大臣們的心理卻大大不同了。世界看中國的眼光也大大不同了。中國天朝上國的華貴色彩開始褪去。

《南京條約》是英國人的勝利。此後，英國商品大量湧入中國。一八四二年英國的棉紡織類商品輸入中國只有四十七萬英鎊，到一八四五年達到一百六十四萬英鎊。走私漏稅成為普遍現象，一八五三

年英國駐廈門領事羅伯遜在報告中承認：「在廈門，人們都知道，進口貨報關的不及一半，海關的出口帳目也徒有其名。」不僅如此，鴉片走私更加猖獗。香港成為自由港之後，英國政府和英國駐各地領事為英國鴉片走私大開方便之門。香港第二任總督德庇時在報告中說：「凡有資金之人，都從事鴉片貿易。」鴉片走私入口量大增。在一八四〇年代，平均每年從印度輸入的鴉片為三萬七千箱，但到一八五〇年代，平均每年的輸入量就增加到六萬八千箱。鴉片煙稅占印度政府全年財政收入的六分之一。

隨著口岸的開放，以英國為首紛至沓來的西方人又提出劃定英國人居留地的無理要求。英國第一任駐上海的領事巴富爾脅迫上海道員宮慕久劃撥八百三十畝地為英國居留地，但是當時在上海的英國商人和傳教士總共只有二十五人。到了一八四八年，竟擴大到兩千八百二十畝，此時上海的英國人雖有增加但總數還不足一百。此後一八四九年，僅有的兩個法國商人得到了九百八十六畝的「法租界」，一八六三年，七千八百九十五畝的遼闊地區成為「美租界」。

藉口治外法權的保護，外國人在華犯罪率飆升。一八五六年住在上海以及到埠又離去的英國人為六百三十人，這一年（截至到十二月十二日）共發生英國人刑事案件五百零三起，其中殺人四起，重罪犯一百零三起，侵入住宅九件，重罪嫌疑二十三件，綁票十三件，接受贓物九件，勒索十四件，非法侵奪財產十七件，行兇毆人四十八件，有意破壞十一件，強姦等一百九十一件。美國駐華公使馬沙利形容英國人的行為：「即不畏懼冥冥蒼天，又不顧人間正義。」

很多事情有了第一次，就會一而再，再而三。《南京條約》的簽訂，是中國近代史很不好的開端，中國由此走上被黑暗條約籠罩的悽慘歲月。自《南京條約》簽訂後，從一八四二年到一九四九年的一百零七年

南京條約：「千古未有之變局」

中，中國與外國政府一共簽署了各種條約達一千一百多個。在國力衰弱的情勢下，可想而知，這些條約壓迫下的中國和中國人有著如何的生活與心情。

疼痛始於《南京條約》，而《南京條約》痛在落後而不自知，挨打而不自強。

伊犁條約：虎口奪食，很難

侵略者接踵而來

新疆問題一直是清王朝的心中之痛。

清王朝建國之後，局勢動盪的新疆（當時稱西域）游離於中央政府之外。從康熙到乾隆，歷代皇帝都對新疆用兵，直到乾隆時期才統一新疆地區。清王朝在新疆實行軍府制，於一七六二年設置總管伊犁等處將軍，統管西域軍政事務。天山南北，各個民族雜居，宗教信仰複雜，加上長期以來缺乏強大的權威的統治，清王朝對新疆最大的期望是穩定、穩定再穩定。只要新疆不出事、不威脅到內地的秩序，中央政府不惜在新疆實行有別於內地的政治體制，因地制宜承認當地權力結構，並源源不斷地從內地抽調人力、物資支援新疆。

清王朝的煞費苦心，在一段時期內安定了新疆局勢，直到歷史車輪駛入近代。

清王朝內憂外患，危機層出不窮，對新疆的治理趨弱。原先隱藏的各種問題開始破殼而出。同治三年（一八六四），新疆各族人民發動反清起義，迅速遍及天山南北。和中國歷史上的農民起義一樣，各支反清勢力的領導權逐漸被阿訇、和卓、伯克和清朝地方官吏等上層分子所掌握。反清起義變成了新疆各地實權人物的相互征戰攻伐。天山南北烽火瀰漫，亂成了一鍋粥。這就為外敵入侵提供了可乘之機。

首先想到引入「外援」的是南疆喀什噶爾城（今喀什）的割據勢力。他們向中亞汗國浩罕乞師求援，要迎請長期流亡境外的分裂分子、大小和卓之後、張格爾之子布素魯克汗返回新疆。浩罕國同意了，還派名叫阿古柏的軍官護送布素魯克汗進入南疆。這是一八六五年初的事情。

阿古柏正式登場。他原本是浩罕國王的近衛，曾擔任該地某要塞指揮官。野心很大、職位不高的阿古柏一心思索著如何稱王稱霸。新疆內

亂和浩罕勢力入侵新疆，讓野心家阿古柏意識到這是一次飛黃騰達的冒險良機，欣然組織人馬來到新疆。進入南疆不久，阿古柏便驅逐布素魯克汗，自立為首領，先後攻占喀什噶爾、阿克蘇、葉爾羌、庫車等地，於一八六七年宣布成立「哲德沙爾」政權（意為七城汗國）稱汗。一八七〇年，阿古柏又進占烏魯木齊和吐魯番盆地，占領了天山南北大部分地區，並割斷了新疆和內地的交通。轟轟烈烈的新疆人民起義，最後以侵略者割裂中國領土另立政權的荒誕結果收場。

還沒等清王朝有所反應，新疆問題迅速複雜化。緊隨阿古柏之後，英國和沙俄勢力也氣勢洶洶地闖入新疆。

阿古柏明白自己的政權基礎異常薄弱，壓根就沒得到各族百姓的認可，因此他也想到了尋求「外援」。這個外援就是對於新疆覬覦已久的英國和沙俄。英國以印度為基地北上，沙俄侵吞中亞各國後南下，兩個殖民者的侵略欲望恰好在新疆地區迎頭相撞。雙方撞得眼冒金星後立刻廝打在了一起，都想把新疆納入自己的勢力範圍。阿古柏捷足先登後，英俄兩國就想著怎麼從阿古柏身上得到從清王朝身上得不到的特權和利益。

一八七三年，英國女王給阿古柏寫了一封親筆信，英國政府派出費賽斯使團，攜帶大批武器來和阿古柏接洽。阿古柏宣稱自己是英國最親密的朋友，英國政府則承認阿古柏政權。次年，雙方簽訂《英國與喀什噶爾條約》，英國取得在新疆自由進出、商品自由流通及派駐領事享有治外法權等等特權。在一片友好聲中，雙方各取所需。沙俄在新疆的「侵略基礎」比英國要好。早在一八六四年，沙俄軍隊就用大砲強迫清政府簽訂了《中俄勘分西北界約記》，侵占了中國西北大片領土。和英國傾向於擴充商務利益的侵略方式不同，俄國是赤裸裸的領土侵略。一八七一年，俄國藉口新疆局勢不穩，悍然出兵侵占伊犁。第二年，沙俄政府也以承認阿古柏政權為條件，同阿古柏簽訂了《俄國和喀什噶爾條約》，攫

得在新疆地區的大量侵略權益。

至此，各種矛盾在新疆交雜在一起，有軍事的、領土的、外交的等等問題。清王朝會如何處理這個大難題呢？

我們的故事便在這樣的背景中展開。

在新疆問題上，清王朝犯了「政府不作為」的大錯。等清政府意識到問題嚴重，要下場治理的時候，悲哀地發現情況已經惡化得不可收拾了。

在相當長的時間內，清政府忙於應付海上來的侵略者和帝國東部的農民起義者，對西北邊疆投注的精力極少，就更不用說對局勢的預測了。阿古柏帶著浩罕軍隊進入新疆之初，清政府一度還以為阿古柏是來「報效」清朝、「助中國討賊」的。俄軍占領伊犁後，清政府也曾馬上與俄國交涉。俄國代表謊稱俄軍「代為占領」伊犁，避而不談交還伊犁的內容。清政府一聽「友邦」這麼好心，也就沒有再深入交涉下去。等到阿古柏勢力幾乎占領新疆全境，割斷中西交通，清政府這才意識到問題的嚴重性。

怎麼辦？

最直接的解決方法就是派兵消滅阿古柏，恢復新疆全境。然而這個方案因為有諸多現實困難而遭到許多朝野大臣的反對。除了清政府國庫空虛、軍隊貧弱之外，清政府正在全力建設東部海岸線的海防，確實無暇西顧。早先，日本侵略臺灣、英法戰艦在東部沿海游弋，以李鴻章為代表的洋務派一心一意建設海軍，鞏固海防。新疆事發後，時任直隸總督的李鴻章藉口「海防西征，力難兼顧」，主張放棄新疆，「移西餉以助海防」。他認為國家主要威脅來自海上，而「新疆不復，於肢體之元氣無傷」。而時任陝甘總督的左宗棠則力主收復新疆。他認為「若此時即停兵節餉，自撤藩籬，則我退寸，而寇進尺」；「宜以全力注重西征，俄人不

能逞志於西北，各國必不致構釁於東南」。他主張新疆雖遠，也關係到全國安危，一旦新疆落入他人之手，則本來不穩的蒙古局勢將惡化，蒙古動盪將直接影響京畿地區。而如果趁現在英俄等國勢力滲入新疆尚淺，強力恢復新疆，可以收到警示他人的作用。

這場孰輕孰重、要海疆還是要邊疆的爭論，史稱「海防塞防之爭」。

爭論的結果是左宗棠的「塞防」一派取得了勝利。光緒元年（西元一八七五年），光緒皇帝任命左宗棠為欽差大臣、督辦新疆軍務。清政府決定派軍進入新疆。主帥左宗棠廣泛調查研究，深思熟慮後總結出自古用兵西域的成功經驗無外乎兩條：

兵精、糧足。於是，左宗棠不忙於西征，而採用「緩進速決」的策略，做了扎實的準備工作。他對自己的嫡系湘軍大事整編，剔除空額，汰弱留強，再吸收精壯，屯集物資，磨刀霍霍。左宗棠宣布，凡是不願出關西征的，一律給資，遣送回籍，不加勉強。經過整頓後，清政府組織了一支自願出關、士氣飽滿的西征精兵。左宗棠這才大舉進軍，採取速戰速決的戰術，於一八七六年收復天山北路，一八七七年進入南疆，連敗阿古柏侵略軍。阿古柏於庫爾勒服毒自殺，其政權覆滅。阿古柏之子率領殘餘力量逃入俄國境內。一八七八年，左宗棠收復除伊犁外的其他新疆領土。

左宗棠的節節勝利，讓沙俄坐立不安。早在一八七一年，沙俄侵占伊犁後宣布「伊犁永遠歸俄國管轄」，本來就不打算把伊犁歸還中國。但為了掩蓋侵略行為，同時也把阿古柏政權推到前排當做擋箭牌，俄國政府曾正式照會清朝總理各國事務衙門，宣稱俄軍占領伊犁是為了「安定邊疆秩序」，「只因回亂未靖，代為收復，權宜派兵駐守，俟關內外肅清，烏魯木齊、瑪納斯各城克服之後，當即交還」。他們預計清政府消滅阿古柏政權還有些年月，將這個照會權當做空頭支票拋給了清政府。

不料，清軍迅速收復除了伊犁以外的新疆其他地區。俄國應該履行承諾交還伊犁。

沙俄的對策是漫天要價，希望逼退清政府從而到達長期占領伊犁的目的。你清政府不是要拿回伊犁嗎，那就需要支付俄軍代你「收復」和「保管」伊犁的費用。沙俄要求清政府再次重新劃分西北邊界，向俄國割地；賠償俄軍巨額軍費；賦予俄國在中國北部長城沿線的通商和領事特權。基本上，沙俄不僅要清王朝追認它從阿古柏那得到的利益，還要擴大這些利益。只有滿足了俄國的這些要求，俄軍才交還伊犁。

外交訛詐之餘，沙俄還玩硬的。

談判桌底下，沙俄唆使在俄國避難的阿古柏殘餘白彥虎和胡里等人不斷武裝侵擾中國邊境，生出事端。同時，俄國政府人士還公開叫囂「要舉起拳頭」，要「把劍拔出來」，「用大砲來提出明確的要求」，「用槍口來發言」，威脅如不滿足俄國的要求，「就宣布條約被撕毀，不交還伊犁」。

崇厚幹的好事

清政府派出來解決伊犁外交難題的是一位名叫崇厚的朝廷權貴。

一八七八年六月，朝廷派遣崇厚為全權大臣出使俄國進行談判，要求俄國歸還伊犁並且引渡白彥虎、胡里等叛匪回國。

朝廷之所以選擇崇厚，是看重他的兩大優點：

第一，崇厚是滿族鑲黃旗人，受朝廷恩惠多年。他的家世可謂是「三韓貴冑，七葉名卿」，高祖是刑部侍郎，曾祖是河南布政使，父親是南河總督。道光二十九年中舉後，崇厚因煊赫的家世備受蔭庇，接二連三地被拔擢和重用，連他自己都曾感嘆說「天恩高厚，下臣何幸如之」，

「非夢想所敢期也」。人們想當然地認為，崇厚受了重恩定然會肝腦塗地為國盡忠。

第二，崇厚是朝野中少數幾個「外交經驗」豐富的官員之一。崇厚最初幫助僧格林沁，在大沽海口辦理防務，負責文案，非常偶然地伴送美國使臣到京城換約，從此接觸外交。第二次鴉片戰爭末期，恭親王奕訢出任欽差便宜行事全權大臣，督辦和局。他一時也抓不著善於辦理外交的人才，只能矮子裡拔將軍，拉上崇厚協助自己。就這樣，沒有多少閱歷、沒有經受多少考驗的崇厚陰錯陽差，被推到了外交第一線。崇厚是在危難之際被選中，面對突如其來的「夷務」，一切都是未知數。儘管在與「洋人」交涉中沒有任何優勢，但他盡了力。隨著國內外局勢的飛速發展，中外交往日趨頻繁，他主管的事務不斷增多，官職也不斷提升，由候補三四品京堂升任侍郎、三口通商大臣後專任通商大臣要職，代表總理衙門，與各國交往，任職近十年間，除辦理通商、外交事務外，還負責兼辦海防、訓練「洋槍隊」和創辦生產軍火的天津機器局。

天津教案發生後，需要有人出國向外國賠禮道歉。滿朝大臣沒人願意把臉丟到國外之外，去給化外蠻夷低頭賠罪。朝廷只得指定崇厚「充出使大法國欽差大臣」，讓他賠禮道歉後就駐在歐洲了。現如今，沙俄入侵新疆，朝廷很自然地就讓離聖彼得堡近、經驗豐富的崇厚去找俄國人交涉了。

崇厚的「外交經驗」不可謂不豐富，可他「交涉」的內容事務性、程序性的居多。政壇上有一類人，官運高照，在外人看來是經受了各種歷練，其實壓根沒真正辦過什麼事也不會做什麼事情。可就是這樣的人，飛黃騰達、平步青雲、戴紅花戴高帽都和他有關。崇厚就是這樣的「幸運兒」。

這次去俄國的交涉，外表光鮮肚子裡沒貨的崇厚就惹出了大紕漏來。

伊犁條約：虎口奪食，很難

　　一八七九年十月二日，崇厚擅自簽訂了《里瓦幾亞條約》（又名《交收伊犁條約》）。條約規定：中國償付沙俄「代收代守伊犁兵費」五百萬盧布（合白銀兩百八十萬兩）；割讓霍爾果斯河以西及伊犁南境的特克斯河流域的大片領土給俄國；將喀什噶爾及塔爾巴哈臺兩處邊界作有利於俄國的修改；俄商在中國蒙古地方及新疆全境免稅貿易；增闢兩條由陸路到天津、漢口的通商線路；俄國在嘉峪關、烏魯木齊、哈密、吐魯番等多地增設領事。

　　崇厚的確實現了此行主要的外交目的：收回伊犁。但卻喪失了比伊犁主權更多的主權。即便是伊犁，也只是名義上歸還了中國，按照《里瓦幾亞條約》的領土劃定，回歸後的伊犁將是一座孤城，北、西、南三面被俄國包圍。

　　《里瓦幾亞條約》一經公布，掀起軒然大波。其中明顯的喪權辱國內容就是讓一味投降的庸才也接受不了。「街談巷議，無不以一戰為快」。

　　朝廷將《里瓦幾亞條約》發給大家討論，幾天之內，朝野一片沸騰，奏摺像雪片似的飛向慈禧太后的面前。大臣們的意見基本一致：拒絕合約，嚴懲崇厚。

　　愛國人士懷著一顆赤誠的拳拳之心，對《里瓦幾亞條約》的反對最為激烈。督辦新疆軍務的左宗棠言詞也最為激憤。他在奏摺中指出：「察俄人用心，殆欲踞伊犁為外府，為占地自廣，藉以養兵之計，久假不歸，布置已有成局。我索舊土，俄取兵費巨資，於俄無損而有益。我得伊犁，只剩一片荒郊，北境一二百里間皆俄屬部，孤注萬里，何以圖存？」崇厚簽的《里瓦幾亞條約》只能收回一座伊犁空城，周圍的土地劃歸俄國，並且要向俄國賠付軍費。孤城如何生存？遲早還是被俄吞併。試問，以如此巨大的代價換回這樣的一座孤城有什麼用呢？左宗棠進一步指出俄國的狼子野心：「觀其交還伊犁而仍索南境、西境屬俄，其

詭謀豈僅在數百里土地哉！界務之必不可許者，此也。……俄官則欲借此為通西於中之計，其蓄謀甚深……俄之初意只在嘉峪關一處，此次乃議及關內，並議及秦、蜀、楚各處，非不知運腳繁重，無利可圖，蓋欲藉通商便其深入腹地，縱橫自恣，我無從禁制耳。」一針見血，指出了俄國占領伊犁為其深入中原打開大門。

憂國憂民的左宗棠，雖年近花甲，仍請纓再戰：「是臣今日所披瀝上陣者，或尚不在俄人意料之中。當此時事紛紜，主憂臣辱之時，苟心知其危而復依違其間，欺幽獨以負朝廷，耽便安而誤大局，臣具有天良，豈宜出此？就事勢次第而言，先之以議論，委婉而用機，次決之以戰陣，堅忍而求勝，臣雖衰庸無似，敢不勉旃！」

對崇厚禍國義憤填膺的人很多，可像左宗棠這樣主動請纓的人卻很少。李鴻章、翁同龢、潘祖蔭等人，不甘落後，紛紛上摺指責崇厚，但對策就止於「請誅崇厚，以謝國人」了。其中李鴻章的態度具有代表性。他雖然也對崇厚未經朝廷允准便擅自簽訂條約、割地賠款深表不滿，又覺得：「崇厚出使，系奉旨給予全權便宜行事字樣，不可謂無立約定議之權。若先允後翻，其曲在我。自古交邦之道，先論曲直，曲在我而侮，必自招用兵之道；亦論曲直，曲在我而師必不壯。今日中外交涉，尤不可不自處於有直無曲之地。我既失伊犁而復居不直之名，為各國所訕笑，則所失更多。」李鴻章是真正久經談判桌的外交老手，知己知彼，可就是沒有左宗棠那樣的勇氣。他的基本觀點是中國貧弱，敵不過西方列強；現有的外交制度，中國只能被迫接受，爭取利用現有的制度來維持中國的利益，避免列強的外交訛詐。具體到《里瓦幾亞條約》，李鴻章擔心清朝的國力不足以與沙俄撕破臉皮對抗，同時出於遵守外交慣例有約在先不容更改，所以主張接受這個屈辱條約。

左宗棠則相信中國有能力迫使沙俄吐出到嘴的肥肉，改訂條約。

　　歸根究柢，內亂頻繁、衰敗不堪的清王朝有沒有實力扳倒一個不平等條約，能否爭取回正當的利益？

　　左宗棠提出了一個解決方法：先禮後兵，軟硬兼施，迫使俄國同意改約。「先折之以議論，委婉而用機；次決之以戰陣，堅忍而求勝。」清政府再次採納了左宗棠的意見，於一八八○年一月將崇厚革職拿問，定為「斬監候」，並在二月照會俄國政府：崇厚所議之條約「違訓越權」，「窒礙難行」；改派一等候、駐英法公使曾紀澤兼任駐俄公使，談判改訂條約事宜。

　　在國內，左宗棠再次出任欽差大臣，赴新疆統籌軍務，調兵備戰。清政府還在東北邊疆加強了防務。左宗棠宣稱：「壯士長歌，不復以出塞為苦也，老懷益壯。」他率軍屯哈密，密切關注曾紀澤的外交進展的同時，不忘加緊訓練部隊，提高部隊戰鬥力。俄國談判遲遲沒有結果，左宗棠命令大軍兵分三路向伊犁方向挺進，並把自己的棺材運到哈密，表示收復伊犁血戰到底的決心。中俄在談判桌上一旦談崩了，左宗棠就準備強攻伊犁。

大清公使曾紀澤

　　歷史的聚光燈照到了曾紀澤的身上。

　　曾紀澤是「中興名臣」曾國藩的次子，世襲了父親的侯爵，從政精明幹練。他一個侯門子弟，沒有長成紈絝子弟或者崇厚那樣的庸才，而能夠在國家危急時刻挑起大梁來，全靠曾國藩嚴格而成功的家教。

　　曾國藩一共生了三個兒子，長子兩歲就夭折了，長大成人的兒子分別是曾紀澤和曾紀鴻。對兩個兒子的教育，曾國藩時刻沒有放鬆。他長年征戰，兵馬倥傯，和兒子遠隔千里，還擠出時間來過問兒子的讀書寫

字情況，不厭其煩地寫信回家詢問，甚至在戰爭中、在深夜裡挑燈為兒子批改作業。曾國藩「不願子孫為大官，但願為讀書明理之君子」，制定了嚴格的學習計畫。他規定曾紀澤兄弟每天必須做四件事：看、讀、寫、作。看書、讀書要五頁以上，寫字不能低於一百個，逢三逢八日要作一文一詩。曾紀澤兄弟開始懂事時，曾國藩權勢日中、湘軍勢力飛黃騰達了。曾國藩沒有教導兩個兒子政治手腕，也沒有教導他們繼承權力，而是諄諄教誨要居安思危：「吾家現雖鼎盛，不可忘寒士家風味，子弟力戒傲和惰。戒傲以不大聲罵僕從為首，戒惰性以不晏起為首。吾則不忘落市街賣菜籃情景，弟則不忘竹山場拖碑車風景，昔日苦況，安知異日不再嘗之？」

曾紀澤出生於鴉片戰爭即將爆發的一八三九年，自幼受到曾國藩的良好教導，熟讀傳統的儒家經典。這使得曾紀澤接受了儒家仁義道德、忠君愛國的為人處世原則，帶上了中國傳統的底子。同時曾國藩又給曾紀澤創造環境，聘請教師，讓兒子廣泛閱讀了中外書籍，學習了西方近代科學，包括中外紀聞、西方史地、自然科學、國際法等等。曾紀澤身上因之帶上了廣博而鮮明的西方學問色彩。

曾紀澤三十二歲時，父親曾國藩逝世。他繼承了父親的侯爵。在為曾國藩守靈期間，曾紀澤開始自學英語。湖南鄉間既沒有英語教材，更沒有英語老師，曾紀澤在毫無基礎和教學條件的困境中，僅靠一本英漢詞典和教會制的《聖經》，摸索著學習。不會發音，曾紀澤就用漢語形聲訓詁之學和「泰西字母切音之法」進行比較研究，守靈期間掌握了英語基礎。之後，曾紀澤幾乎每天都要花大量時間學習英語，反覆閱讀《英話正音》、《英語初學編》、《英語韻編》、《英國話規》、《英語集全》等英語學習書籍。幾年之後，曾紀澤已能自如閱讀英文書籍了，還能和北京城裡的洋人交談了。掌握英語為曾紀澤推開了全面了解西方、深入研究

外交和西方社會的鑰匙。他結識了同文館總教習丁韙良、醫生德約翰等外國朋友，能夠透過原始教材進一步學習西方科技和文化。曾紀澤還常常核對中國翻譯所譯的各種中外文件、章程。在滿朝大臣離了翻譯寸步難行、除了跟著洋人說「也是」之外一無所知的時代，滿口英語的曾紀澤表現搶眼。

北京城稱曾紀澤是「第一個懂得外語的中國外交官」。倫敦博物館現存有一把曾紀澤的「中西合璧詩扇」。曾紀澤在上面題詩，並翻譯成英文詩抄寫在上面。他身上學貫中西、溝通內外的特質透過這個文物表現得特別明顯。正如曾紀澤說的「中國聲名文物，彝倫道義，先聖昔賢六經典籍之教」必須輔以「海國人士深思格物，實事求是之學」才能夠發揚光大。曾紀澤找到的救國道路也是中西結合的，只是中國傳統學問為主、是根基，西方科學文化為次、是輔料。

時勢造英雄。晚清時勢造就了曾國藩，也造就了曾紀澤。如果沒有中西碰撞的千年變局，曾紀澤最多是北京城裡一個到處找洋人練習英語的年輕侯爵。正是中外急遽博弈的近代時局，讓曾紀澤塑造了驚人的外交成就，名垂青史。

曾紀澤在京時，清王朝建立了派駐外交使節制度。第一任駐英國公使就是湖南人、曾國藩的老朋友郭嵩燾。郭嵩燾眼界開闊，吸引近代思想，積極為清朝開拓國際空間。可惜他洋化太多，做得太超前了，出使經年就遭人彈劾，灰頭土臉地被罷官回國。曾紀澤「有幸」被挑選為第二任中國駐英公使。

曾紀澤是郭嵩燾的同路人。但深厚的儒學修養讓他做事更靈活，而且家族的庇護讓他的地位相對穩固。儘管如此，曾紀澤依然抱著「辦事之人不怕罵」的態度欣然接受了任命。他考慮得不僅是「不怕罵」，還要如何不辱使命。他寫道：「奉旨以來於此二者（指道路遙遠和風濤凶

險）尚不甚措意。所懼者，事任艱巨，非菲材之所堪稱。現任名望，海外聞知，偶有失誤，上累前徽。郭筠仙（指郭嵩燾）長在歐洲甚得西人敬重，承乏其後，深恐相形見絀。夙夜兢兢，實在於此。」

曾紀澤公使就是一路想著家族和自己的名聲，一路考慮如何不辱使命，像郭嵩燾一樣處理好艱苦的外交任務。一八七九年一月四日，曾紀澤跨越重洋經巴黎抵達倫敦，開始了駐外公使生涯。

中國駐英使館處於草創時期，整個中國的外交制度和駐外機構都很不成熟。清朝官府的奢侈浪費和尸位素餐也轉移到了倫敦使館中。清朝官員有什麼事情向國內發報都是把口述稿一字不漏地發回上海，一句二十幾個字的話就需要白銀六七十兩，非常浪費。國際通行慣例是將完整意思編號，用代碼發報，既規範又節省費用。曾紀澤在出使途中就考慮自編電報代碼，「思電報如此昂貴，擬撰集簡明句法，分類編列，以省字數，略具腹稿」。他仿照西方，組織編寫了電報代碼本，將成語分門編輯，列號備查，規定公牘私函都照此發報。

公費醫療是清朝使館的第二個弊端，而且享受公費醫療的範圍還很大，除了使館工作人員外還有留學生。不花錢的藥用起來不心疼，使館用藥巨大，有些人身體好好的卻領了大量補藥，大補特補，造成使館巨大的財政負擔。曾紀澤制定了《使館醫藥章程》，規定所有的藥都需要病人自費購買，同時限制用藥數量。為了解決真正病人的醫療問題，使館的藥價普遍低廉，讓病人承擔得起。如此一來，使館負擔減輕了，病人也得到了治療。

完善使館制度的同時，曾紀澤積極展開對英國外交，是民間外交的先驅。滿口流利的英語讓他和外國外交官、學者、對中國感興趣的普通民眾都保持連繫。他出入劇院、博物館、圖書館、私人宴會等場合，向歐洲人介紹中國。曾紀澤是第一個用個人名義、用英文公開發

表文章的中國外交官。〈中國先睡後醒論〉（*China, the Sleep and the Awakening*）在倫敦《亞洲季刊》一八八七年一月號上發表，曾紀澤闡述了對殖民的看法，談了中國必將崛起的意見。借助廣泛的連繫和不錯的聲望，曾紀澤在鴉片貿易問題上為中國爭取了權益。一八八〇，英國興起了禁煙運動，清政府也想提高輸華鴉片稅收。曾紀澤借助英國禁煙運動的聲勢，與禁煙協會保持密切連繫，終於在一八八五年迫使英國政府同意鴉片稅在原來每箱三十兩的基礎上加徵厘金八十兩，稅厘徵一百一十兩。

因為成績顯著，曾紀澤在一八七八至一八八五年間先後出任駐英兼駐法、俄等國公使，是歐洲人最熟悉的中國外交官。

但是曾紀澤並沒有遇到真正的難題，取得的成績多半是在辦公室動動嘴皮子、寫寫規章制度取得的。和曾紀澤在許多政見上意見相左的海關總稅務司赫德就認為他「只是從他能幹的父親那裡繼承下一個偉大的名聲而已」，未必能處理好棘手的難題。曾紀澤真的是這樣的人嗎？一八八〇年，考驗終於來了。崇厚白紙黑字，白白葬送了大把國家權益，遭到了舉國反對而身敗名裂。朝廷要派人去改立新約。如果說崇厚是去虎口奪食，那麼新人就要去與虎謀皮了。朝廷上下無不認為再次談判「其責倍重，其勢尤難」，「其難較崇厚十倍」。

任務如此艱巨，派誰去呢？大清朝也在為人選的問題犯愁。之前去虎口奪食時，就有人提議讓曾紀澤去，但因曾紀澤資歷太淺被否決了，改派了資歷很深的盛京將軍崇厚。現在崇厚明顯不行，曾紀澤成為頭號人選。

曾紀澤在巴黎接到聖旨，總理衙門正式照會俄國已正式任命曾紀澤兼任駐俄二等公使；曾紀澤將赴俄都重談伊犁問題。

臨危受命，曾紀澤當然深知，崇厚簽約在先，自己受命改約在後，

此行是欲障川流而挽即逝之波，探虎口而索已投之食，事之難成已可逆睹。沙俄會有什麼動作，難以預料，一旦談崩了兵戎相見，對大清國更加不利。使命艱巨，曾紀澤臨行前甚至給叔叔曾國荃寫信，安排了自己一旦殉國後的後事。他留下一句被後人反覆引用的詩句「倉促珠盤玉敦間，待憑口舌鞏河山」後，慨然前往聖彼得堡。

虎口奪食

曾紀澤一到達聖彼得堡就馬上展開了緊張的談判準備。國內的左宗棠已經進軍伊犁地區，摩拳擦掌。曾紀澤致信左宗棠，希望他在前線積極備戰，同時將沙俄的軍隊情況和伊犁情況及時反饋到聖彼得堡。崇厚談判時，連伊犁地形都不知道，現在曾紀澤能及時掌握前線敵我情況，做到了知己知彼。

與俄羅斯人的談判，曾紀澤遭遇了巨大的困難。他經歷四個回合的艱苦談判，才最終扭轉了形勢。

第一個回合是，曾紀澤在聖彼得堡立足未穩，沙俄外交部不等他說明來意，就斷然拒絕對伊犁一事重新磋商，不僅堅持《里瓦幾亞條約》有效，還叫囂要對中國開戰。

曾紀澤冷靜分析了俄方強硬反映的背後情形。沙皇俄國在一八七三到一八七六年爆發了經濟危機，在一八七七年、一八七八年的俄土戰爭中又元氣大傷，一八七九年又趕上了大災荒，國內矛盾激化。二三十年來，沙俄財政一直拮据，曾紀澤判斷他們也想早日結束和中國的糾紛，更不會和中國開戰。有了這個基本判斷後，曾紀澤談判的腳步堅定了許多，對前景樂觀了不少。曾紀澤還判斷，俄國的競爭對手英國並不願意看到俄國增長在中亞和中國的勢力。英國等西方列強更不願意看到戰爭

伊犁條約：虎口奪食，很難

在中國爆發。所以，沙俄現在的反應是典型的外強中乾，他們只是製造戰爭輿論，想拖延時間而已，希望能把《里瓦幾亞條約》拖成既成條約。

於是，曾紀澤平靜地來到俄外交部，詢問俄國拒絕談判的原因。俄國外交部推說曾紀澤並不是談判的中方全權代表，不具備談判伊犁問題的資格。而且，崇厚是一等公使，曾紀澤是二等公使。一等公使簽訂的條約清朝尚且不批准，與二等公使簽訂的條約能有效嗎？這些藉口對毫無外交常識的門外漢或許有用，對曾紀澤則一點作用也沒有。他據理反駁說，公使不分一等二等，都是國家的全權代表，都有權代表本國政府談判。任何外交代表和其他國家簽訂的條約，都要經過本國政府的批准才能生效。既然清朝政府沒有批准《里瓦幾亞條約》，這個條約就是一堆廢紙。沙俄要想解決這個問題，就要和曾紀澤重開談判。

沙俄無言以對，又受到國際輿論壓力，不得不在一八八〇年八月三日重新坐到伊犁問題的談判桌上。曾紀澤取得了第一回合的勝利。

第二個回合的較量剛開始，曾紀澤就提出了修改《里瓦幾亞條約》的意見，堅持俄國必須交還伊犁全境、邊界照過去的中俄條約辦理、俄國可以得到若干商務利益但需要再談。他的要求幾乎全盤否定了《里瓦幾亞條約》，俄國人毫不退步地提出了反要求，堅持《里瓦幾亞條約》的基本條款，清朝答應割地的還是要割，而且要增加賠款金額。作為回報，沙俄同意對若干不甚重要的條款再開談判。沙俄代表甚至搬出俄國與之前侵占新疆的阿古柏政權的條約，堅持賴在伊犁，拒絕撤退。曾紀澤反駁說阿古柏是入侵者，政權是不合法的，況且已被消滅，俄國與阿古柏政權的所有條約都是非法的。沙俄又稱俄軍「代管」伊犁消耗了大量的人力物力財力，不能撤軍。曾紀澤說既然你們承認伊犁是清朝領土，那麼「代管」已經越權，賴著不走就是侵略了。

在第二回合中，雙方爭執不下，沒有達成任何共識。

在第三個回合開始，專門回國處理伊犁問題的沙俄駐華公使布策是個中國通。他說，曾紀澤難纏，但是總理衙門好打交道。布策建議直接向清朝政府施加壓力，先用武力恫嚇慈禧太后和總理衙門，清朝國內屈服後自然會給曾紀澤施加壓力，最終達到迫使曾紀澤在談判桌上讓步的目的。

於是，沙皇亞歷山大二世下令俄國艦隊向中國靠攏，布策返回中國依仗戰艦逼總理衙門妥協。沙俄代表則照會曾紀澤，俄國拒絕就伊犁問題與曾紀澤繼續磋商，談判地點將改在大清國的首都北京，俄國已派出首席談判代表布策帶著艦船起程，直接和總理衙門舉行會談。

這一招對總理衙門很管用。總理衙門的大臣們聽到俄軍來到中國沿海便慌作一團，果然電令曾紀澤與俄國外交部交涉，就布策進京一事「設法轉圜」，「從容商議」。只要布策不來北京，中國可以讓步。

這一招對曾紀澤還是不管用。曾紀澤收到總理衙門的電報就洞察了俄國的把戲。他臨危不亂，立馬回信國內，穩住總理衙門，同時致信新疆左宗棠，建議清軍加強戒備，兵逼伊犁，作出準備隨時武力收復伊犁全境的姿態，為談判增強籌碼。然後，曾紀澤闖入俄國外交部，開門見山質問布策去中國幹什麼？俄方答覆說布策去同總理衙門磋商伊犁問題。曾紀澤再問，既然是「磋商」為什麼要帶著軍艦？難道是要開戰？接著，曾紀澤嚴正宣布代表大清朝正式通知沙俄政府，希望沙俄將布策召回，仍在聖彼得堡進行磋商。如果俄國堅持要讓布策去北京談判伊犁問題，曾紀澤就馬上起程去北京與布策談判。不論是在聖彼得堡還是北京，布策都必須和曾紀澤談判，而且絕對不能帶軍艦進談判場。為了增強語氣，曾紀澤還「假傳聖旨」，威脅如果沙俄軍艦進入清軍海防區域，清朝艦隊必將其擊沉。沙俄政府沒有想到清朝會不顧戰爭威脅，以戰爭相威脅，態度立刻軟了下來。

伊犂條約：虎口奪食，很難

幾天後，清朝公使館就接到俄外交部照會。沙俄宣布召回布策，重開磋商。

曾紀澤的冒險讓中方在第三回合中取得大勝。為什麼說冒險呢？因為總理衙門已經決定妥協，而且指令曾紀澤讓步了。但是曾紀澤置之不理，執意強硬。一旦把俄羅斯人激怒了，戰爭真的爆發了，曾紀澤就是罪魁禍首了。其次，曾紀澤反過來以戰爭相威脅，但是國內大砲連彈藥都不夠，根本打不贏戰爭。曾紀澤出使英法時，曾經就採購彈藥的事情與列強磋商過，對國內軍事力量的薄弱一清二楚。但他的強硬對沙俄這樣的「紙老虎」起效了。

第四個回合，沙俄鑑於曾紀澤在領土問題上寸步不讓，決定同意將伊犂全境歸還清朝。但提出了兩個附加條件：第一清朝從黑龍江或者從烏蘇里江領域劃一地給俄國，補償沙俄從崇厚手裡得到的割地；第二清朝賠償俄國「代管」伊犂付出的兩億盧布。曾紀澤指出，清朝斷無割地之意，願意將伊犂西邊之地在修界時酌讓若干，已到極限，拒絕其他割地要求；至於賠款兩億盧布，萬萬不會答應。俄國見要求被拒，由海軍部出面再次叫囂，要派海軍艦隊去北京找清朝皇帝談判，用大砲讓清朝批准《里瓦幾亞條約》。曾紀澤反過來威脅，如果俄海軍進入中國海防範圍，清軍一定予以痛擊！

俄軍這次不怕威脅。亞歷山大二世真的下令海軍軍艦向中國沿海靠攏。

總理衙門再次慌作一團。他們知道曾紀澤不聽話，也繞過曾紀澤直接與俄國人交涉，達成意向性妥協。總理衙門同意將伊犂西邊若干領土割讓沙俄，同意賠償一千兩百萬盧布，並且在通商和領事事務上給予沙俄更多特權。李鴻章親自致電曾紀澤，能夠和沙俄達成妥協避免戰爭，已經是大幸了，要求曾紀澤按照達成的妥協簽約。

俄國人滿意了，覺得曾紀澤沒有辦法強硬了，於是興高采烈地重開談判，要求曾紀澤在俄方擬訂的條約上簽字。

曾紀澤很憤怒，很無助，可依然斬釘截鐵地拒絕簽約。曾紀澤堅持，伊犁地區必然回歸中國，同意將伊犁西邊若乾土地割讓是底線。曾紀澤既然是全權代表，就是欽差大臣，沒有他同意伊犁問題就算沒完。至於賠款，曾紀澤也亮出底線：只能出九百萬盧布，多一分則無！沙俄代表大吃一驚，曾紀澤竟然頂風拒絕，推翻了總理衙門達成的妥協。他們最後一次威脅曾紀澤，難道就不怕沙俄軍隊的槍炮嗎？曾紀澤答道，我的態度也是最後態度，不可再讓！如果俄國一意開釁，中國奉陪到底！頓時，中俄雙方參談人員全都傻了眼。談判正式破裂了。

一連幾天，俄方沒有任何動靜，總理衙門卻連連催促曾紀澤盡快完結談判。慈禧太后甚至發來懿旨，要求曾紀澤按總理衙門達成的妥協簽約。曾紀澤全都頂住不辦。

在他生命中最艱難的時刻，曾紀澤承受了巨大的壓力。直到一天，曾紀澤收到了一封急電。當把電文看完，曾紀澤突然有如釋重負之感。原來當天，沙皇亞歷山大二世在閱兵時遭炸彈襲擊身亡！曾紀澤相信沙俄內政將急遽惡化，政局不穩，沒有在談判桌上強硬的資本了。真是山重水復疑無路，柳暗花明有一村。

曾紀澤馬上起身，藉口向新皇帝遞交國書去皇宮探探外交風聲。不久，曾紀澤就收到了沙俄外交部的答覆，同意伊犁問題按曾紀澤提出的條件簽約，並且建議第二天午後就簽字。

一八八一年二月的一天午後，中俄終於簽訂了《中俄伊犁條約》。清朝除接管伊犁九城外，爭回了原來崇厚私自割讓的伊犁南面兩萬多平方公里的領土。雖然條約依然割讓了部分土地給沙俄，還增多了對沙俄的賠款（加付俄國九百萬銀盧布，約合白銀五百餘萬兩），並在商務方面

伊犁條約：虎口奪食，很難

作了讓步。新約傳回國內，左宗棠認為條約成功改立原因是俄國擔心真的開戰，怕清軍「逕取伊犁，彼中草木皆兵，遂弭首歸誠，退就議和」。但對改訂後的《伊犁條約》，左宗棠還不滿意，認為：「伊犁僅得一塊荒土，各逆相庇以安，不料和議如此結局，言之腐心。」的確，《伊犁條約》依然是一個不平等條約，中國喪失了領土、賠款、商務和外交上的許多權益。但曾紀澤畢竟為國家爭回了大片土地，廢除了部分其他不平等內容，遏制了沙俄在中國西北擴張的勢頭。這是晚清外交少有的大勝利。

條約一公布，世界輿論頓時譁然。英國駐俄國公使德佛權當日向英國外交部電告此事時稱：「奇蹟！中國的曾紀澤已迫使俄國作出了它未做過的事，把業已吞下去的領土又吐了出來！」法國駐俄公使商西也用「奇蹟」評價曾紀澤的表現：「無論從哪方面看，中國的曾紀澤創造的都是一個奇蹟！」國內更是讚譽之聲迭起。大學者、乾嘉學派的重要代表人物俞樾用了十六個字來評價曾紀澤的這次外交功績：「公踵其後，十易八九，折衝樽俎，奪肉虎口。」

時勢造英雄，晚清最大的時勢是西強東弱，清朝國力越來越弱，在屈辱的深淵中越陷越深。曾紀澤個人也受到弱國外交的限制。人說，弱國無外交。曾紀澤的表現證明，弱國更需要外交，需要用好外交規則和國際輿論，在現存的遊戲規則下面盡可能維護本國利益。這就要求如果外交官需要卓越的外交能力和高超的外交技巧。

曾紀澤一生的悲劇在於，他自己是弱國的強外交官，但國內的袞袞諸公渾渾噩噩，不能支持他的外交作為，老是拆臺。

《伊犁條約》談判的時候，總理衙門就在英法俄等國的壓力下宣布免除崇厚的「斬監候」，後來又將其「加恩開釋」。英法俄等國是不希望中國少一個只知妥協的外交庸才，中國人都成了精明的外交家，列強就訛詐不到什麼權益了。而總理衙門是想透過釋放崇厚來向俄國「示好」，解

決改約問題。「示好」還是「示弱」,「幫大忙」還是「幫倒忙」,曾紀澤最清楚。

　　一八八三到一八八四年,曾紀澤在巴黎就越南局勢與法國政府進行談判,立場強硬為國爭利。但朝廷上層一意主和,決心妥協。結果,曾紀澤被解除駐法公使的職務,並在一八八五年六月卸任駐英俄公使職務,被召回國。曾紀澤離開了外交舞臺,只能沉溺於國內保守迷信、蠅營狗苟的官場。一個人最大的悲哀就是命運把他放到與他個性能力完全相悖的環境中,人不能盡其才,心會鬱悶無助。曾紀澤回國後先後任戶部、刑部、吏部等部侍郎,也擔任過總理衙門的外交大臣等職務。他的觀念遭到了許多人(包括在外交事務中與曾紀澤不對付的赫德)的反對,他的舉措遭到了他們的阻撓。朝政整體腐敗,曾紀澤歸國後無甚作為,不滿五十二歲便鬱鬱而終,謚號「惠敏」。

辛丑條約：邁入沉淪的深淵

轟轟烈烈練拳去

　　光緒二十五年（西元一八九九年）前後，華北大地的直隸、山東等省的鄉鎮市集出現了一批批扛著「扶清滅洋」大旗，宣稱「神拳」、「神團」的義和團民。他們往往能吸引成群觀眾，給了無生趣的下層百姓的生活注入激情、興奮和難得的希望。

　　義和團民是怎麼練拳，怎麼招攬新人的呢？

　　他們先在街面上開闢出一塊場地，吸引群眾圍觀。表演完尋常的刀槍棍棒之後，義和團最吸引人的壓軸本事是「刀槍不入」。一群團民用抬槍、洋槍裝藥填子，瞄準站在百步開外的同伴。那些同伴都袒胸露腹，毫不畏懼地迎接槍彈打擊。在圍觀人群的驚嘆聲中，數槍齊放，硝煙散起。人們扭頭去看被瞄準的團民，他們竟然巋然不動，還笑瞇瞇地從手中拿出子彈來示眾。人群響起了更大的驚嘆聲，都為義和團刀槍不入、赤手擒彈的本領所折服。很快「奔壇求教者如歸市」，義和團在當地擴展了組織。

　　其實，所謂的「刀槍不入」是一場騙局。機關就在子彈上面。槍膛裡裝著的並不是真的子彈，而是「香面為丸，滾以鐵沙」的假彈，開槍時面丸化為青煙，既沒有殺傷力又渲染了煙霧效果。被瞄準的團民早已在手掌裡藏了真彈，這邊槍一響，那邊即以快捷的手法將捏著的子彈亮出，佯做接住了射來的槍彈。

　　這樣的表演並不高明，並不能讓所有人信服。也有觀眾心裡疑慮重重，可極少有人出來拆穿義和團民的表演。一方面是義和團旗幟招展、鑼鼓震天，營造出來群情激昂的熱烈場面很能鎮服心懷疑慮的人，更重要的是大家需要一個「刀槍不入」的神話來振奮精神。即便是理智的懷疑主義者，對「刀槍不入」也是寧信其有不信其無。

　　一八九九年前後是外辱日迫、中國人情緒鬱悶的年代。沉重的賠

款、趾高氣揚的教會、此起彼伏的教民糾紛和中國領土上的外國租界、外國軍隊一樣，刺激著中國人的神經。甲午戰敗給蕞爾小國，《馬關條約》讓中國人視為奇恥大辱。條約規定的巨額賠款都從民間籌集，辦法只能是在本來就已經很重的賦稅基礎上再攤派苛捐雜稅。老百姓怨聲載道，官府中人也不願這麼做，可又不得不這麼做，最後大家的火氣都對準了始作俑者 —— 洋人。偏偏在華洋人又火上澆油，經常爆出洋人依仗特權奪人錢財、信教民眾仗勢欺人、教會干預地方司法、地方官員袒護教民的新聞來。特別是德國占領膠州灣，強劃山東為勢力範圍，掀起了列強在中國搶占勢力範圍的狂潮，加劇了中外矛盾。老百姓對教會、對洋人充滿仇恨，需要發泄情緒。義和團的興起恰逢其時，一下子就成了老百姓寄託希望、發泄仇恨的載體。

義和團初名「義和拳」，起初是山東、直隸社會底層民眾的祕密結社組織。嚴格地說，義和團還算不上是「組織」，因為它一直沒有形成固定的組織結構，沒有協同一致的行動，沒有明確的規章制度，也沒有明確的領導者。和十九世紀中國大地上其他的祕密結社組織一樣，義和團長期在民間斷斷續續地發展，像荒草一樣生死不定。恰恰因為它在早期力量薄弱，入不了清朝官府的法眼，才得以在大的民間組織被官府一一剿滅後異軍突起、傲視群雄。在老百姓仇外的大背景下，山東各地大刀會、紅拳會以及其他祕密結社的成員紛紛自稱義和團，義和團組織迅速膨脹。在老百姓眼中，它儼然成了抗強扶弱、對付外辱的正義化身，大家都踴躍參加義和團。一時間，義和團運動席捲華北大地。轟轟烈烈的，老百姓都去「練拳」了。

林子大了，什麼樣的鳥兒都飛進來了。義和團在組織膨脹的同時，人員和思想泥沙俱下、魚龍混雜，不可避免地加入了許多愚昧迷信的內容（比如刀槍不入、燒符喝水、噴火吞金、跳大神等內容）和偏激極端

的思想（最突出的就是全面、徹底地否定西方事物，極端仇視外國人，順帶著把學外語、用進口商品的中國人也列為「二毛子」、「三毛子」直至「十毛子」）。

中國民間蘊含的力量是極其巨大的，也是缺乏組織的。

中國歷史一再證明：如果沒有合理的組織和疏導，中國民眾突然爆發出來的能量是極為可怕的。一八九九年的中國就面臨著這種可怕力量的威脅。

義和團中的愚昧迷信和極端仇外的思想很快得到了片面發展。越來越多的加入者喝下符水，相信自己已經刀槍不入了，然後拿起棍棒、刀槍，成群結隊地報復教會組織和洋人。他們燒燬教堂、殺死傳教士，搗爛電報局、割斷電話線，推倒火車、扒斷鐵路線，最後發展到迫害信教的中國人和西式學堂裡的師生們，從「二毛子」到「十毛子」都成了義和團追殺的對象。其中，自然還有一些「流氓無產者」挾私報復、劫掠錢財的打砸搶燒行動。

官府就不管管嗎？

內憂外患的清王朝要應付的事情很多，歷次打擊讓它已經虛弱不堪。因此，清朝官府並沒有像其他王朝那樣嚴厲鎮壓民間祕密組織的力量。既然來硬的不行，官府就想到了另外一個有中國特色的對付民間結社的傳統方法：招安。

在義和團發展最盛的山東地區，李秉衡、毓賢等歷任巡撫都以「控制」義和團為目標，將義和拳改名義和團，奏請收為團練組織。一八九九年出任山東巡撫的毓賢還賞拳民以銀兩，讓拳民教授官兵武藝。山東地區義和團和傳教士、教民的衝擊加劇。因為西方公使的強烈反對，義和團編為團練的計畫沒有施行。公使們對義和團的態度很明確：必須鎮壓這群「暴民」，而且還要查辦毓賢等人。清政府是陽奉陰違，只

是將毓賢撤職了事。義和團勢力繼續滋長。

歷史學界一直在爭論李秉衡、毓賢等人到底是傾向義和團的「革命者」還是陰險狡詐、要用軟刀子消滅義和團的「反動官僚」。跳出爭論，我們設身處地為李秉衡、毓賢想想，在國家多事、官府無力的背景下，李秉衡、毓賢等人處理義和團事務的對策是唯一現實的方法。

義和團暴力行為的滋長產生了嚴重的社會問題，更嚴重的問題是一群政治野心家看中了義和團的力量，妄圖加以利用。

慈禧太后和光緒皇帝在戊戌變法後關係惡化。慈禧太后想罷黜不聽話的光緒，可光緒在變法前後表現出來的開明形象贏得了西方的好感。西方公使集體反對罷黜光緒皇帝。慈禧太后隱忍不發，退求其次，在一八九九年立端郡王載漪的兒子 —— 自己的侄外孫溥俊為大阿哥（載漪娶了慈禧弟弟桂祥的女兒為妻，生下溥俊），準備接替身體欠佳的光緒的帝位。結果，各國公使支持光緒皇帝，拒絕前往朝賀新立的儲君，集體反對慈禧的小動作。慈禧是個權力欲極強的女人，至此對西方公使們恨之入骨。

端郡王載漪為了即將到手的帝位，聚攏一批人組成了「大阿哥黨」。核心成員包括莊親王載勛、端郡王載漪、輔國公載瀾等，剛毅、徐桐、崇綺等大臣也加入其中。他們共同的特點除了爭權，就是守舊仇外。從洋務運動開始到戊戌變法，他們始終都是反對者。他們要反對言行相對開明、和西方關係密切的改革派官僚。載勛、載漪等人原本力量不強，可兩個因素讓他們在一八九九的權力格局中占據了優勢。一是，改革派的領袖李鴻章、張之洞等人分別擔任兩廣、湖廣總督，不在北京；另一個相對開明的實權人物榮祿明哲保身。雙方力量相比有利於「大阿哥黨」。二是，「大阿哥黨」利用了上自慈禧下自普通義和團民的仇外滅洋心理，鼓吹「排外」，不惜綁架整個朝廷乃至國家的命運來追求集團的私利。

辛丑條約：邁入沉淪的深淵

朝堂上開始有人說義和團是「忠義」之民，對朝廷忠心耿耿，何不利用他們來幫助朝廷消滅洋人？「利用義和團滅洋」作為一個政策選擇，出現在了朝堂之上。徐桐、崇綺等人加入了練拳的行列，剛毅、載瀾改穿義和團裝束，「大阿哥」之父載漪不僅在府中設壇立團，朝夕虔拜，還把義和團首領請進了端王府。

一個不可忽視的史實是，「大阿哥黨」的載勛兼任步兵統領，掌管京城九門，載瀾掌管神機營，載漪指揮虎神營，他們三人控制了京城內外十萬官軍的大部。（另一部分軍隊受榮祿指揮）在義和團運動鼎盛時期，京城大門是對拳民敞開的。

無序的農民運動被別有用心的野心家所利用，運動的軌跡將會迅速失控，產生災難性的後果，超乎農民本身和妄想利用他們的野心家的控制之外。

一八九九年五月十九日，法國傳教士樊國梁給法國駐華公使畢盛寫了一封長信，描述他所了解到的恐怖情況：

「被殺死的基督徒有七十多名……許多村莊被搶掠和燒燬，更大量村莊被廢棄。兩千多基督徒赤手空拳，無衣無食，四處逃竄。僅北京一地，就大約已有四百多名難民，包括男人、婦女和兒童。成千上萬人將在近期趕來。我們將必須停止中學以及大學的課程；利用所有的醫院做空房接待這些不幸的人們。在東部，搶掠和焚燒情況嚴重，每小時都有警報消息傳來。北京已被四面包圍，義和團日漸臨近北京，唯一耽誤他們行程的是他們對基督徒的燒殺搶掠。……宗教迫害不是唯一的宗旨，真正的目的滅絕歐洲人……北京城裡他們的同夥已經準備好攻擊教堂並清除領事館……」

從一八九九年夏天開始，歐美報紙開始報導中國華北的局勢，報導義和團殺戮宗教人士的消息。他們一致認為中國不能制止不斷發生的殺戮事件，違反了條約義務。早在四月份之前，各國駐華公使就三度聯合照會清政府，要求解決義和團問題。到了盛夏，義和團暴力事件愈演愈

烈,清政府明顯「不作為」。各位公使承受在華僑民和本國政府的壓力越來越大,對清政府的不滿也越來越多。與國內輿論懷疑清政府是大規模暴力事件的幕後唆使者不同,在華的各國公使得出的結論相對接近事實:虛弱的清政府沒有能力平息華北的大規模騷亂。

於是,各國公使再度照會清政府:如果清政府不能保證在華外國人的安全,各國政府強烈要求自行派兵來華「自衛」。

接到照會後,清朝總理衙門的大臣曾私下與關係不錯的美國駐華公使康格接觸,希望康格請美國政府出面斡旋,務必不能讓列強派兵來華。清政府已經被列強的船堅炮利給打怕了。

康格回答說:「由於我已經向美國政府電告了清政府保證平息暴亂法令,卻發現六個月來那不過是一紙空文,所以我不會電告美國政府說大清可以或者正在平息義和團。」不僅直接拒絕中方的請求,康格還進一步聲明:如果清政府不能讓情況緩和、暴民威脅不能解除,他將強烈要求派遣足夠的美國海軍警衛保證安全。

總理衙門大臣連忙擺手說「沒有必要」,反對美國派兵來華。但對於關鍵的義和團問題,各位大臣只是機械地重複半年來的說辭:清政府將採取有效措施解決問題。

康格是常年和清朝官僚打交道的「中國通」。他很清楚清朝大臣的回答意味著清政府拖延時間,並不會採取什麼「有效措施」,更不能「解決問題」。

五月二十八日,九名歸依美國基督教衛理公會派的中國婦孺教徒被義和團民殘忍地殺害。這個消息讓各國駐華使館迫切要求保護自身安全。德、英、美、奧(奧匈帝國)、法、意、日、俄八國公使聯合致信大清總理各國事務衙門,通告說八國決定開會商討運送軍隊抵京事宜,要求清政府安排火車運送各國軍隊進京。

辛丑條約：邁入沉淪的深淵

八國能所徵調的軍隊主要是各國在天津的駐軍。他們不知道，京津鐵路早已被扒了。京津交通割斷，在京各國僑民已經被困在北京了。不久，北京對外電報通訊也將消失。他們將和外面的世界徹底失去連繫。

二十九日，總理衙門對八國公使的集體信件作出答覆：已經派兵赴各地平息暴亂，請求各國三五日之後再做決定。

第二天（五月三十日），各國公使由英國公使竇納樂領頭，鄭重地面見總理衙門大臣徐用儀、許景澄、袁昶、廖壽恆和聯元五人。

竇納樂重申了各國的要求：允許派兵進京保護外國公使館，要求清政府提供交通便利。為了說明中國軍隊已經不能保護外國人而且還加入了排外的隊伍，竇納樂特地指出在豐臺有兩個英國人遭受守護永定門的清兵襲擊、清兵焚燒了法國工程師的住房。竇納樂強硬地表示即使清政府不同意外國軍隊進京，各國士兵也會如期抵達。事實上，各國抽調的武裝警察已經在趕往北京的路上了。

徐用儀、許景澄等人面對最後通牒一樣的會面，只能繼續採取拖延戰術，說茲事體大，要請示頤和園的光緒皇帝才能決定，請公使們第二天清晨等消息。

英、俄、法、美公使當即要求總理衙門立即答覆。竇納樂強調說中國軍隊已經加入了攻擊外國公民的行列，情況緊急，任何拖延都可能導致嚴重的後果。

徐用儀等人作出讓步，表示當日下午將會奏皇上，請公使們等候消息。各國公使失望之餘，在告辭前再次重申：無論清政府是否准許，各國都將發兵自救。三十一日下午四時左右，各國公使離開總理衙門。之後他們沒有得到是否准許本國軍隊進京的任何回覆。

各國公使終於確信眼前的騷亂是清政府內部出了大問題。清政府內部累積的矛盾和曠日持久的明爭暗鬥，如今透過義和團的狂飆表現了出

來。上帝遠在西方，而且連供奉上帝的教堂都一個個陷入了熊熊烈焰，在華外國人只能武裝自救了。三十一日凌晨，五十名美國兵、七十五名俄國兵、七十五名英國兵、七十五名法國兵、四十名義大利兵、二十五名日本兵抵達北京。這支人數有限的軍隊隨即加入了武裝保衛使館區的隊伍。這讓局勢進一步惡化。

另一邊，徐用儀、許景澄、袁昶、廖壽恆、聯元等人在朝廷中靠邊站了。他們五人都是熟悉洋務的相對開明分子，反對仇外排外，主張和平交涉。因此他們和載漪一派格格不入。在慈禧太后廢帝立儲問題上，徐用儀、許景澄、袁昶、聯元等人堅決反對——和外國公使的態度一致。這就在切身利益上得罪了「大阿哥黨」。此外，徐用儀、立山、聯元等人多次維護光緒皇帝、上疏指斥剛毅等人，雙方的冤仇越結越深。現如今，載漪一派藉著義和團狂潮勢力水漲船高，哪能放過藉機排斥異己？清政府將總理衙門大換血，任命載漪、啟秀、溥興、那桐四名守舊排外且不通外務的大臣接替徐用儀、許景澄、袁昶、廖壽恆、聯元五人。

從此，即便是冗長無聊、毫無效果的外交溝通管道也在清政府和各國公使間消失了。

六月十日，在天津的各國軍警決定組織聯軍，強硬向北京進軍。

聯軍由英、法、俄、美、德、日、奧、意八個國家出兵組成，史稱「八國聯軍」。

八國聯軍在剛剛組成的時候，並沒有什麼宏偉藍圖。他們的目的很簡單：衝進北京，解救被困在使館區內的外國人。進入六月，北京局勢更加惡化，各國公使館透過電報頻繁向外界呼救。八國聯軍的組成最初是在京的各位公使「喊救命喊出來」的，一共有兩千一百餘人，推舉英國海軍中將西摩爾指揮。西摩爾帶著這支不小的隊伍，艱難地向北京進發。

辛丑條約：邁入沉淪的深淵

　　清政府派許景澄前往阻攔，要求八國聯軍折回天津。西摩爾斷然拒絕。之前半年，西方各國與清政府反覆交涉，清政府的毫無作為和頻繁開空頭支票已經透支了西方的信任。這一次，西摩爾根本就不相信許景澄的任何說辭或者許諾。兩千一百餘人的隊伍繼續向北京挪動。他們每走一步都很難，沿途已經成熟的玉米林和義和團民的偷襲嚴重滯緩了進軍速度。直隸總督裕祿下令清軍加入堵截八國聯軍的進軍。清軍的參戰讓中國政府軍和外國軍隊直接交戰，讓一次營救行動升級為了國家之間的戰爭。歷史書上的「八國聯軍侵華戰爭」就此打響了！

　　西摩爾一行人在清軍和義和團的共同打擊下，出天津城不遠即被迫退回天津。

　　義和團初戰告捷，團民們更加興奮，徹底拆毀京津鐵路，切斷京津電報線。許多清兵也加入了義和團的行列。六月十一日，奉調入京的清兵甘軍士兵發現街上有人乘坐小轎車，上前圍攻。儘管車裡的乘客是黃皮膚黑眼睛的東方人，他們還是殺死了乘客，並殘忍地將屍體肢解後拋在路邊。這個死者是日本駐華使館書記官杉山彬。杉山彬的死，急速加劇了在京外國人的恐慌心理，一個勁地發電報催促援軍早日趕到。

　　和八國聯軍爆發戰爭後，對清政府家底知道得一清二楚的慈禧太后害怕了。心虛的她更需要現實中的和心理上的支持。守舊排外勢力再次大力推薦「刀槍不入」、「神靈附體」、「扶清滅洋」的義和團。六月十三日，慈禧太后權衡之後，決定向義和團「示好」。清政府承認義和團的合法性，准許團民進入北京。十三日後，十萬義和團湧入北京城。慈禧獎勵了團民首領，還下令內侍宮女學習義和團功夫。上行下效，朝廷親貴、王公紛紛召團民去護衛府邸；清軍官兵不僅對持械在京城四處遊蕩的義和團民熟視無睹，本身也正經八百練起拳來。

　　義和團迅速失控，打砸搶燒行為蔓延全城。最繁華的前門大街一

帶，上千家巨商大鋪被縱火焚成廢墟。正陽門樓亦被燒塌。京師二十四家鑄銀爐廠也全被焚燬，北京市所有錢莊銀行因此被迫歇業，全城市場交易停止。義和團的秩序代替了正常的社會秩序。團民四處設壇，燒符唸經，四處搜捕洋鬼子二毛子，或者拉人來辨認是否是媚外分子。信教的中國人如果沒有及時躲入使館區，性命就會不保。十三日義和團剛進城的時候，美國使館館員切希爾冒著生命危險，偷偷跑到總理衙門前希望找人溝通。結果，總理衙門大門緊鎖，空無一人。充滿理想主義的美國人也徹底斷了與清政府接觸的想法。

六月十四日，義和團民包圍了公使館區。入夜，圍館團民的火把照亮了整個天空。

十五日，美國代理國務卿海約翰發給美國駐華公使康格一封電報：「你需要更多軍人嗎？與海軍指揮連繫並回報。」電報發出後渺無音訊。三個月後，海約翰才收到了康格三個月前發的求救電報。

北京各使館和外界的一切連繫都被切斷了。

歐美社會開始傳言義和團已將各國駐華公使都斬盡殺絕了。

各國政府都在相互詢問：北京城裡到底發生了什麼？

北京發生了什麼

北京使館區成為一座孤島的同時，各國援軍雲集天津大沽外的渤海灣。

六月十六日，各國援軍在大沽炮臺和清軍展開激戰。當天中午，慈禧太后召開御前會議商討對策。處於帝國金字塔頂端的王親大臣、六部、九卿一百餘人悉數參加了決定天下命運的這次會議。

會議糾結於如何看待義和團的問題。一派是堅持袒護利用義和團，

辛丑條約：邁入沉淪的深淵

另一派反對利用義和團，立場堅定，涇渭分明。袁昶說：「拳實亂民，萬不可恃。就令有邪術，自古及今，斷無仗此成事者。」他們一派主張鎮壓義和團，迅速穩定局面，然後與外國交涉。慈禧對外國人心存忌諱，反駁說：「法術無足恃，豈人心亦不足恃乎？今日中國積弱已極，所仗者人心耳。若並人心而失之，何以立國？」既不想和外國交涉，又沒有強大的力量可以依靠，她只能轉向義和團。「法術無足恃」表明慈禧對義和團那套三腳貓的功夫也不相信，她看重的是義和團狂飆運動中體現出來的「人心」。強烈對外的社會心理是和慈禧太后的意志一致的，可以利用的。

會議討論的結果是：第一，由榮祿派兵保護使館區。等京津鐵路修復後，使館人員願去天津與否，悉聽尊便；第二，千方百計阻攔八國聯軍進京。可見當時，清政府還不想與列強開戰，又想不出妥善的解決方法，只求維持現狀。總理衙門將朝廷的意見通知了各國使節，榮祿也派出了清軍保護使館區。

十七日，大沽炮臺陷落的消息傳來。下午三時，慈禧太后緊急召開第二次御前會議。會上，慈禧拿出了一份列強的「照會」。照會內容四條：1.指明一地，令中國皇帝居住；2.代收各省錢糧；3.代掌天下兵權；4.勒令慈禧太后歸政光緒皇帝。如此重要的照會據說是榮祿的門生從江蘇搞來，透過榮祿轉呈的。也有人說是「大阿哥黨」們炮製的這份照會。總之，後人大多懷疑此照會的真實性普遍的說法是照會的四項要求早就在西方人中流傳。上海英文報紙《北華捷報》發表了一篇社論，明確提出了這四項要求，又被轉載在《字林西報》上。可能是在此文刊登前，被報社華裔職工獲悉，輾轉被江蘇糧道羅嘉傑所悉。羅道臺將之當成重要情報匯報給了北京。不論真假，它對慈禧的心理造成了巨大打擊。慈禧和列強的矛盾實質是權力之爭，慈禧害怕西方推翻自己的地位。之前

西摩爾的進軍、現在大沽炮臺失陷、列強大軍雲集天津,再到眼前明確逼自己退位的照會,無不切割著慈禧脆弱的神經。

內容一宣布,依附慈禧權力的載漪等二十多人哭成一團,宣誓效忠太后老佛爺,要求和洋鬼子誓死一戰。慈禧惡狠狠說道:「今日釁開自彼,國亡在目前,若竟拱手讓之,我死無面目見列聖,等亡也,一戰而亡,不猶愈乎?」慈禧這番話大有為了自己的權位,不顧國家存亡,脅迫天下和自己與西方世界一戰的豪賭心理。贏了,慈禧保住了權位;輸了,國家敗亡,生靈塗炭。載漪等人卻在一旁眾口一詞助陣:「非戰不可。」慈禧於是拍板:「今日之事,諸臣已聞之矣,我為江山社稷,不得已而宣戰。」

袁昶、許景澄二人趕緊勸阻慈禧太后不能依靠義和團,更不能向列強宣戰,不然會國破家亡。慈禧太后正在氣頭上,降旨將二人處斬:「許、袁二人其罪在聲名惡劣,平日輸洋務,各存私心。每遇召見時,任意妄奏,莠言亂政,且語多離間,有不忍言者。」許袁二人死後,家人不敢收殮,昔日的同事、兵部尚書徐用儀代為殯葬。載漪、剛毅等人得知後,指使一夥義和團民闖入徐家,將徐用儀及全家人緊緊捆住後亂刀捅死。一不做二不休,載漪、剛毅又指使團民去聯元家中殺害了聯元、逮捕了立山。立山多次公開懷疑義和團的「神術」,團民抓住他後在義和團壇前焚表查驗他是不是「二毛子」。查驗時,紙灰上升,表明立山不是二毛子,但團民還是將他投入監獄。徐用儀、聯元的死和立山被捕,慈禧太后都不知曉。載漪、剛毅等人事後請旨誅殺三人時,慈禧立即同意殺戮三人。這表明,慈禧已經漸漸偏離了正常思維,多少染上了極端排外的情緒。諷刺的是,殺害徐用儀的聖旨給他定的罪名是:辦理洋務貽患甚深。

開明官員橫死,頓時讓朝堂上下噤若寒蟬。沒有人再敢勸阻慈禧太后理性行事了。

辛丑條約：邁入沉淪的深淵

　　慈禧也曾派剛毅、刑部尚書趙舒翹等人出京考察義和團運動的真相。可她選的這兩個人都是根深蒂固的保守排外分子，出京後看到義和團民到處搗毀鐵路電線、焚燒洋書油畫，「於我心有戚戚焉」，從心底認同了義和團的思想。結果他們回來大誇義和團的好處，鼓吹義和團可用。這對慈禧在非理性的道路上一路狂奔也起了推波助瀾的作用。

　　六月十九日，總理衙門照會各國駐華使節「限二十四點鐘內各國一切人等均需離京」。

　　困守使館區的各國公使集會商議對策。德國公使克林德提議各公使聯袂前往總理衙門要求保護。其他公使紛紛搖頭反對。日本書記官杉山彬的死就是血淋淋的教訓，表明外國人離開了使館區就有生命危險。克林德大不以為然。他十八歲就進入德國使館做翻譯，在中國歷練多年，性格暴躁又自信。克林德並不害怕義和團，十四日下午他就曾率士兵開槍打死團民約二十人。他見其他公使拒絕一同去總理衙門，堅持單獨去面見總理衙門官員。

　　結果，這成了克林德一生中作出的最後一項決定。他離開使館區後就再也沒有回來。

　　六月二十日，克林德帶著翻譯柯士達分乘兩頂轎子前往總理衙門，走到現在東單北大街西總布胡同西口的時候遇到了載漪掌管的虎神營小隊長恩海率領士兵巡邏。克林德在轎中開槍向恩海射擊，恩海躲過子彈後拔槍還擊。克林德頓時喪命，成了被清軍殺死的第二個外交官。當時在北京的記者莫里循採訪了逃回來的翻譯柯士。柯士達說：「誰射殺了公使，他的同伴是些什麼人，這都是沒有疑問的。他們不是義和團，而是清兵，都穿著軍服。他們無疑是事先在捕房附近埋伏好的。唯有九門提督崇禮方能下此命令……此外，還有一個情況可以佐證公使是被政府軍謀殺的：沒有人向轎伕和馬伕開槍。假如是義和團，他們一般都會以同

樣的仇恨襲擊為洋人服務的中國人。」莫里循在《泰晤士報》上報導：「太后和端郡王……籌劃了一次集體屠殺，根據這一計畫，所有外國公使在那天早晨都將大難臨頭。」他的觀點代表了西方普遍的看法，那就是克林德是被清政府有組織、有預謀地謀殺的。可根據八國聯軍占領北京後對恩海的審問，並沒有發現「預謀」的證據。恩海說載漪事後曾答應提拔自己，還說要賞銀七十兩。結果，恩海只拿到五十兩賞銀，也沒有獲得提拔。中國史學界普遍認為，克林德的死是一次意外衝突，沒有預謀。

克林德死的第二天（六月二十一日），清政府以光緒皇帝的名義，向英國、美國、法國、德國、義大利、日本、俄羅斯、西班牙、比利時、荷蘭、奧匈帝國十一國同時宣戰。

宣戰詔書痛斥西方列強欺凌、侵略中國：「欺凌我國家，侵犯我土地，蹂躪我民人，勒索我財物。朝廷稍加遷就，彼等負其凶橫，日甚一日，無所不至。小則欺壓平民，大則侮慢神聖。」因此，「朕今泣涕以告先廟，慷慨以誓師徒，與其苟且圖存，貽羞萬古，孰若大張撻伐，一決雌雄」。那清政府拿什麼和西方所有主要國家作戰呢。首要的力量當然是義和團：「近畿山東等省，義兵同日不期而集者，不下數十萬人，下至五尺童子，亦能執戈以衛社稷」；其次的力量是全國忠勇的百姓：「無論我國忠信甲冑，禮義干櫓，人人敢死，即土地廣有二十二餘省，人民多至四百餘兆，何難剪彼凶焰，張國之威」。

詔書擬得振奮人心，但所謂的宣戰卻局限於對北京使館區的主動進攻。原本聚集在使館區周邊的義和團和朝廷軍隊，前者揚言要攻入使館殺絕洋人，後者是受命來保護使館區的。六月十六日到二十日中午，因為榮祿所部軍隊的保護，義和團沒能對使館發動進攻。六月二十日下午開始，形勢變了。使館區遭到了清軍和義和團的聯合攻擊。

各使館已經抓緊時間築起防禦工事，武裝成年男子和部分婦女，嚴

陣以待。在此後將近兩個月內，外國人依仗防禦工事和先進的軍火，阻擋住了清軍和義和團的聯合進攻。

外國親歷者的紀錄能讓我們對使館區的戰鬥有一個直觀理解。竇納樂事後在報告中寫道：「（六月二十日）下午四時正，清軍從北面和東面開火⋯⋯於是開始了中國政府軍隊對北京各使館的有組織地進攻」，「他們為了要打垮及消滅我們做了三個多星期的堅決努力⋯⋯而這種努力不是利用暴徒或叛兵，而是利用中國政府有組織的部隊幹的」。康格在信中寫道：「華兵奮擊共二十六日⋯⋯約計施放砲彈四千有奇，槍彈數萬⋯⋯中國兵死約二千餘名。」義和團缺乏組織和訓練，武器低劣，加上迷信「刀槍不入」的神功，常常盲目進攻，造成了巨大的無謂傷亡。曾經有一名「十五歲之童子⋯⋯直對日本防線而來，手中並無兵器，只拿引火之物及油一瓶」，他本想縱火，結果半道就中彈死去了。

宣戰詔書透過電報傳達給了各地督撫。改革派的總督們都反對宣戰的決定。湖廣總督張之洞回奏朝廷，「懇請嚴禁暴民，安慰各國，並請美國居中調停」。山東總督袁世凱派兵保護境內教堂和外國人的安全。兩廣李鴻章則直接抗旨，說「此亂命也，粵不奉詔」。隱隱中，他們都感覺大禍將至。

南方有志之士開始自發地挽救局勢，避免戰火蔓延。洋務幹將盛宣懷提出了「東南互保」方案，建議南方四大總督（李鴻章、張之洞、袁世凱加上兩江總督劉坤一）拒絕宣戰詔書，而且還要向各國公使承諾保護境內外國人生命財產，允許各國保護租界的中外商民生命財產。「東南互保」方案得到了李鴻章、張之洞等人的響應，也獲得了東南張謇等企業界人士得支持。各方積極促成東南和北方劃清界限，保界安民。四大總督中劉坤一對「東南互保」方案表示猶豫 —— 畢竟是抗旨不遵的「大逆」之罪，弄不好要掉腦袋的。跟他素有交情的張謇出面勸說。劉坤一

說出了顧慮，北京即使淪陷了，太后和皇上可以去西北，朝廷還在。張謇回答朝廷是名，東南是實，名實要相符。如果東南陷入戰火，朝廷有名無實，即使逃到西北也存在不長。劉坤一這才下定決心，加入「東南互保」。他對幕僚賓客說：「頭是劉姓物。」腦袋是劉坤一自己的腦袋，他提著腦袋抗旨主和。

結果，劉坤一不僅保住了腦袋，「東南互保」還保住中國大部分地區免於戰火摧殘。八國聯軍和義和團的戰火被局限在北方數省。

八國聯軍在中國

華北暴亂沸騰、北京使館區陷入重圍時，列強開始籌組大軍，謀劃對華動武。

籌劃侵華最積極的是沙俄。沙俄覬覦中國北方不是一年兩年了，苦於沒有機會。義和團一鬧，沙俄眼睛就綠了，看到了趁火打劫的良機。沙俄駐華公使格爾思獻策沙皇：「情況千鈞一髮，只有列強有力堅決的合作才能制止運動。」沙俄內部迅速作出了侵略中國，擴大戰火的決定。俄軍遠東部隊司令阿列克謝也夫組織遠征艦隊，源源不斷地運送作戰部隊、裝備和糧食南下旅順、大沽口。六月初，天津大沽口外集結了外國軍艦共三十餘艘，其中沙俄軍艦有九艘。

各國陸續授權在津海軍軍官在中國展開軍事行動。於是六月十六日上午十一時，各國海軍軍官在俄國軍艦露西亞號集會，推舉俄國將軍海爾德布蘭特為最高指揮官。海爾德布蘭特向大沽炮臺發出最後通牒，限令中國守軍交出炮臺。遭到了斷然拒絕後，當天下午三點，三艘俄國軍艦挑頭，各國海軍向大沽炮臺發動攻擊。

八國聯軍侵華戰爭就此進入了第二階段。如果說西摩爾指揮的第

辛丑條約：邁入沉淪的深淵

一階段八國聯軍侵華戰爭小打小鬧，那麼第二階段可是軍艦大砲的大場面了。

根據《泰晤士報》七月五日的報導，七月初有一萬三千五百零六人八國聯軍官兵在天津登陸。其中有俄國五千八百一十七人，日本三千七百零九人，英國一千七百零六人，德國一千三百人，法國三百八十七人，美國三百二十九人，義大利一百三十一人，澳大利亞一百二十七人。怎麼還有澳大利亞軍隊呢？當時澳大利亞還是英國的殖民地。英國儘管在華有巨大的殖民利益，無奈一九〇〇年前後在南非被荷蘭人就纏住了，大批大批的軍隊調往南非打仗，在遠東地區兵力薄弱。中國戰爭爆發後，英國無兵可用，只好在遠東各殖民地搜刮軍隊，包括威海衛的「華勇營」、香港軍團、新加坡軍團和印度軍團等。可惜這些殖民地軍隊都不是英國血統。而有「純粹的」英國血統的澳大利亞各殖民地正在鬧獨立，卻響應英國號召派遣海軍和陸軍參加了侵華聯軍，讓英國人喜出望外。一九〇一年一月一日，正當澳大利亞軍隊還在中國作戰時，澳大利亞聯邦宣告成立。澳大利亞軍隊成為獨立的一國軍隊，因此有人提議將「八國聯軍」更名為「九國聯軍」。

七月十四日，八國聯軍攻占天津，直隸總督裕祿兵敗自殺。聯軍組成了天津都統衙門，對天津實行殖民統治。

攻下天津後，聯軍紛紛增兵。沙俄增兵最多，在天津駐軍兩萬多人。各國推舉德國陸軍元帥瓦德西伯爵為聯軍最高指揮官。瓦德西帶著德軍赴任，直到戰爭結束才趕到中國。這期間，八國聯軍的實際指揮權操在俄軍手中。八月一日，各國指揮官在俄軍營房集會，參加者有俄軍中將李尼維支、日軍中將山口素臣、英軍中將蓋斯里、法軍中將福裡、美軍少將沙飛和一名德國海軍軍官。在會上，大家作出了進犯北京的決定，確定了各軍人數（侵略軍總人數兩萬，其中日軍九千人、俄軍四千

人）和具體協作事宜。

　　為了奪取攻占北京的首功，沙俄在其中耍了一個花招。八月十二日八國聯軍占領通州後，李尼維支訛稱俄軍需要休整，通知各國司令官在通州休息一天。原先各國均覺得沒有必要，後經磋商決定在通州休整兩天，十五日再進攻北京。結果第二天俄國陸軍少將瓦西列夫率領一營步兵和部分砲兵背著盟友，單獨向北京發動進攻。後來在和談時，俄國政府堅持本國在攻占北京時出力最多，要求獲得最多的好處。

　　八月十六日晚，八國聯軍基本占領了北京城。前一天（十五日），慈禧太后挾光緒皇帝向太原方向逃去，官方說法是「朕奉慈駕西巡」。

　　首都北京在近代第二次落入侵略軍手中，第一次是一八六〇年被英法聯軍占領。

　　九月，聯軍總司令瓦德西抵華。當時八國聯軍在華已有十萬大軍，以北京和天津為據點，四處出兵進攻山海關、保定、正定等地，最遠攻入山西境內。俄國在八國聯軍侵華後期表現得更加活躍，單獨調集步騎兵十七萬，分六路侵入中國東北。沙俄阿穆爾總督格羅杰科夫宣稱，凡是俄軍足跡所到之處，都是沙俄的領土，公開宣布阿穆爾河（即黑龍江）右岸為俄國所有。十月，沙俄占領東北全境，開始向東北委派地方官吏，向東北百姓攤派賦稅徭役，改中國地名為俄國名稱，妄圖吞併東北。

　　東北告急，華北淪陷，天下都岌岌可危了。

　　八國聯軍在占領區內展開了駭人聽聞的燒殺搶掠，將包括北京、天津等重鎮在內的華北大地摧殘成了人間地獄。

　　直到一九七〇年，七十九歲的吳桂榮還記得「庚子那年，我才十歲，家裡有爹、娘、哥哥、姐姐和我，共六口人。我們住在胡同裡，見窮老俄來就關上大門，誰知他們往門上灑煤油，放火燒。大火封了門，窮老俄端著槍站在門口，見人衝出來就用刀挑死。我姐姐挨了一刀，沒

有死，就我倆逃出來了。我走到海河邊一看，死人可多了，河槽裡屍體都飄滿了」。已經九十二歲的孫啟望回憶說：「我家世世代代住在大王莊，八國聯軍攻天津，俄國兵最凶了。我逃了三次，都睡在開窪，沒有逃掉的被俄國兵割去腦袋。」

身為聯軍總司令的瓦德西從天津登陸，趕往北京，沿途看到：「從大直沽到天津之間，以及天津重要部分，已成一種不可描寫之荒涼破碎。據余在津沽路上所見，所有沿途村舍，皆成頹垣廢址，塘沽系五萬居民的地方，已無華人足跡。」除了塘沽變成一片廢墟外，從大直沽到鹽坨之間的七華裡線上，田莊、唐家口、小王莊、大平莊、李公樓、紀家樓等村莊被燒得一乾二淨。商鎮北塘本來人家超過萬戶，戰後只剩下三千戶。像北塘這樣的城鎮在占領區無法確數。戰火燃遍之後，饑饉和瘟疫隨即趕來。瓦德西也承認：「至於饑荒疫病之先後繼至，實已無疑可言。」

中國文化和政治的瑰寶──北京城受到了有史以來最大的浩劫。俄軍占領京師大學堂作為司令部和參謀部；景山禁地「成了俄國的軍營。哥薩克騎兵的小馬和一峰孤獨的無精打采的駱駝被拴在山腳下的小樹上」。卷帙浩繁的《永樂大典》、《四庫全書》集中國文化之大成，只因為在侵略軍眼中沒有價值，就被四處拋棄、焚燬；「萬園之園」圓明園在一八六〇年已經被英法聯軍先搶後燒過一次了，如今又被更多的侵略者搶掠焚燒，徹底變為了一片廢墟。鼓樓上的更鼓，靜悄悄地立在那，結果也被路過的日本兵用刺刀扎破了。

聯軍司令部曾特許官兵在京公開搶劫三日。從公使、將軍到傳教士、士兵都參加了這一暴行。日軍從戶部衙門搶走三百萬兩銀子後，立即燒房毀滅罪證，收穫最豐。最有「秩序」的搶劫是英軍和美軍。他們把搶來的東西登記造冊，在使館當眾拍賣，銷贓所得按官兵階級高低分

配。遇到反對的中國人，強盜們就開槍殺人。聯軍規定「遇到執槍械華人，定改必即行正法。若由某房放槍，即將該房焚燬」，因此八國聯軍官兵的搶劫、殺人、放火都是「合法」的。強盜們經常強指無辜百姓是義和團，不由分說加以殺害。莊親王府被侵略者一把火燒光，當場燒死一千八百人；法軍曾路遇一隊中國人，竟用機槍把人群逼進死胡同連續掃射十五分鐘，血流成河；日軍抓到中國人則試驗各種酷刑，要麼試驗一顆子彈能射穿幾個人，要麼故意向中國人身體亂射，看著中國人痛苦地死去。北京城裡真正是屍體枕藉、屍橫遍野，屍骨層層疊疊，沒有人清理，加上北京盛夏酷熱，屍臭很快蔓延在四九城的大街小巷。

八月二十八日，八國聯軍耀武揚威，在紫禁城舉辦了閱兵式。各國軍隊三千多人在天安門廣場金水橋前集結，俄國軍樂隊吹奏各國國歌、樂曲，在前引導著俄軍、日軍、英軍、美軍、法軍、德軍、意軍、奧軍方陣通過天安門、端門，穿過紫禁城，出神武門。軍靴踐踏紫禁城的同時，強盜們的眼睛賊溜溜地亂轉。閱兵之後，強盜們以參觀為名重新回到皇宮，展開了瘋狂的搶劫。太和殿前存水的銅缸表面鍍了一層金，也被強盜用刀刮去。那些斑斑刮痕至今還在昭示後人。

一九〇〇年十月十日，澳大利亞新南威爾士殖民地部隊從天津開赴北京。在楊村，他們遇到美國海軍陸戰隊的一個哨所。美國兵的供應之全，讓連麵包都吃不上的澳大利亞士兵羨慕不已。後者馬上提出要購買美國兵的供應。美國士兵的要價竟然比雪梨、墨爾本等大城市的售價都低。澳大利亞士兵喜出望外，從美國哨所購買了大量東西。戰後歸國，記者採訪官兵對其他各國士兵的印象，美國士兵得到了「朋友」、「裝備優良」的評價。

途中，澳大利亞人遇到了一個掉隊的義大利士兵。他剛剛被中國人搶走了步槍。南威爾士部隊隨行的四名孟加拉國士兵立即追入青紗帳，

抓住了搶槍的幾個中國人。澳軍軍官讓他們扛了幾個小時沉重的馬克沁機槍（來華後英軍剛剛配發給澳軍的）以示懲罰，然後釋放了他們。當然，這群澳大利亞人也加入了搶劫者行列。不幸的是，京津大路沿線早就被洗劫過一遍了。澳軍闖進村莊，希望搜尋到古董珍寶，結果除了鄉村廟宇裡供奉著神像沒有發現其他有意思的東西。失望的搶劫犯們只好從一些人家的牆上摘些字畫當做戰利品。

澳軍進入北京後，發現「中國首都的悲慘生活直如人間地獄，大街上成千的野狗像狼一樣地在啃咬著中國人的發臭的屍體，而夜晚則槍聲不斷」（《雪梨先驅晨報》刊登的一名新南威爾士部隊士兵的北京來信）。澳軍指揮所設在一所喇嘛廟裡，一天指揮所旁的一所民宅遭人縱火，火勢蔓延至喇嘛廟和附近的一家絲綢庫房。最後，澳軍抓住了縱火的中國人，竟然是被燒房子的主人。經過審訊，翻譯說被捕者是名義和團民，為了燒死澳軍事先將家小送走，然後焚燒自己的房子。次日早晨，五名澳洲士兵組成了行刑隊，槍決了這名義和團民。這是新南威爾士部隊在中國的第一次處決。此後，這支澳軍在北京多次槍決義和團成員。瓦德西到任後，對捕獲的義和團民改槍決為斬首，希望加大震懾力。澳軍覺得斬首太不人道，從此拒絕執行行刑任務。

來自澳大利亞維多利亞殖民地的澳軍留駐在天津，在一九〇〇年十月參與進攻河北保定府。

十月二十一日，八國聯軍抵達保定，中國守軍投降。維多利亞的澳軍負責被捕的仇外排外的「罪犯」。後來，德軍從澳軍手中接收了這批人，執行處決。德軍命令中國人挖好大坑，然後排成一行槍決，屍體就勢滾入挖好的坑中，然後掩埋。德軍在殺人中表現出來的冷酷和嚴謹讓澳軍驚訝。因為駐華公使克林德被殺，德軍在華進行了殘酷的報復行動。十一月七日，維多利亞部隊回到天津。本次保定作戰，這支澳軍

「根本沒有見到敵人,更不要說與敵人作戰,所見無非都是洗劫、縱火和處決」。

在天津,殖民機構都統衙門的統治也留下許多值得一書的細節。一九〇一年元旦,都統衙門到處張貼布告。內容是:「為出示曉諭事:照得現聞有人假充本衙門之人或充練軍勒索錢文,准該民人等前來本衙門指名稟控,派兵查拿嚴辦。為此示仰諸色人等知悉。特示。光緒二十六年十一月十一日。」

原本,各國官兵直接統治中國人,遭遇了中國特色的「潛規則」。比如有人向都統衙門告發有翻譯在天津匯豐銀行存入白銀一萬兩,是趁隨軍出征示威演習時訛詐的。都統衙門下令匯豐銀行在查清此款的合法主人之前禁止支付;又有人舉報一些歹徒趁社會動亂,在鄉村收取保護費用。都統衙門責成巡捕局逮捕了部分歹徒,並進行審判;後來都統衙門發現的漢奸或者歹徒的敲詐勒索事件,都責成巡捕局辦理。

一九〇〇年冬季來臨後,京津地方紳士和中國僱員按照清朝官場的規矩,開始籌備「炭敬」孝敬占領軍。所謂「炭敬」就是利用冬天送炭禦寒的名義,下級向上級、地方官向京官送錢,順便「聯絡感情」。為此應付「炭敬」熱潮,天津都統衙門在一九〇〇年的第八十四次會議上除了討論發放救濟、變賣舊子彈、逮捕義和團、民教衝突等事項外,專門「研究了關於當前一些華人向政府部門成員贈送禮物的問題」,並形成決議:

本委員會認為此舉應當嚴加制止。同時也相信,政府所有成員都不會接受華人除水果和鮮花以外的任何饋贈。

一九〇〇年春天過去的時候,華北混亂的局勢開始塵埃落定。

八國聯軍先前進軍山西追擊慈禧太后和光緒皇帝的計畫受挫,慈禧太后逃到西安後,清政府在西安開始對全國發號施令。慈禧太后在逃亡

辛丑條約：邁入沉淪的深淵

途中就下達了剿滅義和團的命令，在中外軍隊的聯合絞殺下，義和團死傷慘重，團民紛紛退出，整個組織很快瓦解殆盡。八國聯軍占領東北全境和京津地區後，無力進一步擴大占領區，開始思考如何善後。

參與八國聯軍的日本、法國、德國、義大利、俄國都有分割中國領土的想法。俄國更是希望趁機割占中國東北領土。但英國和美國重視商業利益，希望保持中國門戶開放，堅持反對俄國、日本的領土野心。英美希望保持一個穩定統一的、能保證列強殖民利益的中國政府。列強內部出現了根本性的善後政策分歧。

其次，中國人在災難中表現出來的英勇不屈的鬥爭精神和堅忍不拔的生命力，讓列強感受到中國的勃勃生機。沒有一個列強有能力、有信心對中國進行直接統治。天津英軍司令部參謀奇亞夫上尉接受《雪梨先驅晨報》採訪稱中國人是「最不凡的」，「他們能在自己的財產、生命遭受危難時，還像一個哲人般坦然面對，看著洋鬼子們奪走他的糧食、衣物和一切，看著家園被焚燬，看著妻子兒女被迫逃命，他卻照樣帶著微笑注視著敵人，即使損失會依然慘重。他的心中一定在醞釀著下一輪對洋鬼子的抗爭！」儘管八國聯軍占領了部分中國領土，但他們一直不能做到穩定的占領，更談不上有效的直接統治了。瓦德西承認：「在東北常有武器完備的騎兵，數百成群，襲擊俄軍，使其坐臥不安。」沙俄陸軍大臣也擔心沙俄派遣軍的處境：「住在南滿的俄國軍隊是分散而被包圍在敵視我們的中國群眾之中。」

最後，各國政府得出結論，直接占領中國是不現實的，現實的是在談判桌上懲罰清政府，鞏固和擴大殖民利益。

中國大部分地區是完整的，那裡有幾億雙仇視的眼睛盯著八國聯軍的一舉一動。這讓侵略者們膽顫心驚，更為清政府提供了善後的籌碼。

清政府內部依然有「戰」、「和」兩種意見。有人建議朝廷遷都西

安，組織勤王，與八國聯軍繼續作戰。諷刺的是，載漪等守舊排外勢力因為力主引進義和團勢力、對外國開戰導致滔天大禍，已經被漸漸清醒理智下來的朝野所唾棄。載漪等人此時再也不敢說繼續作戰了。相反是許多愛國官員激憤於八國聯軍的獸性，力主抗戰。可實際情況是：朝廷直接掌握的京畿部隊已經在與八國聯軍的對陣中覆滅了，朝廷哪裡有軍隊繼續抗戰？剛剛的失敗也表明，冷兵器為主的清朝軍隊完全不是全副近代武裝的八國聯軍的對手。同時，朝廷賴以依靠的南方各省紛紛加入「東南互保」，反對戰爭，主和的聲音一陣高過一陣。

清政府也決定和談，在談判桌上清理戰爭廢墟。

李鴻章又簽賣國條約

一九〇〇年七月十七日，七十七歲的李鴻章在廣州登上北上的輪船。

年邁多病的李鴻章在貼身侍衛的攙扶下，極其緩慢地走過跳板，上了甲板上就癱倒在大籐椅上休息起來。他把渾濁的目光投向茫茫的北中國海，那裡將是他的目的地，也將可能是他的政治墳墓。幾天前，朝廷下詔，調任兩廣總督李鴻章為直隸總督兼北洋大臣，任命李鴻章為全權大臣與列強議和。

慈禧太后環顧天下，唯有在政壇起伏近五十年、外交經驗豐富的李鴻章「也許」能夠完成不可能完成的議和重任。

李鴻章完全可以不背起這副重擔。他推辭的理由很多：年邁、多病、南方不穩、不熟北方發生的事情等等。從個人利益上來看，李鴻章也應該推辭。李鴻章辦了大半輩子洋務，結果甲午戰爭的隆隆炮聲葬送了他經營多年的洋務結晶北洋艦隊，也宣告了李鴻章洋務努力的徹底失敗；每次朝廷戰敗後者受辱都是李鴻章出來做消防員救火，其中的許多

後果是他造成的，但更多的後果不是他造成的，可朝廷選定了他來善後。經他的手簽訂了一個又一個不平等條約，讓國家割地賠款道歉。國人「賣國者秦檜，誤國者李鴻章！」的聲討聲他聽在耳裡，百口莫辯。尤其是甲午戰敗後，李鴻章向中國讀書人目之為「倭奴」的日本人卑言下語，簽訂了傷害國家元氣的《馬關條約》，名聲跌落谷底。人雖未死，但名已列入「奸臣傳」了。如今，八國聯軍占領首都，重兵屯集華北，口口聲聲要報仇雪恥。李鴻章在這種情況下深入虎穴，讓八國聯軍撤軍，如果不作出巨大的讓步、簽訂新的不平等條約，怎麼能辦得到？如果那樣，李鴻章又得添一大罪狀，成為天下的大罪人。

可這一次，李鴻章沒有推辭，還是拖著病體北上了。

李鴻章是懷著憤慨、無奈、蒼涼的心，漂蕩在中國東部洋面上。他很早就力主洋務自強，可惜不僅少有人支持，拆臺的人倒是不少；他一直力主韜光養晦，和外國和好，利用現存外交體系維護中國利益，可惜出了義和團和八國聯軍這麼大的婁子。在整個事件中，李鴻章都沒有參與。簽訂《馬關條約》後，李鴻章因為名聲惡劣，加之反對派排擠，從直隸總督兼北洋大臣的任上被「發配」到嶺南當了遠非同份量的兩廣總督，被排擠出了核心權力圈子。身為旁觀者，他眼睜睜看著國家大禍降至卻無法出力阻止，事後卻要為此負責，承擔惡名。這是多大的委屈與無奈啊？

當年在日本春帆樓為甲午戰爭善後時，李鴻章遇刺，子彈射入他的左頰。李鴻章一直保留著遇刺時的血衣，理由是「此血可以報國矣！」日本是他的傷心地，李鴻章發誓絕不踏入這塊土地。一年之後，慈禧太后安排李鴻章考察歐美各國，避開國內洶湧澎湃的「討李」浪潮。李鴻章不得不途經日本換船前往美國。到日本，李鴻章拒絕上岸，只是在兩船之間搭一個木板，然後在別人的攙扶下顫顫巍巍地走了過去。這一次

和八國聯軍鬥法，李鴻章心裡也沒有底，有的只是堅強的意志和堅定的信念。

一九○一年九月二十九日，李鴻章到達天津。他曾經在天津執政達二十多年，擔任天下群督之首的直隸總督，編織自己洋務強國的夢想。如今，李鴻章故地重遊，專門去看了直隸總督衙門 —— 這也是他回任直隸總督後的辦公場所，結果只看到一片斷壁殘垣。

十月十一日，李鴻章到達北京。中外和談正式開始。

十月，法國率先提出了懲治禍首、賠款、拆除大沽炮臺等六項和談要求，作為與清政府談判的基礎。各國公使就此進行補充、修改，於十二月二十四日以十一國（組成聯軍的八國加上比利時、西班牙和荷蘭三國）的名義共同向清廷提出《議和大綱》十二條。

列強主動提出十二條和談大綱，讓清政府鬆了一口氣。既然有了和談要求，就說明十一國放棄了滅亡清朝的念頭，有了和平善後的可能。在西安的朝廷意識到只要認可了十二條大綱，生死危機就可以度過了。朝廷的基本態度是「十二條不能不照允」，認為十二個條件是各國公使「往復密商其政府數十日而定議，非此不能轉圜，非此不能結局」。

但是「不能不照允」並不是「全部照允」。

朝廷給李鴻章等和談代表發去指示，要求：可以以列強的和談條件為談判基礎，但在具體問題上要反覆「磋磨」，「審度情形，妥籌磋磨，補救一分是一分耳」。挽回一點損失是一點。

中外雙方討價還價的核心問題是賠款金額問題。

中國要向列強支付巨額賠款，這是雙方都沒有異議的。列強當然是獅子大開口，要求的賠款越多越好。但清政府家底本來就捉襟見肘，經過義和團和八國聯軍這麼一鬧，目前是「身無分文」了。慈禧太后和光緒皇帝是空手倉皇西逃的，餓得好幾天吃不上飯，最後還是問山西老鄉

討稀粥充飢。現在讓清政府搬出金山銀山來，請政府哪裡拿得出來啊？

　　早在一九〇一年一月十三日，會辦商務大臣盛宣懷就預測到了列強索求賠款一事。他認為過多的賠款會動搖清政府的統治，弄不好外國人撤軍了，清政府卻因為支付不了賠款而崩潰了。「中國對外賠款為數過巨，中國財政原本即萬分拮据，瀕臨崩潰，竭天下脂膏，不足還債，何以立國？」盛宣懷致電奕劻、李鴻章、榮祿等人，得到了朝野的認同。清政府朝野大臣的基本觀點是賠款是「量力而行」。這裡的「量力」就是「量中國力所能及」（軍機處致議和代表電）、「量中華之物力，結與國之歡心」（二月十四日朝廷上諭）。遺憾的是，後人在解讀「量中華之物力」的時候產生了誤會，誤以為這是清政府不惜搜刮民脂民膏、傾全國之力討好外國侵略者，是典型的賣國言論。連繫到當時的背景和文件上下文，它的本意是「唯各國既定和約，自不致強人所難。著於細訂約章時，婉商力辯，持以理而感以情。各大國信義為重，當視我力之所能及，以期其議之必可行」（二月十四日朝廷上諭）。

　　那一邊，列強也在思量著向中國索取多少賠款合適。剛被解救出來的各國駐華公使組織了英、德、比、荷四國組成的「賠款委員會」，專門負責研究中國賠款的標準、範圍。後來為了給「賠款委員會」提供研究依據，美、德、法、日四國又組成了「中國財政資源調查委員會」，調查中國物產、財力和賠償能力。

　　和談交鋒正式展開。清政府首先發招，以籌集賠款為名，要求提高中國海關稅率。關稅主要是正對各國輸華商品和外國在華商人徵收，稅率的提高對清政府有利而對外國有害。結果，各國強烈反對中國提高關稅。

　　列強反過來要求清政府向廣大百姓加捐加稅，搜刮對外賠款。清政府也強烈反對這個要求。盛宣懷就認為國家已經「庫儲一空」，如果賠

款太多，朝廷必然力不從心。「或謂中土民物蕃庶，不難搜括。然中國千百年來取民甚薄，若一朝苛索，恐民心思亂，積怨生事。」老百姓本來就對苛捐雜稅怨聲載道──這也是義和團狂飆興起的重要心理基礎，如果進一步加捐加稅，必然激發國內矛盾。但是，列強不依不饒，逼迫清政府在國內籌集賠款。對此，清政府訓令中國駐各國公使向駐在國政府表示，若按列強要求加賦百姓，「必激民變，中國不能允」。中國要求列強酌情減少賠款數額，放寬中國支付的年限要求，讓中國有充分的時間籌集。

四月十九日，列強正式向清政府提出了中國賠款金額：四億五千萬兩白銀。

李鴻章當即明確表示金額太大，中國難以承受。

各國公使則稱：「各國只索實用之數，並無虛開。」明明是漫天要價，列強卻還敢說一點都沒多要。

李鴻章展開外交公關，希望能大幅削減賠款金額。他分別會晤了英、美、日等國駐華公使。美國公使康格向李鴻章表示，美國政府承認中國的財務狀況最多只能承擔三億一千萬兩白銀，並答應「擬向各國勸減」。這讓清政府對美國的「勸減」產生了期望。同時，清政府向各地督撫徵求賠款意見。湖廣總督張之洞分析說八國聯軍侵華戰爭，並非圖利而來，因此中國只要據理交涉，應該能夠減少金額。張之洞認為四億兩白銀比較恰當。兩江總督劉坤一則認為可以不給各國「現銀」，借此緩解中國的財政壓力。綜合各方面的意見，清政府給李鴻章、奕劻等人下達任務，要求將賠款減至美國公使所說的三億一千萬兩白銀，同時讓列強「勿索現銀」。既然不是支付現錢而是延期支付，朝廷進而要求李鴻章等人將支付年限拉長，爭取低利息。

李鴻章、奕劻表示，將不遺餘力與列強「竭力磋磨，爭得一分

辛丑條約：邁入沉淪的深淵

是一分」。

李鴻章等人不管怎麼軟施硬磨，都掩蓋不了朝廷外強中乾的本質。列強緊緊抓住了朝廷的七寸，知道慈禧太后等人急於返回北京恢復對全國的統治。在談判桌上，駐華公使處於絕對優勢的地位，不耐煩清政府的討價還價，多次威脅李鴻章等人，逼迫清廷在七月一日前公開下旨接受四億五千萬兩賠款，利息四厘。在此基礎上，外國軍隊才從北京撤軍。如果清政府到期不接受，外國軍隊就繼續占領北京等地，還要清政府支付占領費用。德國駐華公使穆默就揚言，等華北炎熱的夏季來臨，各國就不便撤兵，最早也要九、十月以後再說了，需要請政府支付更多的軍費。

列強的強硬態度關閉了討價還價的大門。李鴻章、奕劻認為「兩宮急盼撤兵，方議回鑾」，如果不接受列強的賠款條件，各國不肯撤軍，太后和皇上就不能回京。而且八國聯軍多留華一天就向中國多索取百萬軍費，拖延到秋後中國要額外多賠上億兩白銀。他們建議無奈接受。

五月二十六日，朝廷致電議和大臣李鴻章、奕劻，明確稱：「各國賠款共四百五十兆 四厘息。著即照准，以便迅速撤兵。」

一九○一年（光緒二十七年，農曆辛醜年）九月七日，慶親王奕劻、直隸總督李鴻章代表清政府，與英國、美國、日本、俄國、法國、德國、義大利、奧地利、比利時、西班牙、荷蘭 11 國公使在北京正式簽訂喪權辱國的《辛丑各國和約》（簡稱《辛丑條約》）。

《辛丑條約》分十二款正文和十九個附件組成。主要內容如下：

一、賠款。中國賠款白銀四億五千萬兩白銀。這個數目相當於當時中國的總人口。列強等人給全體中國人人均「罰銀」一兩，以示侮辱。清政府短期內根本拿不出如此巨額的賠款，《辛丑條約》就規定中國賠款分三十九年還清，年息四厘，本息共計九億八千萬兩，以海關稅、常

關稅和鹽稅作擔保。關稅和鹽稅是清朝政府最主要的財政收入，現在成了賠款的抵押物，等於把自己的錢袋交到了外國手裡。列強據此左右了中國財政。

二、將北京東交民巷劃定為使館區，區內禁止中國人居住，由各國派兵駐守。這就讓使館區成了「國中之國」，惡性擴大了在華外國人的特權。

三、拆除大沽及有礙北京至渤海通道的所有炮臺，外國可在自山海關至北京沿鐵路的十二個地方駐紮軍隊。想想看，外國大軍長期盤踞在中國腹地，而且幾乎占領首都及其附近的要地，中國的安全還怎麼保障？

四、清政府承諾鎮壓排外鬥爭，永遠禁止中國存在任何「與諸國仇敵」的組織，違者處死；地方官員必須保證外國人的安全，否則立予革職，永不敘用；鬧義和團期間凡發生反帝鬥爭的地方，停止文武各等考試五年；懲治八國聯軍侵華期間站在義和團一邊的朝野官員，從中央到地方被監禁、流放、處死的官員共百多人。相反，清政府讓徐用儀、許景澄等人平反昭雪。條約第二款第一條詳細規定了要懲辦和昭雪的人員名單：

端郡王載漪、輔國公載瀾，均定斬監候罪名，又約定如皇上以為應加恩貸其一死，即發往新疆，永遠監禁，永不減免；莊親王載勛、都察院左都御史英年、刑部尚書趙舒翹，均定為賜令自盡；山西巡撫毓賢、禮部尚書啟秀、刑部左侍郎徐承煜，均定為即行正法；協辦大學士吏部尚書剛毅、大學士徐桐、前四川總督李秉衡，均已身故，追奪原官，即行革職。又兵部尚書徐用儀、戶部尚書立山、吏部左侍郎許景澄、內閣學士兼禮部侍郎聯元、太常寺卿袁昶，因上年力駁殊悖諸國義法極惡之罪被害，於西曆本年二月十三日，即中歷上年十二月二十五日，奉上

諭開復原官，以示昭雪。

五、對德日兩國「謝罪」。因為克林德和杉山彬被害，清政府分派權貴大員赴德日兩國道歉。清政府還在德國公使克林德被殺之處建立牌坊，以示紀念。

六、將總理衙門改為外務部，班列六部之首，作為清政府與列強固定而通暢的外交管道。

《辛丑條約》是一個徹徹底底的賣國條約，不平等條約。中國不僅要付出巨大的犧牲，而且在財政、軍事、外交甚至思想上被外國政府所控制，必須貫徹外國人的意志。尤其是鎮壓國內排外仇外言行的義務，讓清政府站到侵略者一邊對付本國百姓。近代革命家陳天華乾脆稱清政府為「洋人的朝廷」，條約的簽訂讓愛國志士扼腕痛惜，紛紛站到了朝廷的對立面，扛起了反清革命的大旗。

當然，《辛丑條約》中也有部分中性內容，比如改善水路河道、設立黃浦河道局等的規定。外國政府鑑於清朝游離於現代外交制度之外，痴迷「天朝上國」的心理不願平等對外各國駐華公使，特地在附件中帶上了「觀見禮節說帖」。說帖規定清朝皇帝要在乾清宮正殿接見諸國使臣；諸國使臣呈遞敕書或國書時，清朝皇帝必須以親王乘轎的規格將使臣迎入大內，禮成後送回，來往都要派兵隊前往使館迎送；外國使臣所遞敕書或國書，皇帝必須親手接收；清朝皇帝宴請諸國使臣，應在大內之殿廷設備，皇帝要在座。外國政府從鴉片戰爭前後就開始爭取的公使和清朝皇帝的外交禮儀問題，至此被各國公使挾戰勝餘威用條約附件形式固定了下來。原本小事一椿的禮節問題要拖延半個多世紀才得以解決，後人從中似乎能窺見清朝近代以來頻繁品嚐外交失敗苦果的原因。

《辛丑條約》簽訂後，八國聯軍陸續從華北地區撤軍。但沙俄大軍依然盤踞東北，不受《辛丑條約》的約束。李鴻章簽訂又一個賣國條約後，

一病不起，可還得拖著日益加重的病體和俄國公使談判東北撤軍問題。十月三十日，李鴻章從俄國使館談判回來後病情加重，當夜胃部血管破裂，咯血半盂，血色紫黑，有大血塊。經過德國、美國大夫治療，李鴻章養病到十一月五日病情似乎有所好轉。

五日早上，幕僚感覺早早起床的李鴻章精神清爽。白天，李鴻章還和人談論公事和新聞，只是吐字不太清楚，精神也有些恍惚。晚間，李鴻章吃了少量梨汁、藕汁，半夜中感到喉中有痰，呼吸帶喘。六日早晨，李鴻章的病情急轉直下。李鴻章的老部下、直隸布政使周馥聞訊趕到李鴻章暫息的賢良寺時，李鴻章已穿上殮衣，呼之不應、口不能語，進入彌留之際了。拖到七日中午，奄奄一息的李鴻章依然瞪著兩隻大眼睛，死不瞑目。周馥哭喊道：「老夫子有什麼心思放不下，不忍心離開啊？您經手沒有完成的事，我們後人會辦妥的。請放心去吧！」突然，李鴻章的嘴唇喃喃開合了幾下，沒說出話來，流下眼淚。周馥用手撫摸李鴻章的眼瞼，邊抹邊哭訴。李鴻章的雙眼這才合上。李鴻章終年七十八歲，因為簽訂了《辛丑條約》而飽受天下人謾罵。鋪天蓋地的罵聲甚至有來自朝廷內部的。

李鴻章曾在病榻上上奏朝廷：「臣等伏查近數十年內，每有一次構釁，必多一次吃虧。上年事變之來尤為倉促，創深痛劇，薄海驚心。」的確，清王朝屢次受辱，吃虧無數，又不思進取不學外交，最終被《辛丑條約》壓得喘不過氣來。李鴻章是清醒的，卻對國家的沉淪無能為力，所能做的就是盡其所能挽回部分損失，默默面對潮水般的誤解與指責。

清朝政府在反省義和團和八國聯軍的教訓後，以上諭形式總結道：「追思肇禍之始，實由諸王大臣昏謬無知，囂張跋扈，深信邪術，挾制朝廷，於剿辦拳匪之諭，抗不遵行，反縱信拳匪，妄行攻戰，以致邪焰大

張，聚數萬匪徒於肘腋之下，勢不可遏。復主令魯莽將卒，圍攻使館，竟至數月之間，釀成奇禍。」這其中有自我洗刷的成分，但基本是符合事實的。只是後人要問，從鴉片戰爭剛開始就屢受打擊的清朝大小臣工，為什麼在付出了一筆筆高額學費後還不思悔改，到一九〇〇年了還「昏謬無知」、還「妄行攻戰」？

二十一條：弱國的艱難抵抗

二十一條：弱國的艱難抵抗

袁世凱與日本的新仇舊恨

　　民國四年（西元一九一五年）一月十八日下午三時，袁世凱在中南海懷仁堂接見了日本駐華公使日置益。

　　袁世凱以為主動求見自己的日置益是來討論山東問題的。第一次世界大戰爆發，日本對德國宣戰，進攻德國的山東勢力範圍。民國政府仿照晚清日俄戰爭舊例，宣布「局部中立」。一九一四年底，日本軍隊占領膠州灣和東膠鐵路，拒絕撤軍。誰想，日置益拿出厚厚的一摞文件，宣稱日本政府對民國政府提出了一些新要求，希望袁世凱承認。說完，日置益簡要地介紹起來，日本這些對華新要求一共分五號，共計二十一條。

　　第一號要求共四條，是有關山東問題的：日本繼承德國在山東的一切權益，並且要求建造由煙臺或龍口連接膠濟路的鐵路；中國從速自動開放山東省內各主要城市作為商埠。第二號要求共七條，要求將東北南部（日本所謂「南滿」地區）和內蒙古東部地區劃為日本勢力範圍：將旅順、大連租借期限及南滿、安奉兩鐵路期限均展至九十九年；日本人在南滿及內蒙古東部地區自由居住、經商、開辦實業；日本壟斷該地區的礦產等。第三號是有關漢冶萍公司的兩條要求：兩國「合辦」該公司；壟斷該公司所屬各礦及附近礦山。第四號要求只有一條：中國沿岸所有港灣及島嶼，只能割讓給或者租與日本。

　　日置益說完第四號要求，看看袁世凱和在場的祕書夏壽田等人都面帶怒色，又拿出第五號文件，介紹起來更聳人聽聞的七條要求：中國中央政府聘用日本人充當政治、財政、軍事顧問；中日合辦中國警察、軍工等事業；將長江流域的鐵路建造權許與日本，日本壟斷福建交通；日本在華所設醫院、寺院、學校等擁有土地所有權；日本在中國有布教權。如果說前面的四號要求都是在具體領域將中國捆綁起來，侵害中國

主權，那麼這第五號文件赤裸裸地向中國軀體上捅刀子，無疑是要變中國為日本的保護國。

介紹完成，日置益不顧袁世凱等人面紅耳赤、神色激憤，繼續說道，如果中國政府承認此二十一條要求，日本將歸還膠州灣，同時「敝國向以萬世一係為宗旨，中國如欲改國體為復辟，則敝國必贊成」。

袁世凱壓住怒火，宣布將由外交部和日本方面具體商議，要日置益等候消息。

等日本人走後，袁世凱臉色鐵青，咬牙切齒地和在場隨扈說，日本這二十一條要求是要滅亡中國，就是日軍打到新華門了也不能同意。縱橫中國權力場的袁世凱對於日置益最後以支持自己稱帝為誘餌，引誘自己承認二十一條尤其感到憤怒。此前，袁世凱已經動了稱帝的心思，並開始製造輿論開展準備工作。現在，他屬聲命令祕書夏壽田，所有關於帝制之事一概停止。「我要做皇帝，也不做日本的皇帝。」當務之急，是如何應對日本咄咄逼人的二十一條要求。

儘管已經是傍晚時分，袁世凱還是命令召集外交總長孫寶琦、外交次長曹汝霖、總統府祕書長梁士詒等人緊急來總統府密議對策。當晚，民國政府的外交決策層整整磋商了一夜。大家一致認為，要想方設法拒絕日本的過分要求。

現存於天津市歷史檔案館的袁世凱資料中，有一份袁世凱在二十一條最初文本上所作的硃筆批註。袁世凱逐行逐字，對日本的要求進行了批駁，讓後人直觀地看到了袁世凱對於二十一條最真實的看法。

比如在第二號開頭，日本人寫道：「日本國政府及中國政府，因中國向認日本國在南滿洲及東部內蒙古享有優越地位。」袁世凱批道：「無此『向認』。」在「日本國臣民得在南滿洲及東部內蒙古任便居住往來，並經營商工業等各項生意」這條要求旁邊，袁世凱批道：「漫無限制，各國

援引，尤不可行。」在「中國政府允准，所有中國沿岸港灣及島嶼概不讓與或租與他國」這條要求上面，袁世凱直接將「他國」改為「外國」，然後認為「此當然之事」。中國海港和島嶼本來就不能讓與包括日本在內的任何外國。在「所有在中國內地所設日本病院、寺院、學校等，概允其土地所有權」這條要求上面，袁世凱把「所有權」三字重筆點出，表示異議。在日本有關內蒙古東部地區借款、課稅、開埠、合辦農工業等方面的要求，袁世凱乾脆直接批道：「辦不到。」

整份文件的末尾，袁世凱批道：「各條內多有干涉內政侵犯主權之處，實難同意。」

第二天（一月十九日），袁世凱召見軍事顧問日本人坂西利八郎，憤慨宣布：「日本竟以亡國奴視中國，中國絕不作朝鮮第二。」

據說，袁世凱臨死的時候曾感嘆：「日本去一大敵矣。」誠如所言，袁世凱一生以日本為敵，日本也始終視袁世凱為大敵。

日本是近代侵略中國最多、危害中國最深的國家，愛國之人無不視日本侵略勢力為敵。袁世凱仇視日本，完全是出於愛國義憤。袁世凱生父和嗣父雙亡後，曾由叔父袁保恆撫養。袁保恆在西北任職，就將袁世凱帶到了西北。當時西北正全民動員，軍民踴躍奔赴抗俄前線；左宗棠率領清軍，深入不毛之地，清除分裂勢力殘餘，逼迫沙俄勢力退出侵占的中國領土。這些事情給少年時期的袁世凱以很大影響。

袁世凱從軍後的第一次大行動，或者說袁世凱政治生涯的起步，就是入朝抗日。一八八二年，日本人利用朝鮮高宗李熙生父、大院君李罡應和明成皇后閔氏之間的矛盾煽動了「壬午兵變」。朝鮮向清朝求援。袁世凱所在的慶軍被派遣入朝平亂。在朝鮮，青年袁世凱與日本勢力死纏惡鬥了十二年，彼此結下了深仇大恨。

袁世凱在朝鮮，先是參與設置鴻門宴，將大院君逮捕，押送到國內

保定關押，後又馬不停蹄返回朝鮮，隨軍將日本人趕出朝鮮。事畢，袁世凱留駐漢城，主動向高宗提出要幫朝鮮練兵自強。袁世凱用英德近代方法幫助朝鮮組建了幾千人的禁衛軍，軍容整齊、戰鬥力強，受到了高宗李熙的讚揚。兩年後，袁世凱指揮慶軍一半人馬留駐朝鮮，成為了清朝勢力在朝鮮的實質代表。袁世凱的主要敵人就是日本勢力。日本人處心積慮要吞併朝鮮。

一八八四年十二月，日本人趁中法戰爭爆發之際，慫恿部分朝鮮官員叛亂和日本軍隊一起發動「甲申政變」，入宮劫持高宗，又矯詔殺害了許多大臣。局勢不明，敵我力量懸殊，袁世凱當機立斷，認為事情的關鍵是高宗皇帝被日本勢力劫持，首先要奪回皇帝。袁世凱不顧部下反對，先斬後奏，集合所有清軍攻進皇宮，迅速擊潰日軍，救出高宗，粉碎了政變。為了有效控制朝鮮，袁世凱甚至捲起鋪蓋住到高宗皇帝的隔壁，和皇帝一起接受大臣的匯報，處理朝鮮政務，指揮文武官員，成為事實上的「監國」。日本人對袁世凱恨得牙癢，「以執政親中國，疑朝鮮拒日，皆中國駐朝總辦袁世凱所為，殊怨袁」。於是日本政府「憾之刺骨，百般排陷之」，多次照會清廷，指責袁世凱挑釁多事，要求清朝查辦。

一八八五年，伊藤博文親自與李鴻章交涉，要求懲辦袁世凱。袁世凱一度心灰意冷，離開朝鮮。半年後，袁世凱再次受命護送大院君回朝鮮主政，第二次踏上朝鮮的土地，出任駐朝商務委員。袁世凱入朝強力恢復「監國」地位。此次，朝鮮局勢更加複雜，親日勢力高漲，部分勢力則借助西方列強力量希望制約清朝。袁世凱在朝廷投入極其有限的情況下，只能在禮儀、外交等方面勉力維持中國和朝鮮傳統的宗藩關係。勉強堅持到一八九四年，日軍藉口鎮壓東學黨起義增兵朝鮮與清軍對峙。中日戰爭一觸即發，袁世凱處境惡化，一方面是朝鮮國內的反清勢

二十一條：弱國的艱難抵抗

力敵視他，一方面是對他恨之入骨的日本人到處宣揚要殺掉他。日軍甚至把大砲瞄準了袁世凱的官署。袁世凱依然盡職地拜訪日本公使，奉勸日本撤軍，遭到日本拒絕。未幾，朝鮮在日軍的逼迫下宣布為獨立國。袁世凱工作正式失敗，悲壯地致電李鴻章：「倘若朝廷決定對日作戰，則請先撤回在朝鮮的使署人員，世凱以一身報國，無所畏懼，但恐有辱使命，有損國威。」一八九四年六月十五日，袁世凱黯然回國。六天後，日軍擄去高宗，朝鮮停止向中國進貢。朝鮮局勢滑向了戰爭，袁世凱最終敗給了日本。

袁世凱回國後負責編練北洋新軍，明確不招收日本軍校畢業生，寧願捨近求遠進口德國武器裝備和軍事技術，也對低廉方便的日本軍火不屑一顧。看著袁世凱在晚清和民國政壇的崛起，仇視袁世凱的日本政府如鯁在喉。袁世凱出任清朝內閣總理時，日本人策劃了截車炸車、襲擊官邸的計畫，企圖暗殺袁世凱，沒有成功。辛亥革命時，日本又夥同沙俄趁火打劫，出兵滿蒙，一個要殖民東北，一個策劃蒙古獨立。袁世凱派人去蒙古查辦，鎮壓叛亂，還查獲了日本向喀喇沁王提供的軍火。民國初年，北京政府缺錢缺人，但袁世凱四處向英國、法國等歐洲列強尋求援助，就是不對躍躍欲試想藉機擴大在華影響的日本伸出橄欖枝。

日本政府此次要求一貫反日的袁世凱承認二十一條過分要求，實在是居心叵測。如果袁世凱接受了，日本可以全面控制北京政府，掠奪中國的資源，而袁世凱將承擔賣國的千古罪名；如果袁世凱不接受，日本可以將破壞和談的罪名貼在袁世凱身上，繼續賴在膠州灣不走。同時，日本人還等著看袁世凱處理二十一條這個燙手山芋時手忙腳亂的樣子呢。

想到這，袁世凱暗罵道：狗日的，沒安好心。

一月二十七日，為了迎戰即將到來的中日談判，袁世凱改任外交總長孫寶琦為審計院院長，以外交經驗豐富的陸徵祥為外長。二月二日，

中日代表舉行第一次二十一條交涉會議，中方代表為外長陸徵祥、次長曹汝霖、祕書施履本，日本方面是日置益公使、小幡參贊、高尾參贊。曠日費時的中日二十一條交涉正式開始。

交涉一開始，袁世凱就正色告訴日本代表：「可讓者自可談判，不可讓者，如第五號諸條，則絕不能讓。」外交次長曹汝霖是國內著名親日分子，「平素喜怒不形諸顏色」，在會談時「激憤之情溢於言表」、「情緒頗為激越」，「竟亦吐露慷慨的言辭」。日本公使日置益認為「對中國尤其袁政府立場而言，卻頗感嚴峻」，向國內報告稱要袁世凱全盤接受要求非常困難。

日本代表於是在會談中拋出了一系列的「誘餌」，希望中國代表能夠接受要求。這些引誘除了歸還膠州灣外，主要是支持袁世凱政府，保障袁世凱的個人安全。（這從反面證明了日本之前不支持袁世凱政府，一心謀害袁世凱）二次革命後，許多革命黨人流亡日本，集合留日學生和部分日本人，進行反袁活動。日本代表也承諾一旦袁世凱接受二十一條，日本政府將嚴格取締在日本的反袁活動。（這也反證了日本政府之前支持反袁勢力）。

在談判桌上，陸徵祥遵從袁世凱的指示，一味周旋，拖。

日本人也知道二十一條要求狼子野心見不得光，因此要求盡快結束交涉，以免夜長夢多，引起國際干預。在談判時間上，日置益要求雙方天天談判，全天不停地談。陸徵祥藉口自己事務繁忙、身體不好，堅持每週就二十一條商談三次，談判時間為下午二時至五時，每次三個小時。日置益被迫答應。每次談判開始時，陸徵祥先請雙方代表入座寒暄，說些天氣、吃飯等無關話題，同時命令安排好的侍從們上茶獻煙，然後就桌子上的茶和煙再發一番評論。他安排的那些侍從們也特意穩步慢走，慢慢地點煙，又是鞠躬又是作揖，拖延時間。等寒暄品茶完畢，

談判時間已經過去了一個小時。在剩下的兩個小時談判過程中，不管日方代表如何危言厲色，陸徵祥都和顏悅色，對提問未置可否，常常抓住一些細節發表鴻篇大論。陸徵祥在晚清時期就進入外交界，幾十年下來經驗豐富，外交技巧高超。他的外文說得比中文好，加上是上海人，說的官話中夾著上海口音和外國語法，讓人聽起來特別彆扭。最神奇的是，陸徵祥的說話拖沓是出了名的。袁世凱一度提名陸徵祥繼唐紹儀後出任內閣總理，陸徵祥去參議院發表見面演說時，竟然就家常話題和客套話講了一個小時，讓參議員們大跌眼鏡，竟然因此沒有通過提名。可以想像，日置益遇到這樣的對手，既要費力理解，思索語句，感覺不對勁的時候又抓不到陸徵祥的把柄，不好發作。

對日置益來說，談判是樁苦差使。對陸徵祥來說，這何嘗不是一件苦差使。他這是在示弱，是在苦撐待變、以拖待變，實屬萬般無奈之舉。但凡有強大的後盾，外交官不會在談判桌上不著邊際的拖延。袁世凱也很無奈，國家貧弱多事，強敵逼上門來。他能怎麼做呢？

幕後新聞戰

袁世凱不能直接拒絕二十一條，他必須借助外力來抵抗日本的壓力，進而擊退日本的侵略。橫在他面前的首要障礙是，日本要求二十一條談判是祕密談判，絕對保密，不能向外界泄露隻言片語。日本政府之前推測袁世凱可能的對策就是中國傳統的以夷制夷，借助西方列強的力量遏制日本獨霸中國的野心，所以他們一開始就提出了「絕密」的談判要求。

可是在一月十九日，日本人在中國辦的《順天時報》就刊登了日本公使與袁世凱談話並提出重要案件的消息。二十二日，日本《朝日新聞》

印發號外，刊載了日本對華四條要求：一是關東租借期限和南滿鐵路期限均延至九十九年；二是德國在山東省的全部利益悉讓與日本；三是開放中國最重要的一些地點作為商埠；四是日本在華享有建築鐵路和內河航行之權利。日本政府馬上以「有害兩國國交」為由，禁止日文報紙轉載和評論此等消息，禁止《朝日新聞》發行號外。然而同日，中文的《亞細亞日報》、英文的《北京日報》均以《日本又向外交部提新要求》為題報導了中日正在進行談判，但都沒有具體的談判內容。此後，零零星星刊登中日新談判消息的報紙越來越多。消息又是怎麼泄露的呢？

消息是袁世凱政府有意泄露的。困守祕密外交的要求無異於作繭自縛，袁世凱自然不會迂腐地遵從日本要求。只有讓外人知道了日本的強盜要求，中國才能可能爭取到援助，抗擊日本。陸徵祥就極力主張公開宣布二十一條內容，讓列強和全體國民討論。曹汝霖擔心這樣議論沸騰，反而影響外交進程。所以袁世凱採取了「故意泄露」的方法。時任袁世凱祕書的顧維鈞回憶外交總長每次與日使會晤後，他都要化妝去見美國公使芮恩施和英國公使朱爾典，祕密通報談判內容。北京城裡最早獲悉二十一條談判的外國人之一的芮恩施也回憶說：「中國的一些高級官員幾乎每天都來跟我就他們的困難進行商談」，磋商「對付日本提出的這些要求的最好的辦法」。《芝加哥日報》、《紐約時報》就從美國駐華公使館輾轉獲悉了部分談判內容，分別在一月二十五日、二十七日介紹給了美國輿論。

日本方面見狀，藉口報紙登載了日本公使與中國外長的談論內容，消息「系來自北京通訊」，強烈詰責中國方面泄露消息。袁世凱政府自然是矢口否認，並在交涉正式開始的二月二日發出關於嚴禁外交人員向新聞媒體泄漏消息的通告。

暗地裡，袁世凱在採取進一步行動。二月五日下午，他邀請政治顧

二十一條：弱國的艱難抵抗

問、英國人莫里循來談話。袁世凱將日本的要求和盤托出。他首先向莫里循介紹了第五號文件的內容，包括日本控制中國政府，中日合辦警察，由日本來保證中國的完整，日本有權在中國任何地方布教等等。袁世凱特別提到了日本要壟斷中國沿海和島嶼；日本有權修造四條從南昌起始的鐵路，袁世凱強調造的是日本人的鐵路，而不是日本人為中國人建造的鐵路；有關合辦漢冶萍公司的要求，意味著所有長江流域煤礦、鐵礦的開採都受制於日本。這些要求都強烈侵犯了以長江流域為勢力範圍的英國利益。袁世凱還講述了日本在東北和福建的要求，最後說日本公使日置益在談判過程中態度傲慢，堅持要中國政府全盤接受二十一條。

曾長期擔任《泰晤士報》駐華記者的莫里循意識到巨大的新聞價值，回去後立即整理了一份與袁世凱的談話內容備忘錄。他認為，將資料公之於眾，讓西方對日本施加壓力是中國免除日本要求壓迫的主要辦法。二月九日，莫里循主動與老東家《泰晤士報》駐北京記者端納聯絡。第二天，端納趕來了。莫里循把整理出來的消息託付他在《泰晤士報》上發表。二月十一日，《泰晤士報》收到了端納拍發的長達三百一十八個字的電訊。

沒想到，日本方面早就預料到了袁世凱會走媒體管道爭取外援，事先讓日本駐英大使出面向《泰晤士報》「解釋」了日本政府的要求。而西方政府知道中日開始新的祕密談判後，美、俄、英各國紛紛向日本外務部要求獲知具體內容，尤其是日方的條款。日本政府已經選擇其中要求最為平緩的十一條以正式文書通知各國（沒有一條涉及關鍵的第五號文件）。由於日本公布的十一條要求都是對日本原有權益的必然擴大，並沒有直接損害西方列強在華利益，並沒有引起西方政府和媒體的關注。所以，二月十二日《泰晤士報》只是以《二十一條要求大綱》為題刊發了特稿，詳細說了東北局勢和與英國有關的長江流域的情況，並沒有報

導日本第五號要求有關內容。莫里循在十一日還把消息告訴了美聯社駐北京通訊員摩爾，後者轉告了美聯社。但美聯社把摩爾的消息扣了下來，要求摩爾告知消息來源，因為摩爾的消息和日本使館「證實」的消息不符。

清末民初時期，西方來自中國的消息魚龍混雜，夾雜著擴大和渲染的成分，所以西方媒體對披露二十一條內容的消息持懷疑態度。而對日本公布的「十一條」要求，許多媒體（包括《泰晤士報》）甚至認為是合理的，中國應該接受。

新聞戰的第一回合，袁世凱政府出師不利，期望中的列強干預並沒有出現。北京政府還「深恐公眾輿論默然同意這個受到較少譴責的文本，從而鼓勵日本更強硬地迫使中國接受全部要求」。莫里循和端納等人意識到，日本政府在有目的地矇蔽世界輿論，於是建議中國政府公布日本要求的全文譯本。二月十五日，莫里循終於得到了官方拍照複製的「二十一條」全文英文譯本。袁世凱終於決定公開日本的要求。

一石激起千層浪，日本要求曝光後，各國新聞譁然，將二十一條衝上頭版版面。列強政府紛紛抗議日本的有意矇蔽。日本國內部分報刊也表示不滿。迫於輿論和國際壓力，日本政府不得不在二月底將「二十一條」全文祕密通告了美英法俄各國。不過，他辯稱第五號要求是對中國提出的「希望」，目的是增加中日友好。

惱羞成怒的日本政府在二月五日、二十二日、二十八日三次由日置益專門提出交涉內容「泄密」的問題，指責中國政府「大用新聞策略」，「如每次會議後外國記者即將內容通告英美」，以致「群言尤雜，人心搖動」。日本要求中國嚴禁媒體報導中日交涉，甚至要求中國取締報導相關新聞的報紙。北京政府反覆聲明「本國政府絕無利用報紙之事」。那麼消息是怎麼傳出去的呢？袁世凱就指責日本自己沒有做好保密工作，把內

二十一條：弱國的艱難抵抗

容泄漏給了日本報紙，「致中外報章紛紛注意，時為袒中袒日之論，以惹世界之揣測」，現在竟然反過來指責中國！

袁世凱披露日本無理要求的目的達到了，然而期望中的外力援助能夠適時到來嗎？

借力打力，力從何來呢？袁世凱期望的外力首先是列強的同情和向日本施加壓力。日本在列強忙於歐洲廝殺的時候，趁火打劫，想排擠列強獨霸中國，侵犯了各國的既得利益。所以袁世凱對列強干預的期望很高，讓顧維鈞等人與美英政府保持密切連繫。可他也沒把所有期望都寄託在列強身上，同時積極開始對日外交，希望利用日本內政分歧化解中國外交壓力，如果能夠釜底抽薪，讓二十一條消失於無形就更好了。為此，袁世凱向日本派出了密使。袁世凱甚至還向日本專家請教日本的政治體制，看日本政府能否獨立發動對華戰爭、天皇能否約束內閣的強硬要求。

袁世凱沒有想到的是：消息披露後，國內民眾救亡抗日情緒高漲，成為了新的、政府可以依靠的力量。中國的全民抵抗熱潮，成為袁世凱期望之外的第三股外力。

中日交涉消息一經披露，中國各地一片憤慨之聲，國內反日浪潮迭起。上海、北京、天津、杭州各地，商家、學生和華僑各界，一致要求抗日——這在政治紛爭的民國初年極少見。上至十九省將軍由馮國璋、段芝貴領銜致電政府，表示強烈反日，「有圖破壞中國之完全者，必以死力拒之」；下至販夫走卒、挑水賣茶的，閒暇時都聚集在街頭巷尾，「聚議中日交涉中之是非及華人如何救國之道，其狀亦極迫切」。全國上下「茶坊酒肆公共會集之處皆有華人團坐桌間，攢首聚議最近之談判消息，並懸擬日本將有何舉動，聲雖不揚，然頗激昂」。從二月二日到二十一日，總統府接到數百起有關中日談判的文書，其中總統府顧問

廳二十一件，洋務處十四件，外交部二十三件；部員以個人名義遞呈者一百一十七件，巡按使六件，將軍四十三件，道尹三十件，縣知事兩百多件，普通百姓遞呈者七十五件。

一開始，二十一條被披露的資訊很少，眾說紛紜，政府方面遮遮掩掩。民眾要求政府立即公開內容，「國乃民有，非政府諸公所得私之也」，讓國民都知道交涉內容。各政黨、北京報界公會、商務總會紛紛上書或推舉代表，請求政府盡快宣布如何答覆日本要求。參政院就中日交涉問題祕密開會，質詢外交當局，要求政府詳細解釋中日交涉。二十一條被詳細披露後，民眾紛紛表示願為國禦辱，比如署名「浙江全體公民」的文章指出對於日本的無理要求「雖在婦人孺子無不髮指眦裂，願與一戰而死」。人們紛紛採取實際行動抵抗日本，最主要的就是抵制日貨。日本在華商品傾銷遭遇了極大困難。

反袁勢力在抵抗日本問題上空前一致。二次革命後，黃興一派沒有加入孫中山組織的中華革命黨，另立鬆散的歐事研究會。其成員李根源認為革命黨應該暫緩革命，以便政府集中全力對付日本。一九一五年二月二十五日，黃興、陳炯明、柏文蔚、鈕永建、李烈鈞五位二次革命的革命領袖通電，除譴責袁世凱獨裁專制外，表示要顧全大局，在國難當頭之際停止反政府行動。許多革命黨人流亡日本，日本代表在交涉中專門提出，如果袁世凱接受二十一條，日本政府將驅逐革命黨人，不允許反袁勢力在日本活動。許多革命黨人獲悉情況後，憤慨為日本所利用，紛紛離開日本。二次革命期間堅守南京與北洋軍作戰、遭到通緝流亡日本的何海鳴，冒著生命危險毅然回國，也不願意繼續待在日本。

四月底，國內報紙披露日本提出修正案和最後通牒的消息，抗日救國的輿論熱潮達到頂峰。人們一致要求拒絕日本，表示願意毀家捐軀報國抗日。比如對日同志會稱：「日本無禮要求，竟以通牒迫我，國恥民

仇，無可再忍，務乞堅持抗拒，人民誓犧牲一切以為後盾。」

　　袁世凱對出乎意料而起的全民抵抗熱潮既想借助又要壓制。對於原本主張和平的北京各大報紙天天登載中日交涉新聞，言詞激烈，情緒高漲，袁世凱並沒有下令干涉。但他在給各省的電文中既然表示「萬難接受」日本要求，同時也要求各省軍政長官穩定大局，防止社會動盪。袁世凱把外交視為政府行為，擔心國內輿論左右政府決策，也擔心民眾過激行為授人口實。好在，北京新聞記者俱樂部開會表示要以穩健態度，光明正大的對外言論報導中日交涉，引導民眾。

日本讓步了

　　袁世凱的主要希望還是在西方列強身上。在統率辦事處致各地方當局的密電中，袁世凱期望的結果是「歐美輿論一致反對」，日本「受無數牽制，計不得逞」。

　　日本耍橫，袁世凱是無力硬擋的。可日本這樣做也是虎口奪食，趁歐美國家注意力都在歐洲戰場的時候把原本屬於歐美或者可能歸屬歐美的利益霸占過來，引虎驅狼，讓歐美力量遏制日本就是袁世凱最大的對策了。他透過管道表達了對日強硬態度。如俄國駐華公使庫朋斯齊向國內報告：「總統派人來告訴我……他已毅然決定，對那些他認為蓄意侵犯中國主權的日本要求，在任何情況下，即使日本訴諸武力，他亦絕不讓步。」

　　結果多少符合袁世凱的預期。首先是日本的盟國英國對日本覬覦長江流域英國勢力範圍表示「關心」，然後是美國重申了門戶開放的精神。美國公使芮恩施表明：「美國從未放棄在華的任何條約權益。」在遏制日本擴張問題上，歐美國家和中國站在一邊，但在更大範圍中歐美各國需

要仰仗日本。在第一次世界大戰問題上，在維持東亞秩序問題上，列強和日本的立場是一致的。而且列強被戰爭拖累，無力也不想對日本採取強硬態度。他們除了關切的詢問交涉內容外，主要是「勸告」日本的擴張步伐不要邁得太大。芮恩施把歐美的做法形象比作「等於在人家已經把門怦的一聲關起來之後，我們才通過門上的鑰匙孔悄悄地說上幾句規勸的話」。歐美各國的外交微風，遠遠不足以讓日本放棄二十一條。

相反，承受國際壓力的日本指責袁世凱「仍襲以夷制夷故智，求助於英美法俄，乃四國以日本代管東方利益故，咸有所顧忌，卒無以應，不得已擬利用各國新聞之鼓吹，藉以時論維制於萬一」。為此，日本採取更強硬、更急迫的態度，加緊了對中方代表的催逼。

袁世凱派日本人有賀長雄祕密回國展開外交說服，卻取得了不錯的成效。日本國內，明治維新的部分勛臣舊將還在，他們加上退位的內閣大臣們組成了影響不容小覷的元老勢力（松山正義、山縣有朋、大山嚴、井上馨等）。有賀長雄祕密連繫了各位元老。他在給總統府參議曾彝進的電文中建議中國「宜以內政有種種困難為理由」，在東北和內蒙古問題上讓步，但「聲明第五號毫無讓步之餘地」。「日本若欲加以強制手段，諸元老必制止之。」袁世凱覺得這個要求還是太高了。隨著二十一條內容全部公開，日本承受的壓力也逐漸增大。尤其是中國抵制日貨的運動，給日本工業重創。日本元老們普遍重視日本的國際形象和地位，重視對華貿易。為扭轉可能發生的，非但二十一條不能達成，還給日本帶來負面影響的不利局面，元老們紛紛出面，要求內閣做必要的讓步，早日結束僵持不決的中日交涉。袁世凱在國內壓制排日，傳遞「經濟提攜」的訊息，也讓日本元老派多少產生了共鳴。

四月二十六日，日本政府權衡利弊後，提出修正案，在二十一條要求上主動做了讓步。

二十一條：弱國的艱難抵抗

　　原來第一號第二款要求：「中國政府允諾，凡山東省內並其沿海一帶土地及各島嶼，無論何項名目，概不讓與或租與他國。」現在第二款改為換文，中國政府的「允諾」也改為了「聲明」。第三款原為：「中國政府允准日本國建造由煙臺或龍口接連膠濟路線之鐵路。」現在改為：「中國政府允准，自行建造由煙臺或龍口接連膠濟路線之鐵路，如德國願拋棄煙濰鐵路借款權之時，可向日本資本家商議借款。」原來第四款要求中國政府允諾從速自開山東省內「各主要城市」作為商埠，現在是從速自開山東省內「合宜地方」為商埠，同時加了一個附加說明：「所有應開地點及章程，由中國政府自擬，與日本國公使預先妥商協定。」

　　第二號原本要求中國「向認」日本在南滿洲及東部內蒙古享有優越地位，現在改為：「為發展彼此在南滿洲及東部內蒙古之經濟關係起見。」具體內容改動較多，比如第三款原來是：「日本國臣民得在南滿洲及東部內蒙古任便居住往來並經營商工業等各項生意。」修正案中的第三款刪除了「東部內蒙古」。又比如第四款原來是：「中國政府允將在南滿洲及東部內蒙古各礦開採權許與日本國臣民。至於擬開各礦，另行商訂。」現在整款改為換文：「中國政府允諾，日本國臣民在南滿洲左開各礦，除業已探勘或開採各礦區外，速行調查選定，即准其探勘或開採，在礦業條例確定以前，仿照現行辦法辦理。」修正案下面列明了日本在東北南部的九處礦地（石灰 5，石炭 2，鐵 1，金 1）。再比如第六款原來是：「中國政府允諾，如中國政府在南滿洲及東部內蒙古聘用政治、財政、軍事各顧問、教習，必須先向日本國政府商議。」現在改為換文，由中國政府聲明以後如果在東北南部聘用外國顧問或教官，「儘先聘用日本人」。

　　第四號要求徹底改為：「按左開（註：條約是從右到左豎寫的）要領中國自行宣布所有中國沿岸、港灣及島嶼，概不讓與或租與他國。」

　　對於關鍵的第五號要求，日本的修正案用換文和雙方代表的「言明」來代替。

　　有關南方鐵路問題，日本在換文中提供了兩個選擇方案：「對於由武昌聯絡九江、南昌路線之鐵路，又南昌至杭州及南昌至潮州之各鐵路之借款權，如經明悉他外國毫無異議，應將此權許與日本國」或「對於由武昌聯絡九江、南昌路線之鐵路及南昌至杭州、南昌至潮州各鐵路之借款權，由日本國與向有關係此項借款權之他外國直接商妥以前，中國政府應允將此權不許與何外國。」有關福建沿海島嶼問題，修正案以換文形式要求中國政府允諾，「無論何國」都不許在福建沿岸建設造船廠、軍用蓄煤所、海軍根據地和其他一切軍事設施，中國政府不能以外資在該地建造上述設施。

　　另外，修正案要求中國外交總長「言明」：中國政府認為必要時，應徵請多數日本人顧問；中國政府「允准」日後日本國臣民在中國內地為設立學校、醫院而租賃或購買地畝；中國政府派遣陸軍軍官到日本，與日本軍事當局協商採買軍械或設立合辦軍械廠之事。日置益則代表日本「言明」：「關於布教權問題，日後應再行協議。」中國接受修正案後，日本歸還膠東港。

　　這個修正案儘管做了有限的讓步，依然嚴重侵犯了中國主權和利益。日本亡我之心不死。

　　經過五天的考慮後，中國外交部在五月一日回絕了修正案，提出了「反修正案」，並且聲明這個方案是中方的最後決定。中國政府對第五號有關的所有內容，全部拒絕，對其他四號中的要求也提出了修改。中國政府允許日本人在東北南部居住、經營、租地，但不允永租，並要求日本人服從中國法律，和中國人一樣交稅，一旦出現爭訟歸中國官吏審判；拒絕在內蒙古東部地區和日本合辦農業及工業；要求日本無條件歸還膠

州灣，中國要參加日德和談，更要求日本政府承擔日德山東戰爭對中國產生的損失。在反修正案中，中國也作了有限的讓步。

國恥紀念日

中日雙方的底線都暴露給對方後，交涉進入了簡單的、是與否的「問答階段」。

為了向內外交困的袁世凱政府施加壓力，日軍以換防為名向大連、青島及塘沽等地增派軍隊，進行武力威脅。但到五月四、五日，袁世凱堅持「凡屬中國能夠讓步者，均已作了讓步，但慮及中國主權和與其他外國條約之關係以及國內輿論沸騰等，終不能再作更多之讓步」。中國國內的反日情緒和國際輿論壓力也到達了巔峰。日本元老派對內閣的二十一條要求讓國家陷入不利局面，尤其是第五號要求嚴重惡化中日關係，導致日本在華經濟損失，十分不滿。他們對內閣失望之餘向天皇施加壓力，於是五月六日的日本御前會議由天皇「聖裁」，決定削除最關鍵、讓中國反映最激烈的第五號要求。二十一條中最有殺傷力的第五號要求，因為日本的主動撤除，走進了歷史。

第二天（五月七日）下午三時，日本駐華公使日置益在整整交涉了一百一十天無果以後，主動造訪外交總長陸徵祥，拿出了檔案名為《覺書》的最後通牒。

《覺書》要求除第五號各項「日後另行協商」外，限中國在四十八小時內完全接受接受四月二十六日日本修正案的其他所有內容。日置益警告日本在華軍隊已經蓄勢待發，「如到期不受到滿意之答覆，帝國政府將執認為必要之手段」。此前，日本政府頒布關東戒嚴令，命令山東、奉天（遼寧）日軍備戰。日本軍艦游弋在渤海，對中國政府進行赤裸裸的武力威脅。

接到日本的最後通牒後，袁世凱在五月八日午後召集國事會議，商議對策。在開會之前，被袁世凱政府寄予厚望的英國駐華公使朱爾典緊急會晤了陸徵祥。他帶來了英國政府的正式意見：建議中國政府接受日本最後通牒。袁世凱期望的外援在最後關頭拋棄了袁世凱。所以，在由總統袁世凱、副總統黎元洪、國務卿徐世昌、左右丞、參謀總長、各部總長、各院院長、參政院議長、外交次長、參政院次長、祕書長等人參加的國事會議上，朱爾典的意見沉重打擊了眾人繼續抵抗的信心。

袁世凱在會上發言，「我國雖弱，苟侵及我主權，束縛我內政，如第五號所列者，我必誓死力拒」，現在中國內外交困，「不得已接受日本通牒之要求，是何等痛心！何等恥辱！語曰：無敵國外患國恆亡。經此大難以後，大家務要認此次接受日本要求為奇恥大辱，本臥薪嘗膽之精神，做奮發有為之事業」；「若事過境遷，因循忘恥，則不特今日之屈服奇恥無報復之時，恐十年以後，中國之危險更甚於今日，亡國之痛，即在目前。我負國民託付之重，絕不為亡國之民。但國之興，諸君與有責，國之亡，諸君亦與有責也」。

副總統黎元洪發言，弱肉強食是自然法則，「日本乘機強奪，不足為怪，所恨者我無自衛之力，不能為堅強的拒絕，致使外人輕侮」。

誠如二人所言，被迫接受最後通牒的屈辱是國家積貧積弱在外交上的反映。雖說弱國無外交，但弱國之民不能自動放棄外交，該爭取的也得爭取。爭取後的妥協和自暴自棄的妥協屈服是有本質不同的。同樣，一味的被動捍衛尊嚴權力與知恥而後勇，臥薪嘗膽，以圖來日雪恥也有著本質的不同。一九一五年五月九日，袁世凱政府通知日本公使館，宣布接受最後通牒。消息一經傳出，舉國譁然。各地和各團體奔走呼號，集會遊行，誓不承認二十一條要求，並要求懲辦賣國賊陸徵祥和曹汝霖。抵制日貨運動非但沒有減弱，聲勢越發高漲。更有全國教育聯合會

二十一條：弱國的艱難抵抗

決定將接受最後通牒的五月九日定為「國恥紀念日」。

二十五日，中國與日本簽訂了《關於南滿洲及東部內蒙古之條約》、《關於山東之條約》及另附的十三件換文，共同組成了《民四條約》。這個條約雖然以二十一條要求為基礎，但和一月十八日的最初要求依然有了重大修正。「吾人如把日本提出的『二十一條要求』原件和簽訂後的新約相比，可見二者有霄壤之別。當然我們不能否認，這部新約也是一部喪權辱國的條約。例如延長旅順、大連租期至九十九年，直至二十一世紀，又默許日人無限制向東北移民等，都是喪權辱國的。但是中國卻始終沒有變成日本的印度，所以日本雖費盡心機，提出滅亡中國的『二十一條要求』，弄得臭名昭著，後來也只落得個雷聲大、雨點小的收場，為天下笑。」（唐德剛著：《袁世當國》。）

唐德剛先生說日本此舉是「雷聲大雨點小」，一方面上日本把獨霸中國的野心暴露在陽光之下，另一層意思是日本人把動靜鬧得很大，實際收益卻很寥寥。《民四條約》在執行過程中遭到了中方的阻撓和各地五花八門的反對。比如條業規定日本人可以自由在東北南部買地從事經濟活動。東北軍界和民間則樹立了一條不成文的「懲治國賊條例」：未經政府許可將田地賣給外國的人以賣國賊論處，殺無赦。據說，這是袁世凱向當時占據東北的張作霖授意的對策。張作霖一九一五年時只有幾千土匪改編的部隊，千餘支長槍而已。《民四條約》簽訂後，袁世凱祕密資助張作霖槍械，幫助張作霖招兵買馬，擴充軍隊。張作霖在東北公開揚言：日本人如果敢走出附屬地一步，中國政府就不能保證他的安全。一直到袁世凱死後多年，有條約保護的日本人依然局限在東北少數據點中，形同軟禁。

至於那些被中國各機關「聘用」的日本顧問，感嘆：「我等名為顧問，其實絕無人顧，絕無人問。」

後記

謝謝大家閱讀本書。

就像偉大的藝術家在他生活的時代難以得到承認一樣，外交操作常常需要長時間的「冷卻」後才能進行相對全面正確的觀察。

外交就像是權力金字塔頂的方磚、政治皇冠上的明珠。它一方面糾結著一個國家國內政治的所有資源、考慮和目標，一方面又要和另一國的政治資源、考慮和目標迎頭相撞，在迸裂出來的火花中縱橫捭闔、內外溝通、上下運作，明的暗的一起上，文攻武鬥一個也少不了，然後才能得出一個結果。外人關注最多的只是外交的結果，殊不知結果背後隱含著數不清的爭鬥和權謀。外交結果固然重要，之前的鋪墊和運作更重要，也更吸引人。每個光鮮的外交活動背後都不離開外交人員甚至國內人員成倍的默默付出。也許有的時候，努力付出並不一定能達到目的，最後的結果不盡如人意。更遺憾的是，即便是當事人也不能說清楚外交過程中的彎彎繞繞。而這就是外交的魅力所在。我是外交學系畢業的。在學校裡，許多西方歸來的老師努力將「外交」歸入到「科學」的範疇，盡量用各種理論去解釋它、預測它。但在實踐中，更多的人相信，「外交」不是物理化學，是不能用概念、規律和邏輯推導去準確掌握的，它更多的是一門「藝術」。既然是藝術，想把它解剖得一清二楚就是非常困難的。

正因為如此，對外交事件的考察需要延遲進行 —— 等待塵埃落定，等待盟約的執行反饋。歷史學家們彷彿有一個心照不宣的慣例：不討論發生不到五十年的歷史事件。因為五十年的時間不足以讓一個人跳出考察對象的影響和當時的社會大環境，進行冷靜客觀和公正的考察。而外

後記

交事件牽涉的方面和內容更多，要考察一個外交事件，等待五十年還遠遠不夠，似乎應該至少隔出一百年的時間。

好在，中國古代的外交和那些戰爭、盟約已經距離我們千百年時光了。我們可以站在遙遠的歷史長河的終點，依託層層疊加的資料和前人研究，進行冷靜全面地分析了。本書就是這麼一本講述中國古代盟約及其外交過程的通俗歷史讀物。

從最早的春秋時代的諸侯交聘開始，一直到晚清時期令人扼腕痛惜的不平等條約，中國歷史上簽訂了許多盟約。有諸侯國和諸侯國之間、割據王朝和割據王朝之間的，也有中國和外國簽訂的。雖然古代盟約和現代意義上的條約不同，但他們背後的外交操作和交易的原則是相同的。比如：任何一個盟約，都是各種外交合力的結果，不以我們的好惡轉移；實力是外交最大的籌碼，力量均衡才有談判、才有和平、才有盟約。如果一方能夠用蠻力徹底擊垮另一方，獲取更大的好處，它是不會坐到談判桌前的；展現在我們面前的往往是盟約外交的部分內容，我們需要先用拂塵揮去塵埃再拿著放大鏡細細考察 —— 本書就做了部分這方面的努力……古代盟約還有一些不同於現代條約的特性，比如：古代盟約的產生往往是在大戰之後，打得精疲力竭的各方為了鞏固戰爭的成果締結了各種盟約（最典型的莫如春秋時期的諸侯大會、澶淵之盟、南京條約的簽訂等等），而現代條約的產生時機越來越廣泛了；個人在古代盟約的產生中的地位很重要（例如岳飛的光芒就蓋過了紹興和議），而現代外交制度對條約產生和執行所產生的作用遠遠大於個人……本書選取了十個中國歷史上的著名盟約，分析他們產生和外交操作的過程，希望能帶給讀者一個愉悅而有收穫的閱讀。

謝謝大家！

張程

帝國軟肋，戰敗的下場，就用山河來還：

割地賠款、下嫁和親、稱臣進貢、戰勝求和……中國什麼時候有這麼屈辱的歷史性時刻？有，還有過十次！

作　　者：張程

發 行 人：黃振庭

出 版 者：崧燁文化事業有限公司

發 行 者：崧燁文化事業有限公司

E-mail：sonbookservice@gmail.com

粉 絲 頁：https://www.facebook.com/sonbookss/

網　　址：https://sonbook.net/

地　　址：台北市中正區重慶南路一段六十一號八樓 815
　　　　　室

Rm. 815, 8F., No.61, Sec. 1, Chongqing S. Rd., Zhongzheng
Dist., Taipei City 100, Taiwan

電　　話：(02)2370-3310

傳　　真：(02)2388-1990

印　　刷：京峯數位服務有限公司

律師顧問：廣華律師事務所 張珮琦律師

定　　價：330 元

發行日期：2023 年 11 月第一版

◎本書以 POD 印製

國家圖書館出版品預行編目資料

帝國軟肋，戰敗的下場，就用山河
來還：割地賠款、下嫁和親、稱臣
進貢、戰勝求和……中國什麼時候
有這麼屈辱的歷史性時刻？有，還
有過十次！/ 張程 著 . -- 第一版 .
-- 臺北市：崧燁文化事業有限公司，
2023.11
面；　公分
POD 版
ISBN 978-626-357-830-2(平裝)
1.CST: 中 國 史 2.CST: 外 交 史
3.CST: 不平等條約
610　　　 112018275

電子書購買

臉書

爽讀 APP